世界飛び地大全

吉田一郎

角川文庫
18737

世界飛び地大全　目次

第2章　過去に存在した飛び地

第3章　飛び地のような植民地

第4章　対岸の飛び地

第6章　飛び地もどきの怪しい地帯

第7章　飛び地についての解説　405

まえがき

最近、日本では平成の大合併で市町村の「飛び地合併」が問題になっている。ひとつの都市や町、村として存在しているのに、他の自治体によって隔てられてしまうと、上下水道の設置や学区、ゴミ収集などさまざまな行政サービスに支障をきたすのだとか。でもしょせんは同じ国の自治体同士の飛び地。周囲の自治体との行き来は完全に自由だし、法律や通貨が異なることもない。では、これが国境線で隔てられている飛び地だったらどうだろう。

世界地図を眺めていると、国際間の飛び地がいくつかある。よく知られている場所は、アメリカのアラスカや、ロシアのカリーニングラードなどだが、日本で売っている一般の世界地図には載っていない村だけの飛び地や、家が数軒あるだけの飛び地、さらには人も住めないミクロな飛び地まで存在している。飛び地の中に飛び地が存在していたり、飛び地かと思えばかろうじて道路一本で本土と繋がっているような摩訶不思議な場所もある。

また一昔前や二昔前の世界地図と見比べてみると、過去数十年の間にも、新たな飛び地が生まれたり、逆に消滅した飛び地があることがわかる。なかには誕生してからわずか数年で消えてしまった飛び地もある。

一体なぜこんな飛び地が生まれたのか。それぞれの歴史を調べてみると、大国の横暴や陰謀、意地の張り合い、権力者の気まぐれから、ほんの些細な行きがかりによるものまで、さまざまな経緯があることがわかる。住民たちは国境線に囲まれて住んでいた覚えはないのに、いつの間にか飛び地になってしまったり、村の境だと思っていたら国の境になってしまったというケースも少なくない。

凄惨な戦争が続いた飛び地もあれば、国境線をあまり気にせず和気藹々《あいあい》とやっている飛び地、飛び地になったことで住民の生活に著しい支障をきたしているところがあれば、飛び地になったお陰で潤っている場所もある。飛び地と言うと不便そうなイメージがあるが、なかには住民の大部分が「飛び地のままがいい！」と主張している個所もある。

現在、日本には陸上で接している国境がないので、私たちにとっては国境線と言ってもいまひとつピンと来ない。国境を境にして異なった民族が住んでいるのかといえば、世界のほとんどの地域の場合、そういうわけではない。特に飛び地では、国境線と民族の分布はまったく関係ないことがほとんどだ。

では、なぜ飛び地のような奇妙な国境線が引かれたのだろう。飛び地をきっかけに国境線や、国境線を明確にすることで生まれた近代国家というものを、改めて考える手がかりになれば幸いだ。

第1章　現存する飛び地

Chapter 1
Existing Enclaves

オイシイ部分だけ残った世界一お金持ちなスルタン国

【ブルネイ領】

テンブロン

Temburong

ブルネイは現在ではボルネオ島の一角を占めるに過ぎない東南アジア最小の国で、おまけにマレーシアによって国土を分断され、東側のテンブロン地区は飛び地になっているが、かつてはボルネオ島の北半分を領有し、マレーシアのサバ州、サラワク州を含めた広大な領土を擁していた。ボルネオという島名も、もとはと言えば「ブルネイ」が訛《なま》ったもの。

古くからブルネイは中国の文献に交易拠点として記載され、アジアとヨーロッパを結ぶ「海のシルクロード」の中継地として繁栄していた。ケチがつき始めたのは18世紀からで、サバの一部を「海賊の島」として有名なスールー諸島（現在はフィリピン領）のスルタン（王）に取られてしまった。さらに19世紀に入ると内乱が起こり、ブルネイのスルタンは1839年にやって来たイギリス人の探検家ジェームズ・ブルックに鎮圧を頼む。

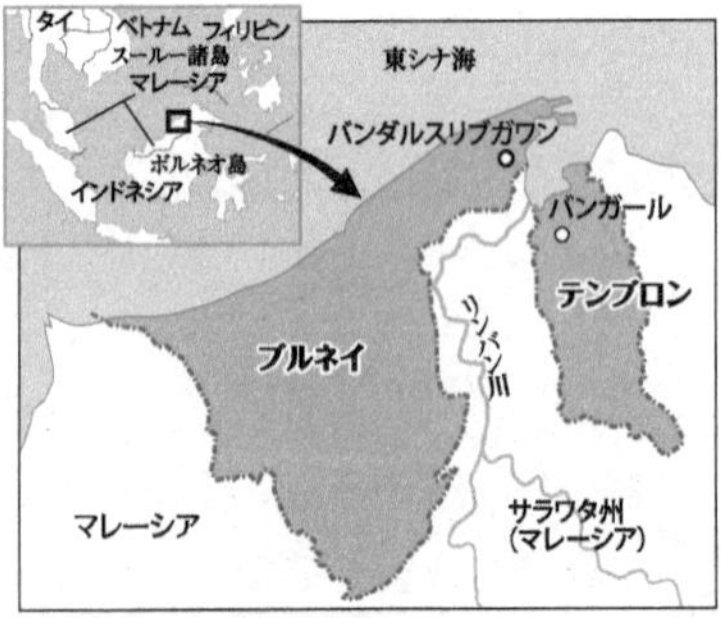

鎮圧に成功したブルックに、スルタンはクチン（現在サラワク州の州都）を領地として与えてラジャ（藩王）に任じたところ、ブルックは白人王（ホワイトラジャ）に即位してサラワク王国を作り、イギリスの保護の下で次々とブルネイの領土を奪って拡大した。

一方のサバも、イギリスが作った北ボルネオ会社が1878年にスルタンから租借し、ブルネイの領土を侵食しながら拡大してゆく。こうして東西から挟み撃ちにされたブルネイは、残った領土を保全するべく1888年にイギリスの保護領になったが、間もなく内陸部からも勢力を拡大していたサラワク王国にリンバン川流域を奪われて、テンブロンは飛び地になってしまった。

第二次世界大戦により日本軍の占領を経て、サバの北ボルネオ会社は消滅、サラワクの「白人王」も統治をあきらめて、戦後はイギリスが直接統治するようになったが、1957年に一足早くイギリスから独立したマラヤ連邦（現在のマレーシアのうちマレー半島のみの部分）の呼びかけで、63年にはシンガポール、サラワク、サバの英国植民地が合併してマレーシア連邦が発足した。この時、ブルネイもマレーシア連邦に参加する予定だったが、結局マレーシアには加わらずイギリス植民地のまま残った。

その理由はブルネイ沖の海底油田から産出する豊富な石油の収益配分で連邦政府と折り合わなかったこと。そしてイギリス統治下ではスルタンはブルネイの内政を任されていたが、マレーシアに参加すればスルタンの地位は名目的なものになり、実権を失うことを嫌ったため。クウェートのスルタンがイラクと一緒になって独立しなかったのと似ている。

こうしてホンネでは、ブルネイだけでこぢんまりとやりたかったスルタンは、インドネシアに支援された反乱軍を抑えるためにマレーシア連邦結成の話し合いに参加することになったが、もとから本気ではなかったので交渉の土壇場で参加を取りやめたという次第。

ブルネイは84年にイギリスから独立したが、現在も国防はイギリス軍に任せて、勇猛さで有名なネパール人の傭兵部隊（グルカ兵）が駐屯している。かつての領土の大半は失ってしまったが、残った場所は沖合から石油や天然ガスが出るオイシイ部分だった。

テンブロン地区は飛び地になったとはいえ、ブルネイは水上集落が主体だから、陸地で繋がっていなくてもあまり問題はない。交通手段も高速ボートが発達して、首都からテンブロンの中心地バンガールまでボートで1時間弱だが、マレーシア領を通って車で行けば倍近くかかる。

テンブロンは大半がジャングルで、大阪市の1・2倍（266㎢）の広さに人口はわずか9000人ほど。熱帯雨林が手付かずのまま残っているため、最近では国立公園の自然保護区として観光客を集めているようだ。

「歴史的意義」にこだわったポルトガル人の置き土産

【東ティモール領】

オエクシ

Oecussi

21世紀に入って最初に独立した国が東ティモール。ティモール島の東半分だから「東ティモール」なのだが、地図を見るとティモール島の西側に飛び地がある。オエクシと呼ばれる一角で、面積は815㎢（神奈川県の3分の1）、人口6万7736人（2010年）。なぜこんな飛び地が生まれたのか。

現在の東ティモールの国境を決めたのは、かつてティモール島を植民地にしていたポルトガルとオランダだ。ポルトガルはティモール島の特産品だった白檀《びゃくだん》の貿易を独占するために、16世紀からティモール島のあちこちに砦《とりで》を築いていたが、まもなくやって来たオランダも砦を築き、陣取り合戦が繰り返された。その結果、18世紀までにはポルトガルは島のほぼ東側、オランダはほぼ西側を勢力圏とすることになった。

とはいっても、当時は島に明確な国境線があったわけではない。島民たちを支配してい

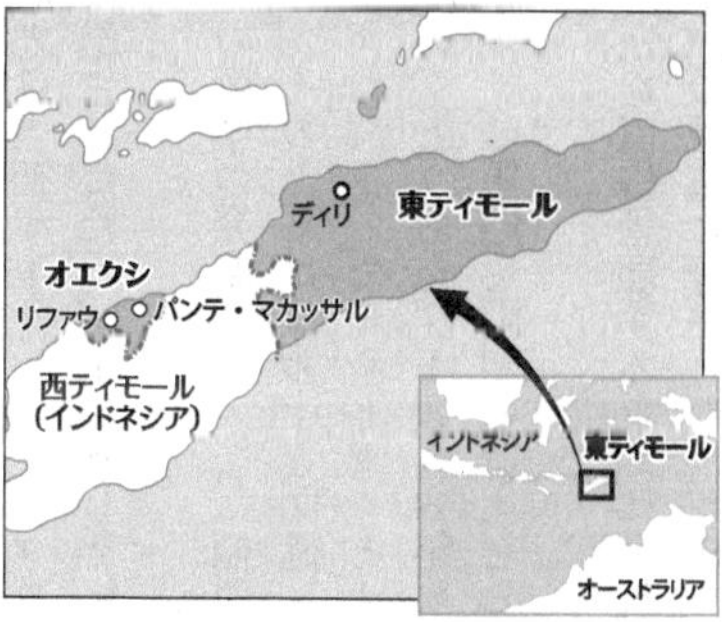

たのは、リウライと呼ばれる伝統的な首長で、西洋人が来る前からたくさんのリウライが群雄割拠している状態だった。１３５０年頃に中国で編纂《へんさん》された『島夷誌略《とういしりゃく》』という史書によれば、当時ティモール島には12の港があり、それぞれに「酋長」がいたという。
砦を作ったポルトガル人とオランダ人は、周囲のリウライたちと同盟を結んでその地での貿易を独占したが、戦国武将が徳川方（東軍）と豊臣方（西軍）について争ったように、リウライたちも自分の勢力拡大のためにポルトガル方（東軍）やオランダ方（西軍）についていただけで、時としてポルトガルを裏切ってオランダにつく（またはその逆）ということもあった。例えばティモール島でのポルトガル人の中心地は当初オエクシのリファウという場所に置かれていたが、周囲のリウライが裏切って攻撃されたため、１７６９年にもっと東側のディリ（現在の東ティモールの首都）に移転した。

しかし19世紀に入ると植民地の役割は変わる。世界規模での産業の発展に伴って、植民地は貿易の拠点から、天然資源や商品作物の生産拠点となり、そのためには領土を明確に画定して労働者となる住民や土地を直接管理する必要が出てきた。そこでポルトガルとオランダはティモール島に明確な国境線を引くための交渉を始め、とりあえず１８５８年に条約を結んだが、この時はそれぞれが味方につけていたリウライの領地を両国の領土としたため、島の上は飛び地だらけとなった。

領土が画定した後、両国はそれまでリウライ任せだった住民を直接管理するために大規模な討伐戦争を行ったが、飛び地が入り組んでいたことは軍隊の派遣に障害となったので、

20世紀に入って飛び地の交換を話し合い、ティモール島を東と西ではっきり二分するような国境線に引き直された。ところがこの交渉でポルトガルがこだわり続けたのがオエクシ。ここにはかつてポルトガル人の中心地が置かれたという「歴史的意義」があると主張し、結局それを尊重して西ティモールでオエクシだけがポルトガル領のまま残された。

そして戦後、オランダ領はインドネシアとして独立したが、東ティモールはポルトガル植民地のまま残った。75年にポルトガルが植民地を放棄すると、インドネシアは「西も東も本来は同じ国であるべきだ」と東ティモールを武力併合した。その結果、オエクシは周囲と同じインドネシアになり飛び地ではなくなったが、東ティモールではインドネシアの強権支配に対して激しい抵抗運動が続き、住民投票と国連による暫定統治を経て東ティモールは2002年に独立した。

動乱で真っ先に犠牲になるのは飛び地の宿命だ。かつてオエクシはインドネシア軍に最初に占領され、99年の住民投票の直後には、「独立賛成多数」の結果に怒った併合派の民兵が90%以上の建物を破壊した。住民のほとんどが難民になり、復興は東ティモール本土が優先されて捗《はかど》らなかった。

オエクシではインドネシアへの併合を望む人が多いと言われていたが、改めて国境線を引き直せば新たな紛争になるだけなので、東ティモールと一緒に独立した。しかし再び飛び地になったことで、オエクシは困窮が続いている。インドネシアとの国境が封鎖されたので、オエクシの住民は農作物や牛を西ティモールへ売って現金収入を得ることができない。東ティモール本土との交通手段も、首都ディリとの間に週2便のフェリー運航があるだけで、片道8時間半〜12時間半と時間がかかるうえ、輸送コストも高く、作物や牛の出荷には不利な状況だ。

現在オエクシの中心地は、パンテ・マカッサルという人口５０００人足らずの小さな港町。基本的なインフラはＰＫＯで派遣された日本の自衛隊が復興させたが、地理的に閉鎖された飛び地に投資しようという人は現れない。銀行やテレビ局はなく、小さな露天市場があるくらい。かつての首府リファウは、ポルトガル人の上陸記念碑が建つだけの寒村だ。

国連が暫定統治していた頃から、「オエクシを自由貿易地域に指定して、インドネシア向けの加工貿易基地にしよう」という構想があるが、肝心のインドネシアとの国境は「併合派民兵の残党が出没して治安が悪い」と、再開される目途が立っていない。

「密輸とゲリラの拠点」と言われて、地雷に囲まれた飛び地

【ウズベキスタン領&タジキスタン領&キルギス領】

フェルガナ盆地周辺

Fergana Valley

ソ連が解体して、中央アジアに「××スタン」という国が続々と誕生したが、国境線が奇妙に入り込んでいるのが、ウズベキスタンとタジキスタン、キルギス（キルギスタン）が境を接するフェルガナ盆地一帯だ。

フェルガナ盆地は中央アジアの穀倉地帯と言われる水の豊かな肥沃な場所。盆地はウズベキスタン領だが、本土との間は山岳地帯で隔絶され、平野を通って本土へ行

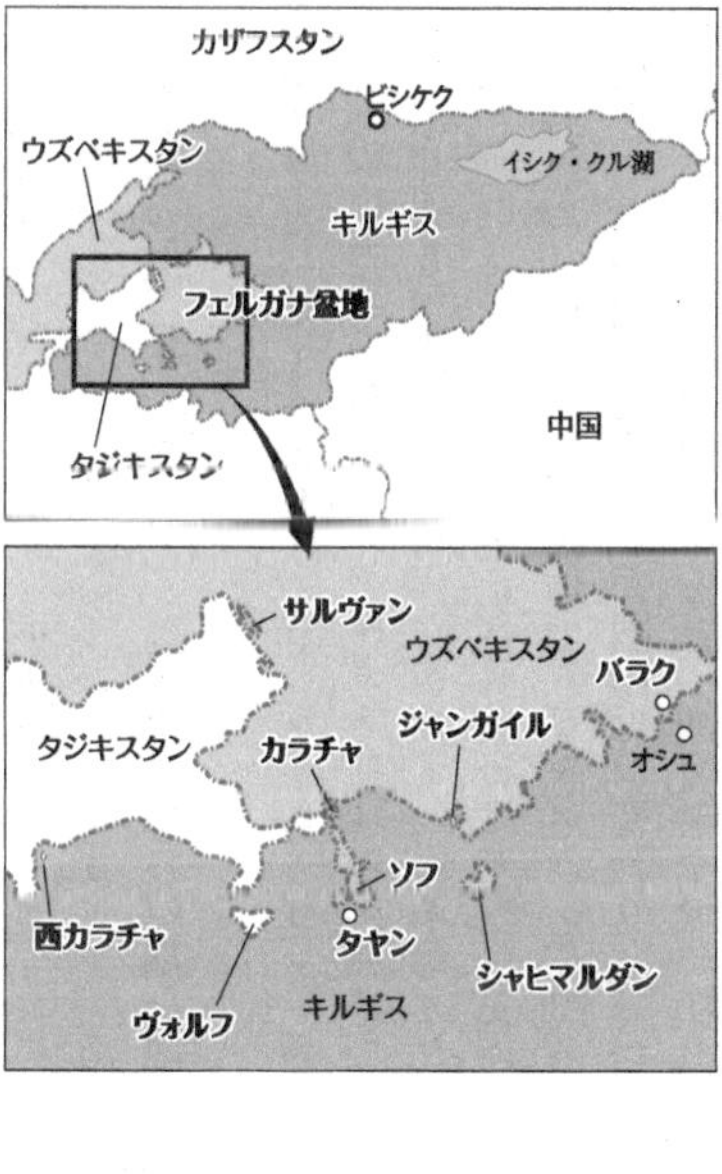

くならタジキスタン領を通らなくてはならない。また盆地の周囲には各国の飛び地が散在していて、キルギス領内にタジキスタンの飛び地二つ（ヴォルフ、西カラチャ）と、ウズベキスタンの飛び地が五つ（ソフ、タヤン、カラチャ、シャヒマルダン、ジャンガイル）あり、ウズベキスタン領内にもタジキスタンの飛び地（サルヴァン）と、キルギスの飛び地（バラク）がある。

これらの飛び地はスターリンがソ連の指導者だった１９３６年、ロシアからカザフ（現在のカザフスタン）とキルギスが分離した前後に形成された。フェルガナ盆地の南側にある山岳地帯の現キルギス領バトケン州は、１９２０年代から30年代にかけて「反革命ゲリラ」の拠点だったので、ソ連軍が直接占領していた。ゲリラが平定された後は遊牧民主体のキルギス領となったが、農地に適した谷沿いの一角は、農民主体のタジキスタンやウズベキスタンに組み入れられた。ソ連時代はどこに帰属しようとソ連国内には変わりないからたいした問題はなかったが、ソ連が崩壊して各共和国が独立すると、国境線や飛び地の帰属をめぐって紛争が続いている。

特にバトケン州は、他国の飛び地が入り乱れているため、密輸や麻薬取引の拠点となり、イスラム系反政府ゲリラの拠点にもなっている。１９９９年にキルギスにいた日本人のＮＧＯの技術者４人が誘拐される事件が起きたが、犯行グループはタジキスタンの領内から侵入してきたウズベキスタンの反政府ゲリラ（ＩＭＵ＝ウズベキスタン・イスラム運動）だった。軍や警察が入りにくい飛び地は、反政府活動の拠点にはもってこいの存在だ。

このため、キルギスは飛び地の併合を主張し、逆にウズベキスタンやタジキスタンは飛び地と本土との間を割譲するよう要求しているが、ウズベキスタンは「ゲリラの侵入阻止」を理由に、99年から飛び地の周囲に地雷を設置してしまった。さすがに国際的な非難を浴びて２００４年末から地雷の撤去を始めたが、これまでに住民数十人と家畜数百頭が犠牲になったという。飛び地の住民はもちろん周辺に住む遊牧民のキルギス人も犠牲になり、キルギス側はウズベキスタンに賠償を求めている。

フェルガナ盆地の地図。左からヴォルフ、ソフ、シャヒマルダン。ソフの北にカラチャ、シャヒマルダンの北にジャンガイルも小さく記載

ウズベキスタンとキルギスは２００１年に飛び地交換の協定を結び、ウズベキスタンが天然ガスの安定供給を保証し、タヤンを放棄するかわりに、キルギスはバラクを放棄し、ウズベキスタン本土とソフとの間の領土を割譲するという具体案がまとまりかけたが、キルギス国会が「憲法違反だ」と反発。飛び地解決は暗礁に乗り上げたままになっている。

キルギス領に囲まれたタジキスタン領の飛び地（２か所）

ヴォルフ（Vorukh）は面積１３０㎢で、人口約２万３０００人。住民の95％はタジク人だが、男性はロシアへ出稼ぎに行っている者が多い。ヴォルフと北側のタジキスタンの本土とは４㎞ほどキルギス領で隔てられているが、キルギス領内を東西に行き来する場合も、ヴォルフか北側のタジキスタン本土を通らなければならず、どちらの国にとっても不便な

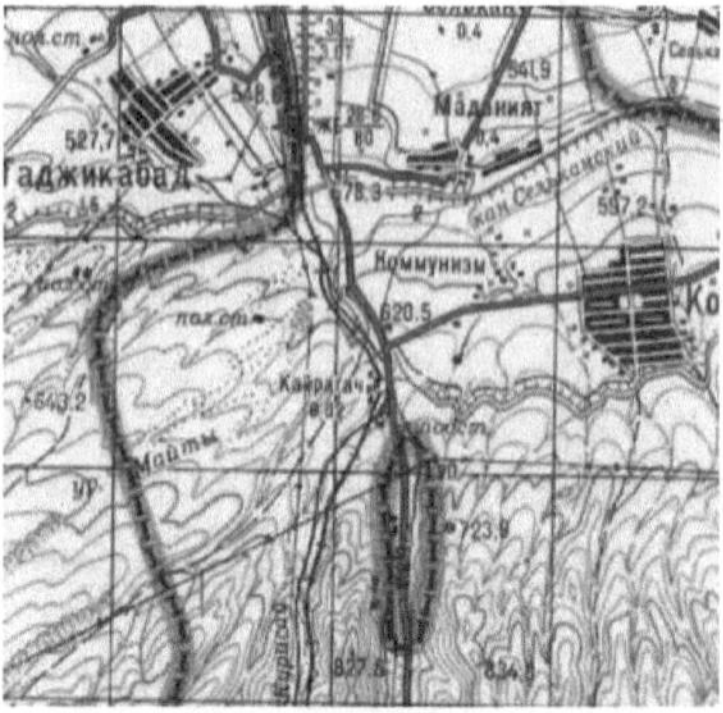

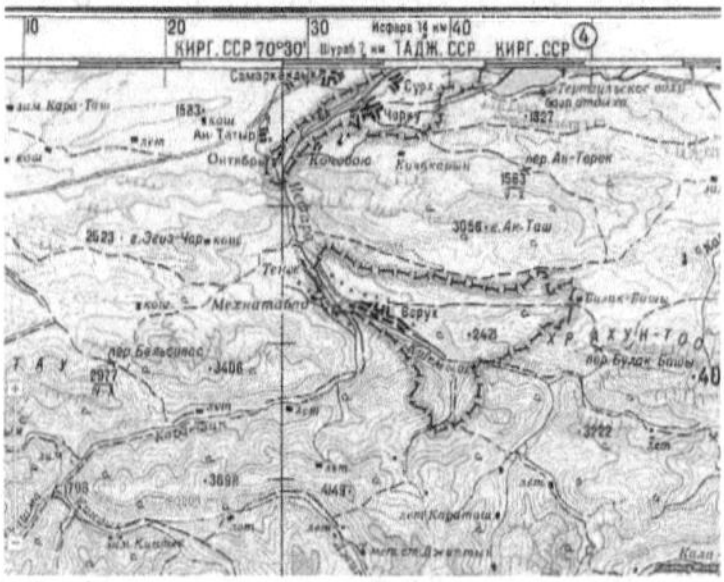

（上）道路沿いの西カラチャ（1986）
（下）ソ連時代のヴォルフ

状態。またヴォルフは野菜や果物の豊かな農地が広がり、周囲のキルギス領とは水争いが続いているという。

キルギス西端にある町ジャンヤウルの駅の南側にも、西カラチャ（West Qalacha）というタジキスタンの1㎢未満の飛び地が存在し、数軒の民家があるようだ。しかしこちらは出入国を含めてタジキスタン側が管理している様子はない。

キルギス領に囲まれたウズベキスタンの飛び地（5か所）

ソフ（Sokh）は面積325㎢で、ウズベキスタン本土から南へ約20㎞離れている。ソ連時代にキルギスの東西を結ぶ道路沿いがキルギス領とされ、本土へ向かって流れるソフ川沿いの農業地帯はウズベキスタンの飛び地となった。しかし人口4万2800人（1993年）のうち、99％はタジク人。ソフから北西へわずか数㎞離れたタジキスタンへ行くには、キルギスとウズベキスタンの国境検問所を通らなければならない。

両国は独立時に、ソフとウズベキスタン本土との往来手続きを簡略化することで合意したが、両国関係の緊張で実行されず、ゲリラの活発化で検問はますます厳しくなっている。このためソフにあった靴や缶詰などの工場は製品の輸送が滞って閉鎖され、失業者が増加。ロシアへ出稼ぎに行く若者が増えている。2010年と13年には周辺の放牧地をめぐって、ソフ住民とキルギス人が衝突する事件も起きている。

ソフの南9㎞のタヤン（Tayan）村にもウズベキスタン領の飛び地があることになって

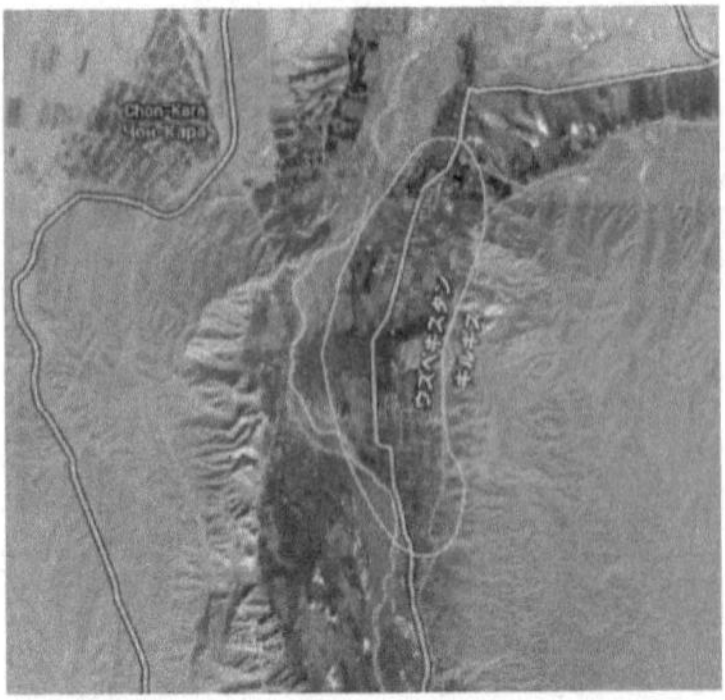

（上）カラチャはソフ川右岸の農村（Google map）
（下）左へ延びる道路沿いにあるジャンガイル

いるが、キルギス側は認めておらず、境界線も定まっていない。

カラチャ（Qalacha）はソフと本土との間の川沿いの飛び地で、面積は１㎢足らずだが、二つの村がある。

シャヒマルダン（Shah-i-Mardan）は面積90㎢で、人口５１００人（１９９３年）。人口の91％がウズベク人で、残りはキルギス人。シャヒマルダンはイスラム教第四代カリフのアリ（シーア派の始祖）が埋葬された場所だと伝えられ、その霊廟は古くから巡礼地になっ

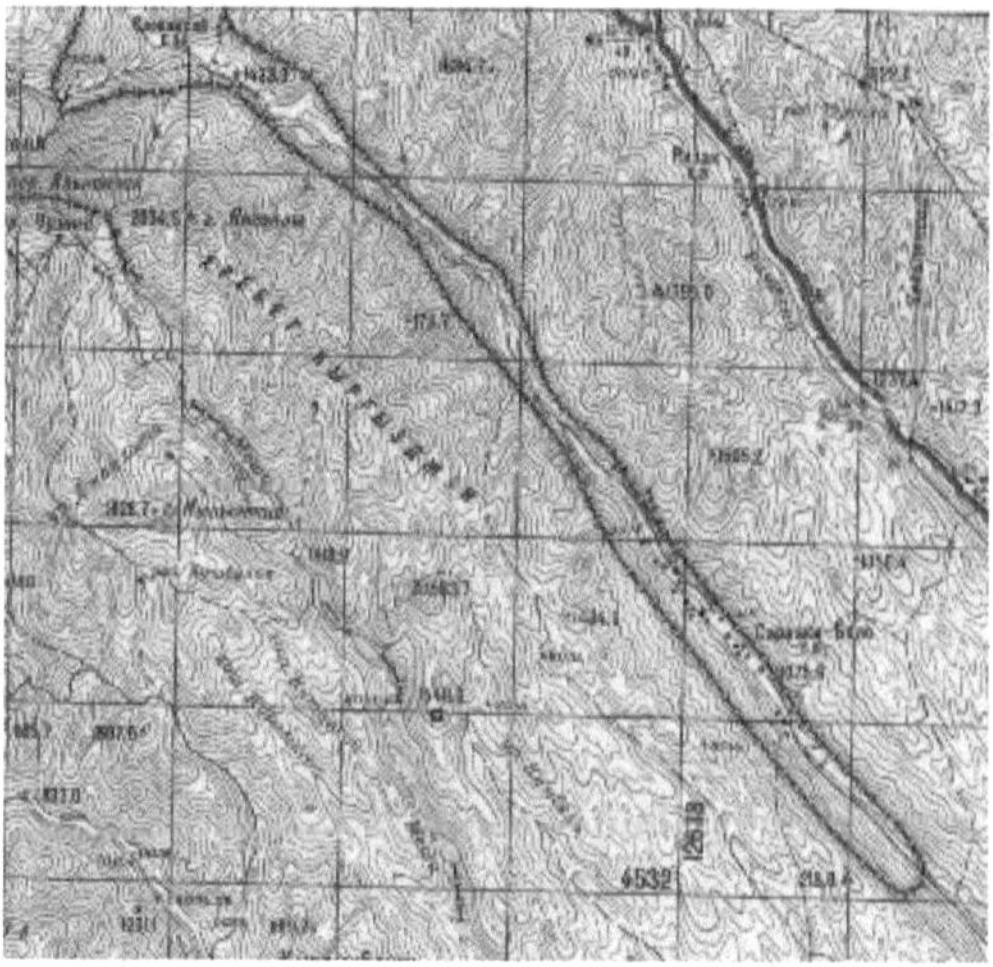

渓谷沿いに細長く伸びるサルヴァン（1986）

ていた。

ソ連成立後、宗教を否定する政策で霊廟は取り壊され、標高１５００ｍのシャヒマルダンには療養所が建てられた。93年に霊廟が再建され、現在では高原の湖をウリにした「ウズベキスタンのスイス」と呼ばれる観光地として賑わっているが、ウズベキスタン側の管理は主に税関と入管で、シャヒマルダンに自治体はなく、住民サービスは不十分な状態だ。

シャヒマルダン北側の道路沿いには、ジャンガイル（Dzhangail）という面積１㎢未満の小さな飛び地があるが、農地だけで住民はいない。

ウズベキスタンに囲まれたタジキスタンの飛び地（1か所）

フェルガナ盆地の北西部に、ウズベキスタン領に囲まれたタジキスタンの飛び地サルヴァン（Sarvan）がある。15㎞にわたって細長く延びる渓谷沿いのオアシスで、面積8・4㎢。本土とは1・2㎞ほど離れていて、441人（2010年）のウズベク人が住んでいる。

ウズベキスタン側の主張では、この村はもともとウズベキスタン領で、ソ連時代の1935年にタジク人の羊飼いのために、タジキスタンに一時的に貸し与えられただけで、10年から15年ごとに期限延長の手続きをしていたが、ソ連崩壊後は手続きをしていないので自国領に戻ったと言い、住民の約半数にウズベキスタン国籍を与えている。

両国の対立のため、2012年には村と外部を直接結ぶ道路も閉鎖され、住民はわずか3㎞離れたウズベキスタン側の村へ行くにも、数十㎞離れた町まで行って出入国手続きをすることになった。

住民は主に豆や果物の栽培と牛の放牧で暮らしているが、牛が国境線を越えるたびに、警備兵から賄賂を要求され、厳しい生活に追い打ちをかけられているようだ。

ウズベキスタン領に囲まれたキルギスの飛び地（1か所）

オシュの北東にある国境の町カラス（Kara-Su）近くのウズベキスタン領内に、バラク（Barak）というキルギスの飛び地がある。キルギス本土とは4㎞ほど離れていて、627

人の住民は全てキルギス人だ。1999年にウズベキスタンはバラク村とキルギス本土を結ぶ道路をコンクリートブロックで閉鎖してしまい、村人たちは本土との行き来ができず、農作物の綿花を出荷できなくなって困窮した。

村には小学校はあるが、中学以上の学校はないので、村の子供たちは中等以上の教育が受けられず、村には郵便局がないので郵便も届かない。電気もしばしば停電するようになり、キルギスから警察官が入れないので治安も悪化。村人たちはキルギス人とウズベク人の衣装を持っていて、周囲のウズベキスタンの町へ行くときは、ウズベク人の恰好をして出かけるそうだ。

住民の間では不便な生活を続けるよりも集団移住した方がいいという声が広がり、2004年に封鎖が緩和されると、約250人の住民がキルギス本土へ逃げたという。

「地球は青かった」の名言を生んだ飛び地

【ロシア領】

バイコヌール

Baikonur

世界最初に宇宙へ飛んだ人といえば、「地球は青かった」という言葉が有名なソ連のガガーリン少佐。そのガガーリンを乗せたロケットが発射されたのがバイコヌール宇宙基地。つまりバイコヌールは世界で最も歴史のある宇宙基地なのだ。

ここは、もともとチュラタムという村だった。しかしソ連は宇宙基地の場所を誤魔化すために、370km離れた鉱山町バイコヌールの名を宇宙基地に付けた。当時は偵察衛星なんてなかったから、ソ連が「バイコヌール基地からロケットを発射」と発表すれば、（鉱山町の）バイコヌールから打ち上げたと思い込ませることができるだろう……ということらしいが、アメリカは偵察機でとっくに見抜いていて、「チュラタム発射基地」と呼んでいたらしい。

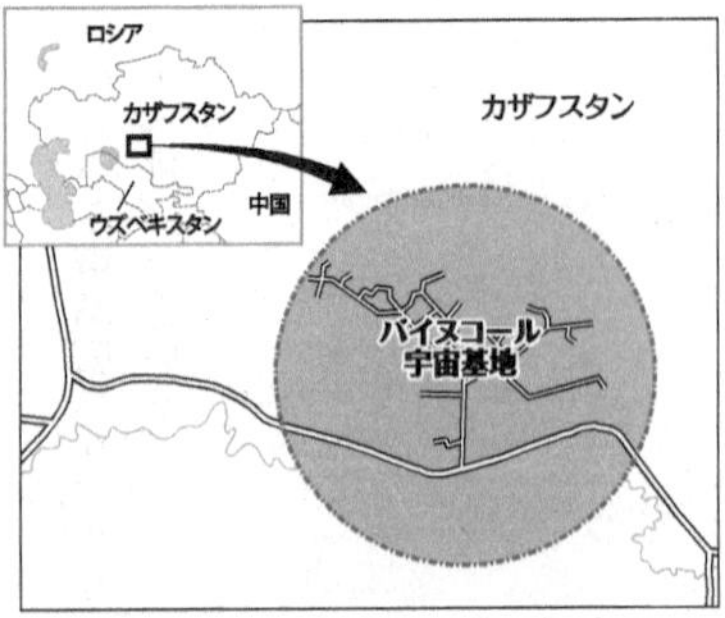

かくして1955年に宇宙基地が建設され、57年に世界初の人工衛星の打ち上げに成功、

61年にはガガーリンを乗せたボストーク一号の発射にも成功し、当時世界最先端となった宇宙基地と都市は、66年にロシア革命の指導者レーニンの名を冠してレニンスクと改称した。

さて、ソ連が崩壊すると、レニンスクはカザフスタン領となったが、宇宙基地は引き続きロシアが使用した。しかし混乱によって都市のインフラは機能しなくなり、断水が続く状態に。これではロケットの打ち上げもままならなくなってしまった。

そこで1994年にロシアとカザフスタンは協定を結び、翌年からレニンスクの基地と都市など、東西90km、南北85kmのほぼ円形の領域を、ロシアが年間1億1500万ドルの租借料を支払うことでカザフスタンから20年間租借した。ロシアの手でインフラの再建が進められ、レニンスクは再びバイコヌールと改称。96年からは正式にロシアの経済圏（通貨はルーブルを使用）に入り、商業衛星の打ち上げによって徐々に経済も潤うようになって、2005年には租借期限が2050年まで延長された。

バイコヌールの街は、周囲とは壁で仕切られ、その中はロシアが管轄している。最近では日本からロケット発射の見学ツアーも行われているが、その場合、必要なのはロシアのビザだけで、モスクワからバイコヌールへ飛行機で飛ぶとき、パスポートにロシアの出国スタンプは押されるが、カザフスタンの入国スタンプは押されない仕組みだ。

バイコヌールの街にはレーニン像がそびえ、ガガーリンの名を冠した通りがあり、旧ソ連の雰囲気を色濃く残しているが、カザフスタン化も進んでいる。ソ連時代に11万人いた人口は7万人を切り、ロシア人やベラルーシ人が中心だった住民も、カザフスタン人が55

％を占めるようになった。

ロシアには他にも宇宙基地があるのに、なぜ毎年多額の租借料を払ってまでバイコヌールを使い続けるのかと言えば、旧ソ連で一番南に位置する基地だから。ロケット打ち上げにあたっては、緯度が低い、つまり赤道に近い場所から打ち上げるほど、遠心力を使えるので燃料消費が少なくて済む。だから年間1億1500万ドルを払っても、トクだと言えるらしい。

しかし、カザフスタンは今のところロシアと友好的だとはいえ、基地周辺の環境問題やバイコヌールで暮らすカザフスタン人の教育問題（ロシア語教育からカザフ語教育への切り替え）などを抱えており、ロシアはバイコヌール宇宙基地の軍事利用を中止。さらに自国領内のボストチヌイ（アムール州）に新たな宇宙基地を建設中で、2015年に完成する予定だ。

ロシアはバイコヌールの宇宙基地を2020年に放棄する予定だが、カザフスタンとしては宇宙基地を返還されても宝の持ち腐れにしたらもったいないと、自らも宇宙局を設置して、ロシアの支援で衛星ロケットの打ち上げを開始。ロシアと共同で企業を設立し、商業衛星の打ち上げを続けていこうとしている。

ちなみにガガーリン少佐を乗せて人類が初めて宇宙へ旅立ったロケット発射台は、今も現役で使われている。設備が古いということか、それだけソ連製は頑丈だということか。

約200か所もの領土が入り乱れる究極の飛び地

【インド領&バングラデシュ領】

クチビハール

Cooch Behar

バングラデシュは今でこそ独立国だが、かつてはパキスタンの巨大な飛び地（東パキスタン）だった。１９４７年にインドがイギリスから独立した時に、イスラム教徒の多い地区がパキスタンとして分離したからだが、本土から１６００㎞も離れていて民族や言語は違うのでは、一つの国としてうまくやっていくのはさすがに無理。インドに支援された独立戦争が起きて、１９７１年に独立を果たした。

ところが飛び地でなくなったはずのバングラデシュには、現在もインドとの間に小さな飛び地が２００か所以上もある。バングラデシュの北の端、インドのクチビハール州との国境地帯で、インド領内にバングラデシュの飛び地が95か所、バングラデシュ領内にインドの飛び地が１２９か所。そのうち24か所は飛び地の中の飛び地で、「バングラデシュ領内のインドの飛び地の中のバングラデシュの飛び地の中のインド領」なんて複雑怪奇な場

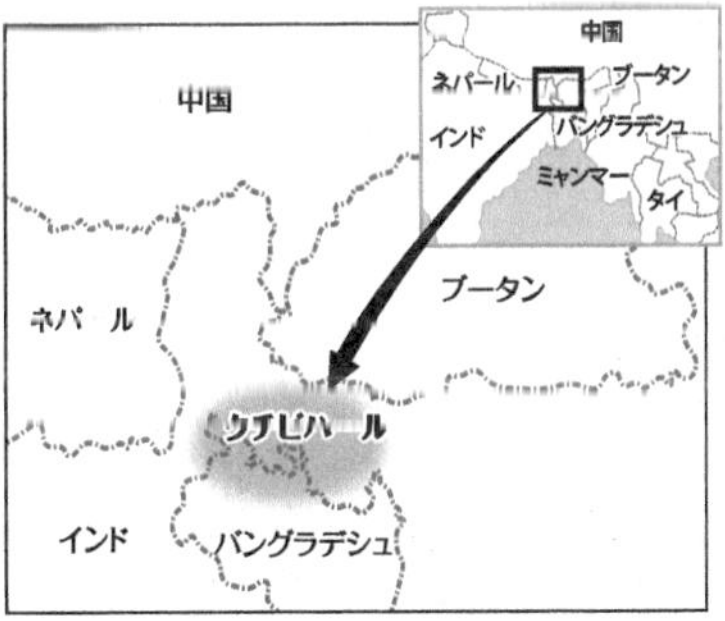

所もあれば、面積わずか50㎡という世界最小の飛び地もある。

これらの飛び地が生まれたのは、インドとパキスタンが分離した際に、ヒンズー教徒の集落はインド領に、イスラム教徒の家や畑はパキスタン領になったから……ではない。イギリスの植民地だった時代から、東ベンガル州（現在のバングラデシュ）とクチビハール藩王国（現在のクチビハール州）との間の飛び地として存在していたのだ。

飛び地が生まれた歴史的起源は17世紀に遡る。当時インド東部へ勢力を広げていたムガール帝国が、クチビハール王国の3分の1を占領したが、その中の一部であくまでクチビハール王に忠誠を尽くす地方領主が居座り、この地域が1713年の条約でムガール帝国に譲渡された後も、自らの領地から動かなかった。すると今度はムガール帝国の元兵士らがクチビハール側の土地を勝手に占拠し始め、のちにムガール帝国に帰順した。忠に厚い（？）インド人の行動が飛び地の発端だ。18世紀後半にイギリスがインド全体の植民地化に乗り出すと、ムガール帝国が獲得した土地は東インド会社直轄のベンガル州となり、クチビハール王のもとに残された土地はイギリス宗主下の藩王国としてマハラジャによる統治が続いた。当時は直轄領か藩領かという違いだけで、どっちにしてもイギリス植民地だし、住民たちの行き来は完全に自由だったから何の不便もなかった。

ところが1947年にインドが独立した際、イスラム教徒が多い東ベンガル州はパキスタンの一部として分離することになり、クチビハール藩王国はマハラジャ（藩主）がヒンズー教徒だったのでインドに加わった結果、封建領主の境界線がそのまま国境線になってしまった。カシミールのように旧藩王国の領土を奪い合って戦争になるよりは平和的だが、飛び地の住民にとっては不便きわまりないことになった。

住民は許可を得れば本土へ行くことができるが、面倒な申請手続きが必要だ。実際にこれらの飛び地に住む人は、ほとんど学校や病院には行けず、選挙にも行けない。国境を跨ぐ電線の敷設がままならないので、いまだに電気が引けない村も少なくないし、電話などの通信手段もない。電気がないから工場などは建てられず、生活手段は昔ながらの農業か牛を飼うくらいしかできない。

飛び地には政府の役人が入れないから、税金を納めずに済むかわりに、政府によるインフラ整備や開発援助もない。それどころか国勢調査が実施できないから、両国の政府は一体飛び地に何人住んでいるのかも把握できずにいる。飛び地の人口は2万5000人から150万人までさまざまなことが言われているが、専門家の推測によれば6万5000人から7万人くらいだとか。

警察の目も届かないから飛び地の治安は悪く、山賊たちの恰好の餌食になっている。バングラデシュに囲まれたインドの飛び地に住むヒンズー教徒たちは、周辺のイスラム教徒とのいさかいが絶えず、多くの住民が身の危険におびえながら、細々と農業を営む貧しい生活を続けている。家や畑を捨ててインド本土へ逃げ出した人も少なくない。

一方で飛び地に住むイスラム教徒は、男性が飛び地での生活に嫌気がさしてどんどん外へ逃げ出して行くのに対し、家から離れられない女性が取り残されている。結婚しようにも周囲の村人は飛び地の女性には足元を見て高額なダウリー（花嫁持参金）をふっかけるので、独身のまま過ごすか妾になる女性が多いという。

もともとは「隣の村とはご領主さまが違う」程度だったのに、いつの間にか国際政治や宗教対立に翻弄されて、クチビハールの飛び地住民たちの不幸は今も続いている。

バングラデシュと飛び地を結ぶティンビガ回廊

飛び地で暮らす人たちの悲惨な状況を政府はずっと放置していたわけではない。インド政府とパキスタン政府（後にバングラデシュ政府）との間で、飛び地住民の不便を解消するためのさまざまな方法について交渉は続けられてきた。

その方法の一つが、領土交換による飛び地の解消だ。1958年にインドとパキスタンは領土交換に合意したが、インドへ移される飛び地のイスラム教徒やパキスタンへ移される飛び地のヒンズー教徒が反対したことや、インドの最高裁が「領土の交換には憲法改正が必要」と判断したことで実行できなかった。バングラデシュの独立を経て、74年に再び領土交換の案がまとまったが、インドからバングラデシュへ割譲される飛び地が69・5㎢だったのに対して、バングラデシュからインドへ渡される飛び地は40・5㎢だったので、インド側の野党が猛反対して頓挫。その後領土交換による飛び地解消の目途は立っていない。

二番目の方法は、飛び地と本土や相手国との通行規制を緩和して不便を解消すること。

インドとパキスタンは1950年に、役人や非武装警官の飛び地への立ち入りや、本土から飛び地への生活必需品の輸送についてのルールを定めた。しかし役人や警官の立ち入りは両国関係の緊張で1～2年後には実行できなくなり、生活必需品の輸送は一か月一回に制限されて、飛び地から本土へ販売する農作物などの輸送については規定が作れなかった。

1957年にはインドとパキスタンで貿易協定が結ばれて、飛び地とそれを取り巻く相手国側との間で一週間に二日の国境貿易が認められた。売り買いできるのは野菜、果物、卵、魚、薪、馬草、油、スパイス、菓子、石鹸などの日用品だけで、その量は「頭の上に載せて運べるだけ」「1kgまで」などと細かく規制された。ところが、飛び地の住民が規則に従って隣の村へ物売りに行こうとしても、国境を越えるにはパスポートとビザが必要だった。相手国の大使館も領事館もない飛び地でビザを取るには、まずは国境を越えて本土の大都市まで足を運ぶ必要があるが、ビザがない以上そもそもビザを取りに本土へも行けない。結局飛び地の住民は違法を承知でビザなしで国境を越えざるを得ず、国境警備兵による汚職が蔓延し、住民が警備兵に射殺される事件も数多く起きた。

1980年には飛び地を囲んでフェンスが作られ、指定の検問所を通らなければ完全に周囲と行き来ができなくなった。不法越境は減ったが、遠回りをして飛び地へ取引にやって来るのは専門業者だけになり、飛び地の住民は業者の言い値で売り買いをすることになって、貧しさに拍車をかける結果に。

三番目の方法は、飛び地と本土を結ぶ回廊を作ること。1996年にはインド領内にあ

バングラデシュ領（右上と左下）同士を結ぶ道と、インド領の道が交差するティンビガ回廊（Google map）

るバングラデシュの最大の飛び地（ダハグラム村とアンゴルポタ村）とバングラデシュ本土との間に、ティンビガ（Tin Bigha）回廊を設けて、自由に行き来できるようになった。

回廊は１７８ｍ×85ｍの土地で、「回廊に対するインドの主権と、インド国民が回廊内を通行する権利を完全に保障する」という条件で、バングラデシュがインドから永久租借したもの。回廊内ではバングラデシュ本土と飛び地を結ぶ道と、インド領同士を結ぶ道が交差し、周囲はフェンスで覆われている。

自由に行き来できるといっても、実際にバングラデシュ人が通行できる時間は制限されていて、インド人と時間を区切って交互に通行させる仕組み。回廊設置に関する協定は１９８２年に結ばれたが、周辺のインド人が「バングラデシュ人が通行する間、インド人が通行できないのは不便だ」「治安が悪くなり牛が盗まれる」と猛反対して訴訟になり、反対派の抗議活動では警察の発砲で死者まで出た。ティンビガ回廊が設置されると、怒っ

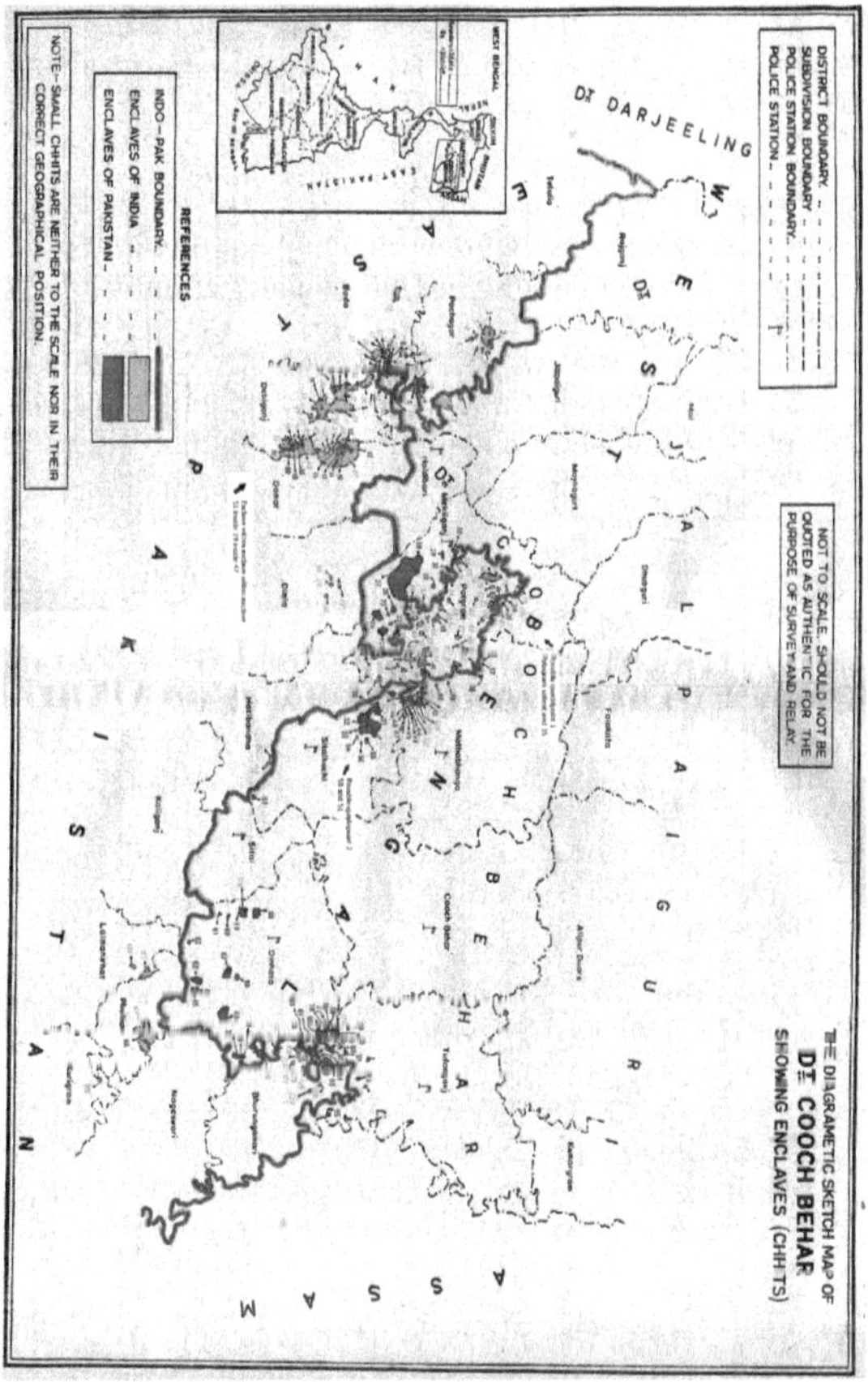

イギリスから独立した当時のクチビハール。インド領（地図を正対で見た時の上）とパキスタン領（同下）

たインド人がバングラデシュの飛び地を襲撃して、新たに67人の死者が出ている。

飛び地住民の不便解消のための措置が、周辺一帯の対立を煽ってしまったわけだが、二つの村の住民は回廊ができて喜んでいるかと言うと、逆に不便にもなった。それまで住民は一番近いインドの市場に行く許可が取れたが、回廊設置によってインド警察が国境地帯の警備を強化したので不可能になり、回廊を通って遠くのバングラデシュの町まで行かなくてはならなくなったという。しかもこの回廊、現地の治安や両国の政治状況によって、閉鎖されることもしばしばだとか。

両国合意で、いよいよ飛び地解消か!?

ところで、2011年9月にインドのシン首相がバングラデシュを訪問してハシナ首相と会談し、両国の国境画定と飛び地交換についての議定書に調印したと発表した。またティンビガ回廊の開放時間を24時間に延長することにも合意した。交換対象となった飛び地の住民は、インドかバングラデシュか国籍を選択できることになるという。

となると、60年以上にわたって懸案だったクチビハールの飛び地問題も、いよいよ解決となりそうだが、実際の飛び地交換には両国国会での承認が必要。58年や74年にも飛び地交換でいったん合意したものの、インドの国会や最高裁が拒否して実現できなかったという「前歴」があるので、最後まで気が抜けない感じがするが……。

海賊や部族の首領に奪われず残った国王の直轄領

【オマーン領＆アラブ首長国連邦領】

ムサンダム半島、マダ＆ナワ

Musandam Penninsula, Madha & Nahwa

アラブ首長国連邦はアブダビ、ドバイ、シャルジャ、アジュマン、ウム・アル・カイワイン、ラス・アル・ハイマ、フジャイラの、7人の首長（エミール）に率いられた国々の連合体で、1971年にイギリスから独立したが、それ以前は休戦オマーン（トゥルーシャル・オマーン）と呼ばれていた。ちなみに現在のオマーン国は、イギリス時代はマスカット・オマーン。首都マスカットを中心としたオマーンという意味だ。

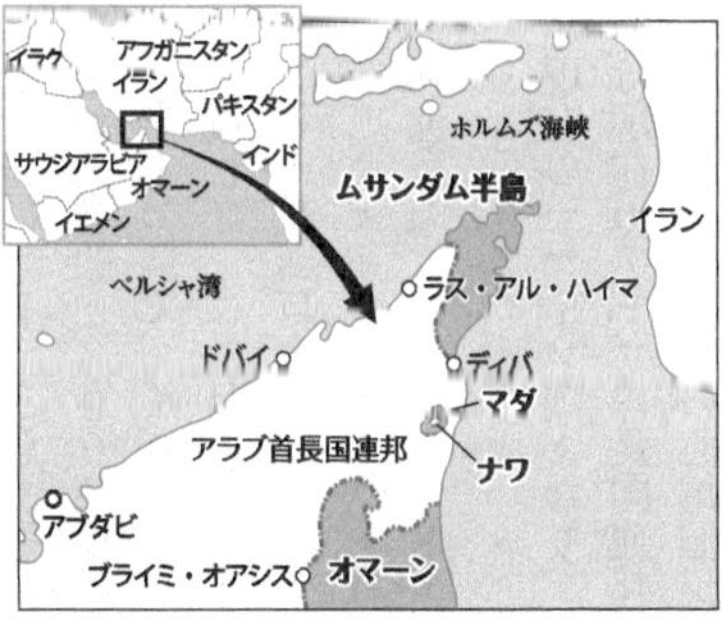

18世紀から19世紀前半にかけて、オマーンはアラビア半島を中心に現在のパキスタン沿岸からアフリカ東海岸にかけて広大な海洋帝国を築いたが、1840年に首都をザンジバル（タンザニア沖合の島）に移転した頃には各地で離反が相次いでいた。宮廷の内紛にイギリスが介入して、1861年に二人の王子がオマーンとザンジバルを分け合うことにな

って、オマーンの首都はマスカットに戻ったが、その頃にはすでに大半の地域がオマーン国王の支配から離れ、各部族のリーダーたちが群雄割拠する状態になっていた。

ホルムズ海峡に突き出たムサンダム半島は、ペルシャ湾の出口を押さえる海の要衝として大航海時代にポルトガルが占領していたが、その後ペルシャに征服され、後にオマーンによって追い出されていた。しかし19世紀に入ってオマーン国王の支配が弱まると、一帯には海賊が跋扈《ばっこ》するようになり、ヨーロッパの船がたびたび襲われて、海賊海岸（パイレーツ・コースト）と呼ばれるようになった。もっとも「海賊」というのはヨーロッパ側からの言い方であって、列強諸国の進出に対して地元部族が水軍で抵抗した……とも言える。

1806年からラス・アル・ハイマを拠点にした海賊は、63隻の大型船と800余隻のダウ船（一本マストのアラビア船）を擁して1万9000人もの手下を抱え、インドへ向かうイギリス東インド会社の船20隻以上を襲って、乗組員を全員殺した。このためイギリスが海賊討伐に乗り出し、海賊を率いていた首領たちと1820年に航海自由条約を、1835年に休戦条約を、1853年に永久休戦条約を結ぶ。こうしてイギリス船が襲われなくなった海賊海岸は、休戦オマーンと呼ばれるようになり、19世紀末にはマスカット・オマーンともどもイギリスの保護領に編入された。

つまり、オマーンのうちマスカットの国王が支配した地域が現在のオマーン国となり、海賊の首領や部族のリーダーなどの首長たちが率いていた地域は現在のアラブ首長国連邦。江戸時代の日本がそのままヨーロッパのどこかの国の保護領になって、将軍家の直轄領が

「日本国」、各大名の藩領が「アジア首長国連邦」に分かれて独立したみたいなものだ。

海峡を制するムサンダム半島の先端部分は国王が直接支配していたので、オマーン国の飛び地になった。でも支配していたというのはあくまで「だいたい」ということで、オマーン国王や各首長たちの領土の境界線ははっきり決まっていなかった。

イギリスがこの一帯を支配したのは、インドへの航海の安全確保と他の列強諸国に取られたくなかったから。産業は真珠採取があったが20世紀に入ると日本産の養殖真珠に押されて衰退し、あとはわずかな農業と漁業があるだけで、アラビア半島で最も貧しい地域だった。だからイギリスも海賊退治が済めば積極的な植民地経営を行うつもりはなく、放置状態に置かれていた。

「休戦」とはあくまでイギリスとの休戦であって、スルタンや各首長同士の陣取り合戦は20世紀になっても続いた。スルタンや首長たちは各地に群雄割拠していた部族や氏族と同盟関係を結んで勢力範囲を広げようとしたので、領地はゴチャゴチャに入り乱れた。ところが戦後、この地域に豊富な石油が眠っていることがわかり、石油採掘のために領地を画定する必要ができたので、1950年から62年にかけてイギリスの裁定で、約20あった首長国のうち弱小首長国を「お取り潰し」にするとともに、7つの首長国とオマーンの境界線を設定した。

こうしてその時点での勢力範囲をもとに境界線を決めたので、オマーンと首長国間や首長国同士にはいくつもの飛び地が生まれることになった。また別々の首長やスルタンに忠誠を誓う複数の部族が混住して、どこの領地に帰属すべきか決めかねた場所は、とりあえず共同統治領や中立地帯ということにして境界線の画定は棚上げされた。例えばムサンダム半島の入口にあたる町ディバは、52年まで小さな首長国だったが、その後はオマーンとシャルジャ首長国、フジャイラ首長国の中立地帯になった。

オマーンとアラブ首長国連邦がイギリスから独立した後、国境線の画定が改めて行われ、中立地帯は双方の領土に分割されて消滅した。しかしディバやブライミ・オアシスのように一つの町が国境線で分断された場所では、オマーン領の部分もアラブ首長国連邦が出入国管理を一括して行っていて、町の中を自由に行き来できるようになっている。

現在はオマーンもアラブ首長国連邦もオイルマネーのおかげですっかり潤った。ムサンダム半島は大阪府とほぼ同じ1800㎢の面積に、わずか2万9000人が暮らす荒涼とした地域だが、最近はフィヨルドの海岸線やダイビングをウリに、観光地として脚光を浴びつつあるようだ。

オマーンの飛び地　マダ（Madha）

オマーンには本土とムサンダム半島の中間に、マダというもうひとつの飛び地がある。これは内陸部にあり、周囲は完全にアラブ首長国連邦（シャルジャ首長国）に囲まれた形。マダの面積は75㎢で、ニュー・マダと呼ばれる町といくつかの村がある。

マダはオマーン領でありながら、出入国管理はアラブ首長国連邦に一任しているので、周囲との行き来は完全に自由だが、オマーン本土へ行く場合は出入国審査を受けなくてはならない。ここも石油が出るようで、最近オーストラリアとノルウェーの会社が採掘権を購入している。

マダの中のアラブ首長国連邦の飛び地　ナワ（Nahwa）

マダの中にはナワというアラブ首長国連邦（シャルジャ首長国）の飛び地の中の飛び地が存在している。ニュー・マダの町から、山道を西へおよそ8㎞行った地点で、新しい町と古い集落があり、民家が40軒ほどと警察署、学校、モスク、診療所がある。両国政府の間では、領土を交換して飛び地を解消しようと交渉が続いているが、住民たちは部族のつながりを無視した領土交換には反対していて、暗礁に乗り上げている。

（上）ナワの古い集落　（下）ナワの新しい町のモスク

地域全体が難民キャンプか、はたまた監獄か

【帰属未定地（パレスチナ暫定自治政府管轄地域）】

ガザ

Gaza

1996年に発足したパレスチナ暫定自治政府の領域は、67年の第三次中東戦争以来イスラエルが占領していたヨルダン川西岸とガザだが、あくまで暫定的なものなので将来どうなるかは未定。首都は、パレスチナ側はエルサレムだと主張しているが、現実には本来は西岸地区に含まれるべき東エルサレムも含めてイスラエルが占領中なので、政府所在地とされるのは西岸のラマッラ。となると、ガザは飛び地ということになりそうだが、政府各機関の庁舎はラマッラとガザの両方にあって、各省の大臣はどちらかで執務をする仕組み。パレスチナの最高裁も西岸とガザとで別々に存在する。日本政府が大使館に相当する代表部を置いてい

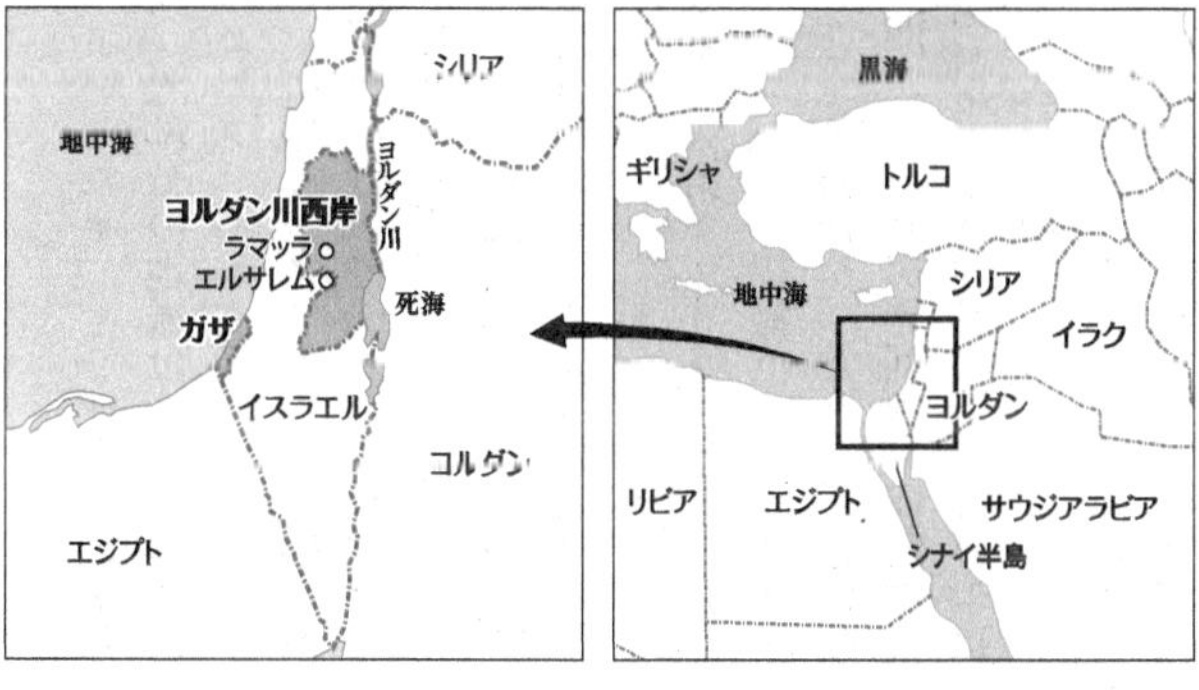

るのはガザだ。

これは西岸とガザとでは適用される法体系が別々になっているため。1948年にそれまでパレスチナを委任統治していたイギリスが撤退した後、大部分の地域はイスラエルが占領して独立を宣言したが（第一次中東戦争）、西岸地区はヨルダン軍が占領しヨルダンの領土として併合、一方でガザ地区はエジプト軍が占領した。67年にイスラエルが占領した後も、西岸とガザはイスラエルの領土に併合せず、別々に軍政を行っていた。もし併合すると、両地区のパレスチナ人にイスラエル国籍を与えなければならず、そうなるとイスラエルの人口はユダヤ人よりパレスチナ人の方が多くなってしまいかねなかった。このため、西岸地区の法律はヨルダン式の法制度で、一方ガザの法制度は、現在でも基本的にイギリス委任統治領時代のままなのだ。

西岸とガザとの間の通行は、目下のところイスラエルの気分次第。2006年3月に対イスラエル強硬派のハマスによる内閣が発足したが、ハマスを「テロ組織」とみなすイスラエルは、ハマスのメンバーが西岸とガザを行き来することを認めなかったため、自治政府の立法評議会（国会）や閣議は、西岸とガザの2会場で開かれ、ビデオ回線で同時中継。西岸の面積5800㎢に対してガザの面積は365㎢（福岡市とほぼ同じ）と10分の1以下だが、人口では西岸280万人に対してガザには170万人が住む。

さて、ガザは古代エジプトの時代からエジプトとメソポタミアとを中継する貿易拠点として栄え、紀元前15世紀にエジプトが占領したというから、相当古い町だ。イギリス時代、ガザの人口は3万人ほどで、1947年には8万人に増えていたが、イスラエルの建国とともに各地から大量のパレスチナ人が流入して、一挙に25万人に膨れ上がった。その後もイスラエルとの戦争のたびに難民が流入して、現在では住民の3分の2が難民だ。

イスラエルの建国に対抗して、ガザでは全パレスチナ政府が建国を宣言したが、閣僚だけが存在する実体のない政府のまま消滅し、エジプト軍の軍政下に置かれた。その後イスラエル国内のパレスチナ人にはイスラエル国籍が、ヨルダンが併合した西岸のパレスチナ人にはヨルダン国籍が与えられたが、エジプトはアラブ諸国の反発を恐れてガザを併合せず、占領地として扱い続けたので、ガザのパレスチナ人にエジプト国籍は与えられず、無国籍のままだった。このため他の地域のパレスチナ難民が石油生産で潤い出した湾岸諸国へ続々と出稼ぎに行ったのに比べて、国籍を持たないガザのパレスチナ人は海外渡航が難しく、一方でエジプトはガザ住民のエジプト本土への行き来も厳しく制限したため、地区全体が難民キャンプのようになった。エジプトは占領地にすぎないガザの経済開発には消極的で、イスラエルとの密貿易の拠点になった。

67年にイスラエルが占領した後は、ガザの住民はイスラエルへ出稼ぎに行くようになった。しかしガザ産の農作物はイスラエルでの販売を制限される一方で、イスラエル産の農作物が大量にガザへ流れ込んで来たためガザの農民は困窮し、30%の土地がユダヤ人の入植地と化した。こうしてイスラエル本土への通勤者はますます増え、ガザの労働人口の40%がイスラエルで働くようになって、ガザの経済はすっかりイスラエルに依存するようになった。

ガザで反イスラエルの民衆蜂起（インティファーダ）が起きると、イスラエルは治安対策を理由に、ガザ住民がイスラエル本土へ行く際に労働許可証や入境許可証の取得を課すようにした。その後はイスラエルが通行を制限すれば失業者が増えてガザの経済は低迷し、イスラエルが通行制限を緩和すれば経済が回復するという状況が繰り返されている。2000年に起きた第二次インティファーダでイスラエルが再び通行を厳しく制限すると、ガザの住民一人あたりのGDPは一年間で35％も落ち込み、失業率は4割に達した。

ガザのまわりはエジプト統治時代からのフェンスで囲まれ、パレスチナ人が通行できるイスラエルへの出入口は北端のエレツ検問所だけ（この他に貨物用のカルニ検問所や、ユダヤ人入植者専用の出入口が数か所あった）。エジプトへの出入口も1か所だけで、いずれもイスラエル軍によってしばしば閉鎖された。ガザは海に面しているが、沿岸をイスラエル軍が封鎖しているので漁船以外は入港できず、98年にガザ国際空港が開港したものの、3年後にはイスラエル軍に破壊されて使用不能になった。

多くの住民はガザに閉じ込められ、「地域全体がまるで監獄」とまでいわれる閉塞感から、ガザではハマスなどの過激派組織が台頭し、イスラエル軍が報復攻撃を繰り返すという殺伐とした状況が続いている。2005年の夏にガザのユダヤ人入植地は閉鎖され、イスラエル軍がガザから撤退したが、その後も何かにつけてガザへの空爆やミサイル攻撃は続いている。

パレスチナ自治政府も07年以降は分裂状態が続き、西岸では穏健派のファタハが、ガザではハマスが実権を掌握。国連では12年からパレスチナを国家扱い（オブザーバー国家）とすることになり、国際的な地位は向上したが、内部対立は解決していない。

西岸とガザとの間の「安全通行路」

パレスチナ人が西岸とガザとの間を行き来するために、イスラエルが通行を認めたのが安全通行路（または安全回廊）という道路。安全通行路の設置は95年にイスラエルとパレスチナとの間で合意したもので、1999年10月にガザ北端のエレツ検問所と西岸のヘブロンとを結ぶ45㎞の南ルートが開放された。「安全」とは、イスラエル側が「このルートを規定通りに通行する場合は、安全に通してやる」という意味。

安全通行路が開放されるのは朝7時から夕方5時までで、イスラエルの休日には通行できない。イスラエルの入境許可証を持つパレスチナ人が車で通過する場合は、車に電子装置が取り付けられ、90～120分以内に向こう側へ到着しないと警報が作動し、不審車と見なされる（つまり「安全」に通してもらえなくなる）。入境許可証を持たないパレスチナ人はバスに乗り、イスラエルの治安当局の車が並走する。もし途中でバスを降りようとすれば、ただちに「安全」は保障されなくなってしまう。また安全通行路を通ろうとする者のうち、16～50歳の男性は事前に磁気カードの交付を受けなくてはならず、それ以外の者も前日までに自治政府へ氏名を届けなくてはならない。

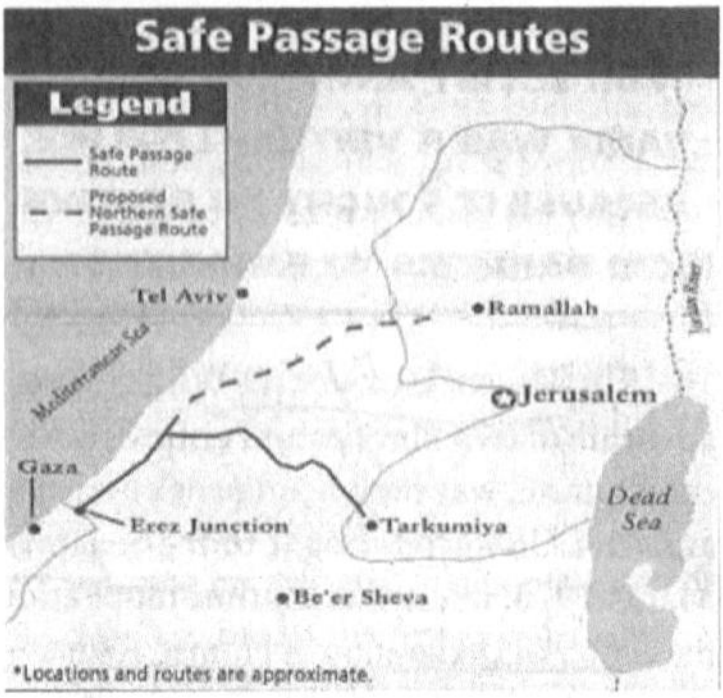

ガザと西岸の安全通行路。南ルート（実線）と北ルート（点線）

なんとも不自由な通行路だが、このルートができたことで生まれて初めてガザから外に出たというパレスチナ人も少なくなかったようだ。しかし２０００年に第二次インティファーダが起こると、イスラエルはたびたび安全通行路を閉鎖するようになった。通行路がイスラエルによって管理されている限り、通すも通さないもイスラエルの気分次第になっているのが実情だ。

ガザのユダヤ人入植地と専用アクセス道路

領土は拡大したい、でもそこに住むパレスチナ人にはイスラエル国籍を与えたくない……そんなジレンマを抱えたイスラエルが考え付いたのが、ユダヤ人入植地の建設だった。

１９６７年の第三次中東戦争で占領したヨルダン川西岸やガザ、ゴラン高原、シナイ半島などの地域はイスラエルの領土には併合せず、代わりにあちこちに入植地を建設してユダヤ人を移住させた（シナイ半島は82年にエジプトへ返還され、入植地は閉鎖）。

それらの入植地は周囲と壁や鉄条網で隔絶され、パレスチナ人は入植地で雇用された労働者を除いて立ち入ることはできず、いわばイスラエルの飛び地のような恰好だ。ジュネーブ条約では占領地への入植は禁止されており、国連でも入植地建設に対する非難決議が挙がったが、イスラエル政府は「パレスチナはもともとすべてユダヤ人の土地であり、占領地ではなく管理地だ」と称して入植地の建設を続けた。

入植地の確保にあたっては、パレスチナ人からの土地購入のほか、軍事上の理由でパレスチナ人を強制移転させたり、難民となって逃げ出した者の土地を接収したり、個人所有されていなかった放牧地などを国有地とみなしたり、軍事上の理由で農地を立ち入り禁止にした後にオスマントルコ時代の「3年間耕作されなかった土地は国有地とする」という法律を引用するなど、あらゆる手段が使われた。

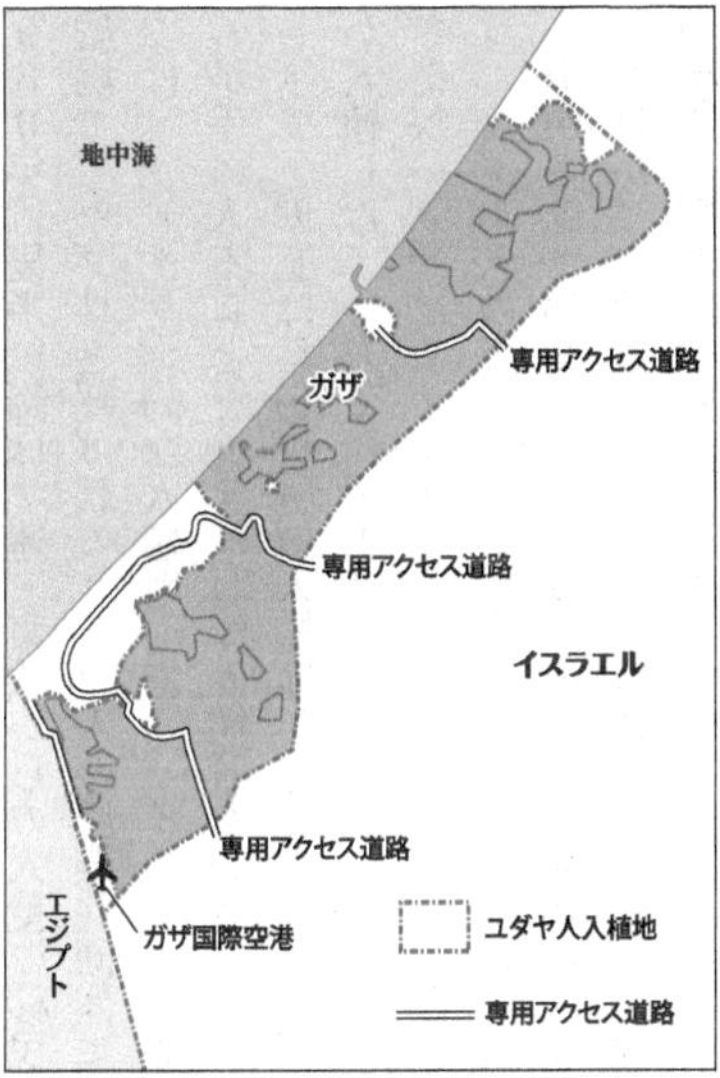

ユダヤ人入植地と専用アクセス道路

これらの入植地は国境地帯や水源地、沿岸部、エルサレム近郊などに多く建設され、国防上の役割（つまり屯田兵）も期待されたほか、世界各地からイスラエルへ集まって来るユダヤ人移民、特に1

980年代後半以降はソ連・東欧からの大量の移民の受け皿にもなった。入植地の多くは農場で、キブツと呼ばれるユダヤ人の農業共同体によって運営されたが、エルサレム近郊ではベッドタウン的な入植地もあり、イスラエル領内と比べて4分の1の値段でマイホームが手に入ることをウリにして入植者を集めた。

さて、ガザにも19か所の入植地が建設され、ガザの面積の30%に7500人のユダヤ人が入植した。一方で当時130万人以上のパレスチナ人は残り70%に追いやられ、ただでさえ狭いガザはますます狭くなってしまった。さらに各入植地とイスラエル本土との間には、ユダヤ人の専用道路が設定された。これらの道路の両脇にあるパレスチナ人の家は立ち退かされて幅200~300mの空き地となり、襲撃者を早く発見できるように備えられたほか、一般道路を利用する区間では銃撃や自爆テロを防ぐために、高い壁でユダヤ人の専用車線が区切られていた。

一般道と交差する地点では、専用道路を通行する車が来るたびにイスラエル兵が一般道を封鎖してパレスチナ人の通行を遮断した。時には何時間にもわたって通行止めになることもあり、パレスチナ人はガザの中ですら自由に行き来できず、ガザは「細かく仕切られた監獄」だといわれた。

これらの入植地や専用道路は、パレスチナ暫定自治政府が成立した後もイスラエル軍が管理していたが、防衛コストが高くつき割に合わないと判断したのか、イスラエルは2005年にガザの入植地をすべて放棄。入植地に立て籠もったユダヤ人強硬派を排除して撤去を完了した。

飛び地だらけの西岸地区と建設中の「壁」

イスラエルがガザの入植地を閉鎖した後も、西岸地区にはユダヤ人入植地が残り、頑強な「壁」を建設してパレスチナ人との隔絶が進行中だ。ガザの入植地を閉鎖したのは、「西岸の入植地恒久化に専念するためだ」ともいわれている。

西岸はA、B、Cの三つの地区に区分され、A地区はパレスチナ暫定自治政府が行政と防衛の両方を担当、B地区は行政を自治政府が行うが防衛はイスラエル軍が担当、C地区はイスラエル軍が支配、このほか東エルサレムはイスラエルが併合している。イスラエルは段階的に自治政府の権限が及ぶA地区とB地区を増やしているが、それでも合わせて西岸の4割に過ぎず、その領域も細かな飛び地状に分割されている。

そしてイスラエルは現在、A・B地区を囲んで全長703㎞にわたり、アパルトヘイト・ウォール（隔離壁）と呼ばれる高さ7・5m、幅3mの壁やフェンスを建設中だ。壁の建設は「A・B地区はこれ以上増やさない」というイスラエルの意思の表れでもあり、主要なユダヤ人入植地を恒久的にイスラエル領と一体化させるとともに、将来パレスチナ国家が正式に成立する際には、壁が国境線になりかねない。

壁を通り抜けるにはイスラエル軍が発行する許可証が必要だが、成人男性にはなかなか発行されない。壁が完成した地域ではパレスチナ人の家と農地が分断され、多くの農民が

ヨルダン川西岸地区

農作業に出られず、壁の向こう側にある農地を放棄せざるを得ない状態になっている。また壁がすべて完成すれば、西岸地区はラマッラなどの北部とヘブロンなどの南部が完全に分断されるうえ、ユダヤ人入植地への専用アクセス道路によっていくつにも細分化されてしまう。東部はヨルダンからも完全に切り離されて、パレスチナはイスラエルに浮かぶ群島のようになってしまうのだ。

国際司法裁判所は２００４年に壁建設は国際法に違反すると勧告したが、イスラエルはパレスチナ人のテロ攻撃から国土や入植地を守るために必要なフェンスだとして、建設を続行している。

住民と大統領の命を救った「安全地帯」

【イギリス領&キプロス領】

デケリア&デケリア発電所

Dhekelia & Dhekelia Electric Power Plant

国家として認められるには「領土、国民、主権」の三要素が必要だといわれている。しかし領土があって国民がいて、それを実効支配する主権も擁しているのに、世界から認めてもらえない非公認扱いの国家というのが存在していて、その一つが世界でトルコだけが承認している「北キプロス」だ。

　地中海の東に位置するキプロス島といえば、十字軍の時代にはイスラム世界に浮かぶキリスト教徒

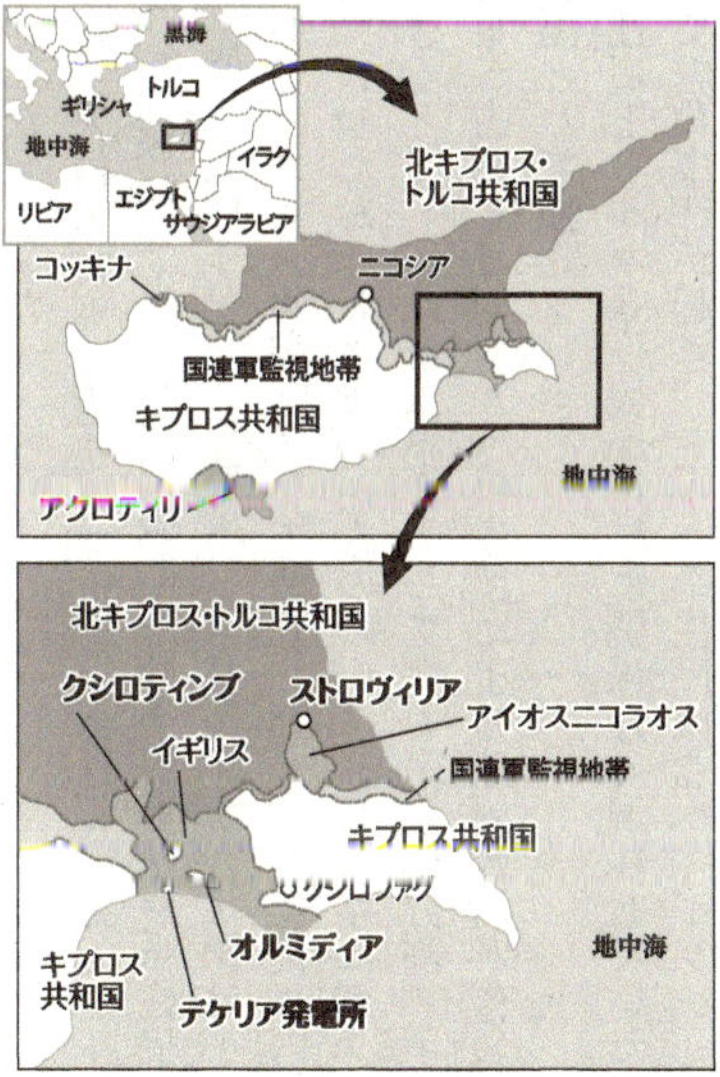

の砦《とりで》のような存在だったが、15世紀からオスマントルコに支配されるとイスラム教徒が増え、19世紀後半からはイギリスの植民地になっていた。

１９６０年にイギリスが撤退した際に、人口の77％を占めるギリシャ系住民（キリスト教徒）はエーゲ海の島々のようにギリシャ領になることを主張し、18％のトルコ系住民（イスラム教徒）はトルコとギリシャで島を分割することを要求。とりあえず大統領はギリシャ系、副大統領はトルコ系という形でキプロス共和国として独立したが、3年後に内戦が勃発した。この時は国連軍の介入でいったんはおさまったものの、１９７４年にギリシャ軍の支援を受けたクーデターが起きると、トルコも軍事介入して島を南北に分割。キプロス島の36％にあたる北部はトルコ軍が占領して、トルコ系住民による連邦政府が作られ、83年には北キプロス・トルコ共和国として独立を宣言した。

それまでキプロス島ではギリシャ系住民とトルコ系住民が地域に関係なく混住していたが、クーデターとトルコ軍侵攻の過程で虐殺事件が起き、トルコ系住民は北へ、ギリシャ系住民は南へ難民になって逃げ、完全に分かれた。境界線一帯には国連軍の監視地帯が作られ、南北の行き来が出来るのは首都ニコシア市内の検問所1か所だけで、それも外国人しか通れなかった。

２００4年にはキプロスのEU加盟を前にして、国連の調停案による統一の是非について南北で同時に住民投票が実施されたが、国会の議席数はギリシャ系とトルコ系を同数とするなど少数派のトルコ系住民の保護を謳った内容だったので、南のギリシャ系住民の間では反対多数で調停案は否決されてしまった。

住民投票を契機に、南北を結ぶ検問所は4つに増え、島民の行き来も指定された時間内なら可能になった。状況は大きく改善されたが、分断国家解消の目途は立っていない。

さて、キプロス島には国連軍の監視地帯のほかにイギリス軍の基地が2か所ある。東部のデケリアは南北境界線の一部になっているが、南海岸のアクロティリは境界線とは無関係な場所だ。

これらの場所は紛争後に停戦監視のために作られたのかといえば、1960年のキプロス独立時から存在していて、イギリスの主権下にあるイギリスの領土なのだ。日本の米軍基地のように協定で治外法権を認めて貸与しているのではなく、キプロスの英軍基地はキプロスがイギリスから独立した際にイギリス領のまま残されたもので、現在では「イギリス海外領土」としてジブラルタルと同じ扱いになっている。

イギリスの領土だから、軍人だけでなく行政官もいて、キプロスには高等弁務官が派遣され、裁判所や警察、刑務所もある。ただしイギリスの法律がそのまま適用されるわけではなく、キプロスの法律に準じた法令が適用される仕組み。最近ではキプロス政府と協調して野生動物の密猟取り締まりを強化しているとか。このイギリス領内には軍関係者らイギリス人8500人のほか、キプロス人も1850人住んでいるが、彼らにはイギリスの市民権は与えられない。これは香港などかつてのイギリス植民地と同様だ。

キプロス独立にあたってイギリスがあくまで領土の保持にこだわったのは、当時まだアラビア半島や東南アジアに植民地を持っており、キプロス島を戦略基地として重要視していたからだ。

もっともイギリスは、68年にスエズ運河以東からの軍事的撤退を発表して、キプロス島での基地確保は意味が薄れてしまうが、キプロス紛争が勃発するとキプロス人にとってこの僅かなイギリスの領土は重要な役割を果たした。ギリシャ系民兵に包囲されて虐殺されそうになった南部のトルコ系住民8000人はイギリス領に逃げ込んで助かったし、クーデターで命を狙われたマカリオス大統領が姿を隠したのもイギリス領。もっとも、植民地時代にギリシャ系とトルコ系の民族対立を煽って、紛争の火種をまいたのはイギリスだ。

イギリス領の中にあるキプロス領の飛び地

デケリアのイギリス領内のうち、オルミディア村とクシロティンブ村およびデケリア発電所はキプロス領の飛び地になっている。

もっと厳密に言えば、キプロス領になっているデケリア発電所の敷地はイギリス領の道路によって南北に分割されている。独立したのに発電所を旧宗主国に押さえられたままでは困ると当時のキプロス政府が主張し、軍事基地として使いたいけど住民の面倒は見たくないので村は除外するとイギリス側が主張した交渉の結果が、細かな飛び地を生んだもの。

イギリス領と「北キプロス領」で切り離されたキプロス領の飛び地

デケリアから東北へ約10km離れたアイオスニコラオスはイギリス領だが、両者を結ぶ道路もイギリス領で、停戦監視ラインを兼ねているようだ。

デケリアのイギリス領の東側にあるクシロファグ村からキプロス島の東南端にかけての、南北約10km、東西約20kmの地域はキプロス領だが、イギリス領と北キプロス領によって「南」の本土とは切り離されている。本土と飛び地を行き来するには、英軍基地の中を通らなくてはならない。

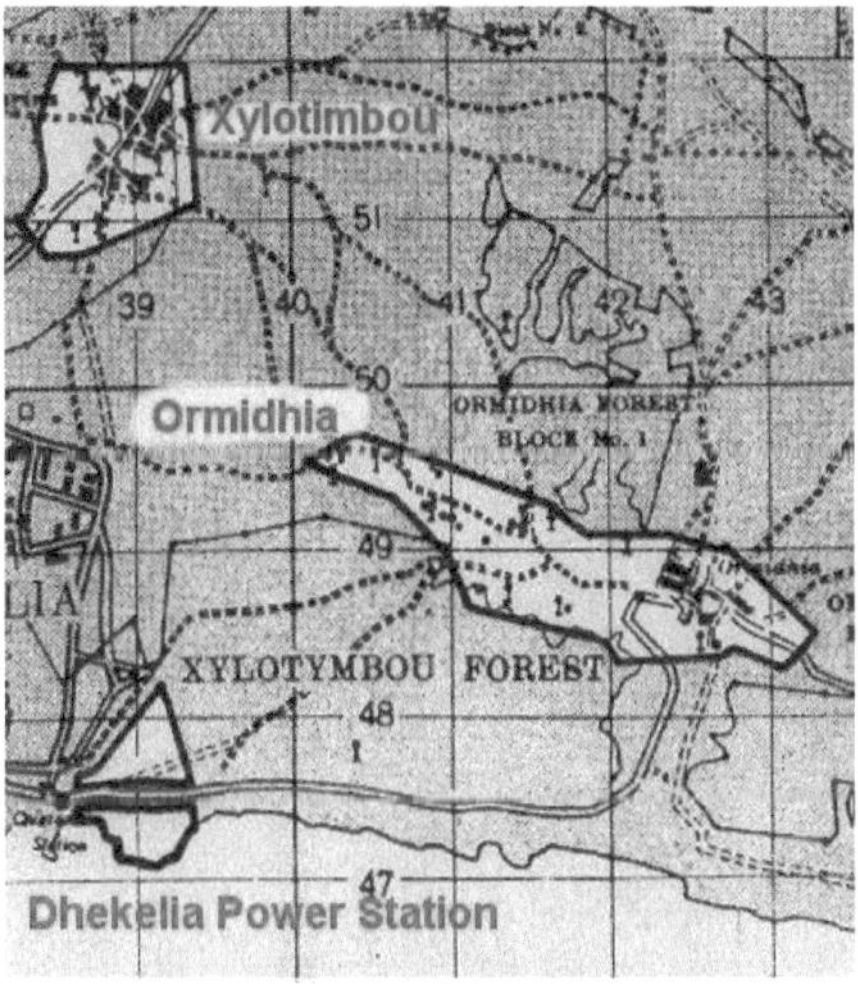

デケリア発電所（下）とオルミディア村（中）、クシロティンブ村（上）

デケリアのイギリス領の北部にあるアイオスニコラオスの北側は北キプロス領だが、ストロヴィリア（Strovilia）だけは「南」だった。これは1974年の内戦の時に、トルコ軍はストロヴィリア村をイギリス領だと勘違いして占領しなかったため、そのままキプロス領として残ったもの。

村にはギリシャ系住民18人が暮らしていたが、2000年7月にデケリアを経由して南北キプロスを行き来できるルートを開設した際に、北キプロス側はストロヴィリア村を占領して国境検問所を設置したため、現在では北キプロスの支配下に置かれている。

キプロス領に囲まれた「北キプロス領」の飛び地

「南」が支配する北西部の海岸の一角に、「北」の小さな飛び地コッキナがある。コッキナの面積は約7・5㎢で、国連軍の監視地帯を挟んで隔絶されている。

コッキナは1963年から64年にかけての内戦時に、トルコ系民兵の拠点となって激しい戦闘が行われた場所。周囲からトルコ系住民が集まって住むようになり、74年の内戦ではトルコ軍の上陸場所となった。その後住民はいなくなり、トルコ軍が駐留していたが、2000年に北キプロスによるストロヴィリア村占領と引き換えに、放棄したようだ。

ベネチアに反旗を翻した港をトルコが隔絶させて保護

【クロアチア領】
ドゥブロヴニク
Dubrovnik

ボスニアは海岸沿いをクロアチアに囲まれた内陸国だが、ネウム（Neum）付近で幅21kmだけ海岸線に接している。このためクロアチアは南北に分断されて、南端のドゥブロヴニク一帯はアドリア海にへばりついた細長い飛び地だ。ネウムがボスニア領なのは複雑な民族分布を反映したためか、はたまたボスニアの自立のために海への出口を与えたためか……と思えば、いずれでもない。ネウムなどボス

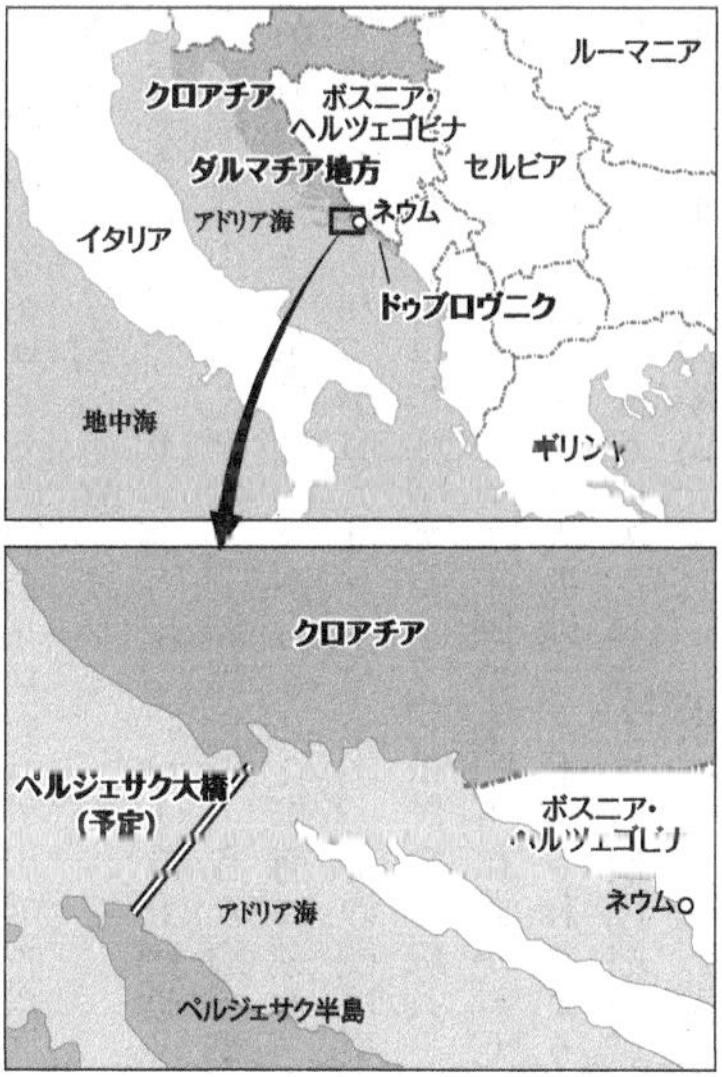

ニア南西部に住んでいるのは主にクロアチア人だし、ボスニアからアドリア海への出口の役割を果たしているのはネウムから30㎞北側にあるクロアチア領のプロチェで、ボスニアから流れる川の河口があり、鉄道や幹線道路もここが起点となっている。

ネウムは南側に突き出した半島や島にさえぎられ、アドリア海へ出るには100㎞近く迂回しなくてはならないし、ボスニア内陸部とは山でさえぎられ、峠越えの小さな道で繋がっているだけ。こんな奇妙な国境線が引かれたきっかけは、今から500年前に遡る。

アドリア海に面した一帯はダルマチア地方と呼ばれ、かつてはローマ帝国、その後は東ローマ帝国(ビザンティン帝国)の領域だったが、7世紀に始まるスラブ系民族の侵入とビザンティン帝国の衰退に伴って、10世紀に誕生したクロアチア王国の支配下に置かれた。ただし、当時のダルマチアは「イタリアに縁取りされたスラブ人の地」と形容されたように、海岸沿いの港には古代ローマ人の後裔であるラテン人が住み、ベネチアの植民地が点在していた。クロアチア王国は11世紀末に王位継承で内紛が発生し、王家同士が縁戚関係にあったハンガリー王国に吸収されてしまう。内陸国のハンガリーはアドリア海沿岸の都市に触手を伸ばし、貿易の利益をベネチア本国に吸い取られていた植民地の中には、ハンガリーと手を組もうという港も現れた。

こうしてベネチアに反旗を翻したザーラ(現ザダル)は、十字軍に攻め込まれて再びベネチアに屈服するが、ザーラと並ぶ有力な港ラグーザ(現ドゥブロヴニク)はもう少し時機を見るのが上手だった。ベネチアが宿敵ジェノバとの戦争にあけくれていた1358年に、ラグーザはベネチアからハンガリーへ乗り換えた。しかし90年には内陸から進出したセルビアがダルマチアの大半を併合したため、ハンガリーの宗主権を認め続けたラグーザは独立国のような存在となり、ベネチアのライバルとして積極的な貿易に乗り出した。

やがて新たにこの地に乗り込んできたのがオスマントルコだ。1453年にコンスタンティノープルを陥落させた勢いに乗り、59年にはセルビア王国を滅ぼし、63年にはボスニア王国も征服する。キリスト教徒たちは恐慌状態になったが、ボスニアにいたボゴミール派の信者たちはむしろオスマントルコの軍勢を喜んで迎え入れた。ボゴミール派は旧約聖書やキリストの受難、秘跡を否定して教会組織を拒否したために異端とみなされ、正教会やカトリックから改宗を迫られ迫害を受けていた。その反動で「ローマ教皇に改宗させられるより、スルタンに従って改宗した方がましだ」とイスラム教を受け入れ、「トルコ人よりトルコ的で、カリフよりイスラム的」と言われるほど熱心な信者になってしまう。

彼らが現在のムスリム人の先祖で、オスマントルコはキリスト教徒に寛容な政策を採っていたが、ボスニアで権力を握ったムスリム人は特にカトリックに対して激しい弾圧を加えた。このため多くのクロアチア人が沿岸部のベネチア領へ逃れ、ここをスラブ化させながらベネチアと協力してトルコに抵抗しようとした。1571年にキリスト教勢力がオスマントルコを破ったレパントの海戦では、ダルマチア艦隊の奮戦ぶりも貢献した。一方で機を見るのがうまいラグーザは、今度はオスマントルコに貢物を納めることで安全を保障してもらい、引き続き独立国のような地位を維持してベネチアと貿易を競っていた。

17世紀末にウィーンへ侵入しようとしたオスマントルコがオーストリアに撃退されると、ベネチアもトルコと戦争になり、ベネチアはエーゲ海では領土を失ったものの、ダルマチア地方では領土を広げた。1718年にイギリスとオランダの調停で結ばれたポザレバッツ条約では、ダルマチア地方のほぼすべてをベネチアが確保したが、ベネチアとトルコ保護下のラグーザとの紛争を防ぐために、ダルマチアとラグーザとの間の海岸線にトルコ領の「緩衝地帯」を作り、両者を引き離すことになった。この時に定められた国境線がほぼ現在でも踏襲されていて、ベネチア領とラグーザは現在のクロアチア領、トルコ領は現在のボスニア領にあたる。

つまりネウムは海への玄関口としてトルコ（ボスニア）領になったのではなくて、むしろ逆。港と港を隔てる何もない一角だからアドリア海の貿易に利害がないトルコが管理することになったのだ。

やがて1797年にベネチア共和国はナポレオンに征服されて滅亡。ラグーザはいよいよ貿易の中心地として活況を呈したが、それもつかの間だった。1805年にはやはりナポレオンに征服されてしまい、ダルマチアの旧ベネチア領はフランス領イリリア諸州に、ラグーザはその飛び地となる。そして1814年、ナポレオンの敗北によってイリリア諸州はオーストリア領になり、78年にはオーストリアはボスニアをトルコから奪ったので、ラグーザはオーストリア領の飛び地ではなくなったが、行政区分の飛び地としては残った。当時のオーストリアはハンガリーと合体していたが、ラグーザを含むダルマチアはオーストリアの管轄に、ボスニアはオーストリアとハンガリーの共管地とされていた。

第一次世界大戦によって、バルカン半島の旧トルコ領とオーストリア領、それとロシアの支援で一足先にトルコから独立していたセルビアとモンテネグロは合併して、ユーゴスラビアが成立する。実際にはセルビア人の国王による独裁が強まり、１９２９年には中央集権を強めるために歴史的な行政区分を廃して州の再編成を行った。しかし、これによって結果的にセルビア人による支配が強化されることを危惧したクロアチアでは、自治権や分離独立を求める声が高まり、国王はクロアチア独立派のテロで暗殺された。

こうして１９３９年に旧来のクロアチアとダルマチアを合わせたクロアチア自治州が誕生するが、41年にユーゴスラビアへ侵攻したドイツはクロアチア人の独立運動を利用してユーゴスラビアを解体し、「クロアチア独立国」という親ナチス政権を樹立する。クロアチアはダルマチアの一部をイタリアへ割譲させられるが、そのかわりボスニアを与えられて領土を拡大した。クロアチア人は民族的にはスラブ系だが、歴史的にハンガリーやオーストリアとの結びつきを通じてドイツへの親近感が強かった。一方、セルビアにも親ナチス政権が生まれたが、歴史的かつ宗教的にロシアとの繋がりが深かったセルビアは、ソ連の支援を受けた対ナチス抵抗運動（パルチザン）の拠点となった。

戦後、改めて成立したユーゴスラビア連邦は、トルコやオーストリアの統治時代からの歴史的な地域区分をもとにして六つの共和国を作ったが、ダルマチアではイタリア人がいなくなりクロアチア人が多くを占めたのでクロアチア共和国の一部とされた。こうしてネウムは再びボスニアに所属し、ドゥブロヴニク（旧ラグーザ）はまたしてもクロアチア本土から切り離されることになる。それでも当時は同じユーゴスラビア国内だったが、90年代初めに旧ユーゴスラビアが解体すると、連邦内の共和国がそのまま独立したので、ドゥブロヴニクはクロアチアの飛び地となった。

なんだかダラダラと書いてしまったが、とりあえずボスニア紛争で争っていたセルビア人、クロアチア人、ムスリム人は宗教が違うというだけでなく、伝統的にそれぞれロシア・ソ連、ハンガリー・オーストリア・ドイツ、トルコとの関係が深くて、それぞれが背後の大国の威を借りて他の民族を抑圧したり虐殺した歴史があるわけで、雑居して住んでいる限り、インターナショナルなイデオロギーを掲げた強力な独裁政権でないと民族対立を抑えるのは難しい。

さて、ドゥブロヴニクの飛び地の面積は1782㎢（東京23区の約3倍）で、人口は12万3000人ほど。内戦で破壊された旧市街も復旧が進み、「アドリア海の真珠」と賞賛されて西欧からの観光客で賑わっている。クロアチア本土との交通は、途中ネウムの前後で簡単なパスポート検査を受けるだけで通れるが、車でボスニア領内を通過するためにはボスニアの自動車保険に入らなければならないのがネックになっていた。

そこで、クロアチアはドゥブロヴニクから西へ突き出したペルジェサク半島とクロアチア本土との間に全長2374mの橋をかけて、ネウムを通らない新ルートを建設しようとしたが、ネウムに港を作ろうとしていたボスニアは「橋が障害物になって大型船が入港できなくなる」と猛反発。結局ボスニア側によるプロチェ港（342頁参照）の管理と引き換えに、ボスニアは橋の建設を認めたが、クロアチアは建設資金を集められず、2008年のはずだった完成予定は大幅に遅れている。

アルメニア人による「失地回復」の聖戦

【アゼルバイジャン領】

ナヒチェバン

Nakhchivan

ソ連が崩壊したらそれまで聞いたこともなかったような国が次々と独立して、泥沼のような民族紛争があちこちで勃発したが、アゼルバイジャンとアルメニアの戦争もその一つ。

アゼルバイジャンとアルメニアがあるのは旧ソ連のコーカサス地方、つまり黒海とカスピ海の間で、南側をトルコやイランと接した場所に位置する。アゼルバイジャンは歴史的にペルシャと繋がりの深い地域で、多数派住民のアゼリ人はシーア派のイスラム教徒。一方のアルメニア人はキリスト教徒で、アルメニアは301年に世界で初めてキリスト教を国教にした国でもある。

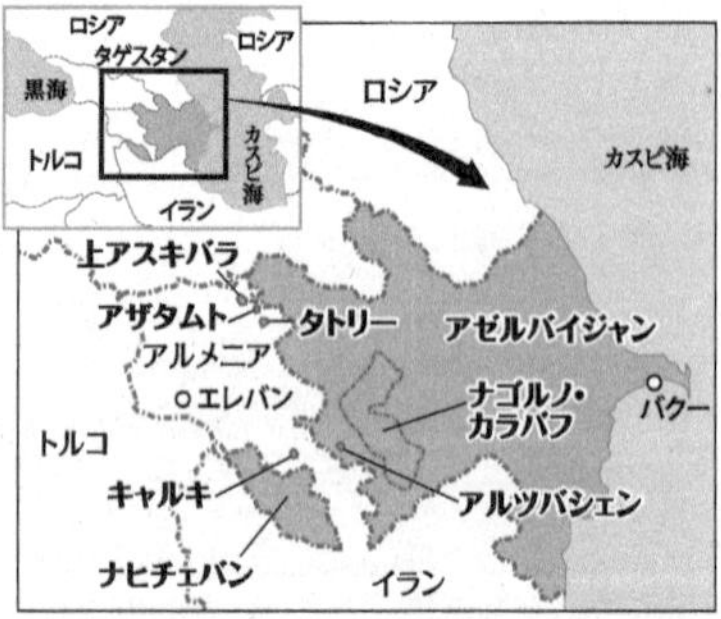

紛争の原因は、アゼルバイジャン領内でアルメニア人が多いナヒチェバンとナゴルノ・カラバフ自治州という二つの地区の帰属をめぐってだ。このうちナヒチェバンはアゼルバイジャン本土とは完全に切り離され、北側はアルメニア、南側はイランに挟まれた飛び地

だが、過去数十年の間にアルメニア人よりアゼリ人の人口の方が多くなった。

一方、ナゴルノ・カラバフはアゼルバイジャンの本土の中にあるのだが、人口は1923年の時点でアルメニア人が94・4%を占め、ソ連末期の時点でも77%と圧倒的に多い。このためアルメニア人の武装勢力がアゼルバイジャン軍を追い出してアルメニアへの編入を主張、アルメニア軍も介入してアルメニア本土とナゴルノ・カラバフの間の部分を占領している。したがって主な戦場はナゴルノ・カラバフ周辺だった。

この戦争はキリスト教徒とイスラム教徒の対立かといえばそうでもない。キリスト教徒のアルメニアを支援しているのはアゼルバイジャンと同じシーア派イスラム教徒のイランなのだ。イスラム教徒のクルド人もアルメニアを支持している。一方でアゼルバイジャンを支援しているのはスンナ派イスラム教徒のトルコだ。

かつてアルメニア人はトルコ東部からグルジア、アゼルバイジャンにかけての広大な地域に住んでいた。しかし、ペルシャやトルコ、ロシアなどに征服されて国を失った歴史がある。日本人にとっての富士山にあたるアルメニア人の心の故郷は、ノアの箱舟が流れ着いたという伝説もあるアララト山だが、ここは現在トルコ領。第一次世界大戦後にトルコが行ったアルメニア人の追放は凄まじく、虐殺や砂漠地帯への強制移住などで100万人以上の死者を出したとまでいわれている。ユダヤ人やパレスチナ人のように故郷を追われ、中東各地やヨーロッパ、アメリカに移住したアルメニア人も多い。

つまりナヒチェバンやナゴルノ・カラバフをめぐる戦争は、アルメニア人にとっては

「失地回復」という民族の大義を掲げた戦いだ。「海から海まで」つまり黒海からカスピ海に至る地域に大アルメニアを建設することはかねてからアルメニア人たちの悲願だったが、ソ連の崩壊は絶好のチャンス到来と映った。ロシア革命でコーサカス連合として独立した時に、一度はアルメニアの管轄とされたナヒチェバンとナゴルノ・カラバフが、4年後にアゼルバイジャンへ移されたのは、当時のソ連政府がトルコとの関係を重視したためだった。ソ連はトルコ系の言葉を話すアゼリ人にテコ入れする一方で、トルコを宿敵と見なしているアルメニア人の力を弱めようとしたと言われているだけに、なおさらアルメニア人の「失地回復」への思いは強い。

1991年から始まった「宣戦布告なき戦争」は、1万7000人の死者と100万人以上の難民を出し、94年にロシアの調停でとりあえず停戦が実現した。ナゴルノ・カラバフはアルメニア軍の占領下でナゴルノ・カラバフ共和国として独立し（もっとも実際にはアルメニアの傀儡国《かいらいこく》で、世界で承認している国はない）、アルメニア軍はアルメニア本土との間に、アゼルバイジャンの国土の約1割に相当する占領地も確保している。

ナヒチェバン以外のアゼルバイジャンの飛び地

ところでアルメニア領内には、ナヒチェバン以外にもアゼルバイジャンの小さな飛び地が5か所ある。

北部の上アスキパラ（ユハリ・アスキパラ＝Upper Askipara）とアザタムト（Azatamut）

は、それぞれアゼルバイジャン本土から約１km離れたところに存在しているが、これらの村は92年早々にアルメニア軍に占領され、住民のアゼリ人は追い出されて「民族浄化」が完了。上アスキパラと向かい合う下アスキパラ（アシャギ・アスキパラ＝Lower Askipara）はアゼルバイジャン本土にありながら、山に隔てられて道路はアルメニアにしか通じていない場所だが、ここもアルメニア軍に占領されてアゼリ人はいなくなった。

また上アスキパラ村や下アスキパラ村から東南へ25kmほど離れた町タトリー（Tatly）近

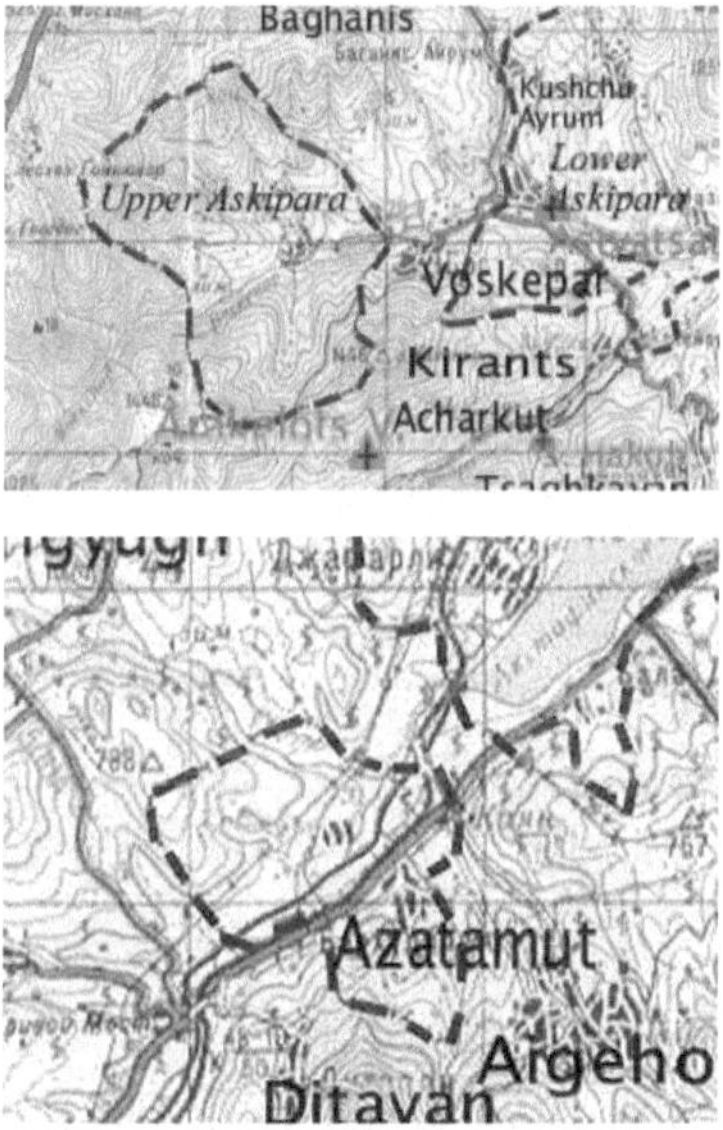

（上）本土の下アスキパラ〈右〉と、飛び地の上アスキパラ（1981）
（下）ソ連時代のアザタムト。点線で囲まれたところ

くの道路沿いに、アゼルバイジャン領の極めて小さな飛び地が2か所ある。面積は12haと6haの農場で、道路と川を挟んでアゼルバイジャン本土とは100m足らずしか離れていないが、アルメニア軍が占領しているようだ。

ナヒチェバンの4・5km北側にも、道路沿いに「おむすび」のような形をした飛び地キャルキ（Kiarki）があり、面積は7km²ほど。ここも91年にアルメニア軍に占領されて、アゼリ人の住民は難民となってナヒチェバンへ逃れている。

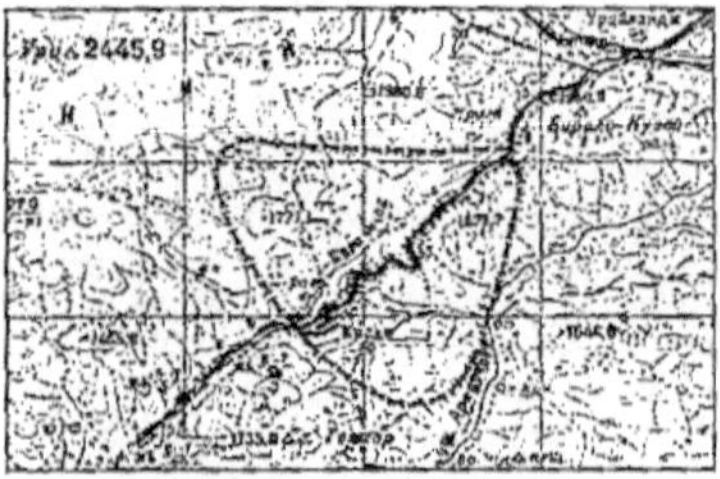

（上）矢印の2か所がタトリー（1981）
（下）ソ連時代のキャルキ（1981）。点線に囲まれたおむすび型のところ

ソ連時代のアルツバシェン

アゼルバイジャン領内にあるアルメニアの飛び地

一方で、アゼルバイジャン領内にあるアルメニアの飛び地は、本土から小さな峠をはさんで存在するアルツバシェン（Artzvashen）という場所。ここには１８４５年からアルメニア人の村があり、第二次世界大戦の末期にベルリンを占領したソ連軍の先陣を切って、ドイツ国会議事堂に赤旗を立てたという英雄兵士の生まれ故郷として「誉れ高き村」になったが、ソ連が解体すると村の運命は一転。91年から92年にかけての戦闘でアゼルバイジャン軍に占領され、村に住んでいたアルメニア人（約１０００世帯）は難民となり、セバン湖近くのアルメニア領内に「リトル・ヘブン」という新しい村を作って暮らしている。

アゼルバイジャン領内にあったロシアの飛び地

アゼルバイジャンの北東部、ロシアとの国境から50㎞ほど離れたクラクホバ(Khrakhoba)とウィレナバ(Uryanoba)の二つの村は、2010年9月までロシアの飛び地だった。人口はクラクホバが210人、ウィレナバが15人ほどで、あまりに小さくて地図にも載っていない。

この二つの村はもともとアゼルバイジャンの管轄だったが、1954年にソ連政府は牧草地として一時的にダゲスタンの管轄に移した。一時的な移管は何回か延長されて、84年にソ連政府は20年間の延長を決めた。そして期限を迎えた2004年には、ソ連政府は消滅していてアゼルバイジャンは独立国に、ダゲスタンはロシアの一部となっていたので、国同士の飛び地になったという次第。

二つの村に住んでいるのは、ダゲスタンに多く住むレズギン人。アゼルバイジャンとダゲスタンは、アルメニアとのように戦争しているわけではないので、住民たちはアゼルバイジャン政府から特に迫害されていたわけではなく、日用品や電気などの供給はアゼルバイジャンから行われ、村の中学校を卒業するとアゼルバイジャンのロシア語高校へ進学していた。

しかし、ダゲスタン本土へ行く時にはパスポート検査が必要で、ダゲスタンで買い物をすれば国境で関税をかけられる。住民はロシア国籍なので、ロシア軍に徴兵され、ロシアの大統領選挙にも投票しているが、普段はダゲスタン政府が役人を派遣して行政を行えないので、村の長老たちによる自治が続いていた。

　２０１０年9月にロシアとアゼルバイジャンが国境画定の条約に調印して、二つの村は正式にアゼルバイジャン領になった。村人たちは一年以内にアゼルバイジャン国籍を取得して村に残るか、ロシア国籍を保持してダゲスタンに移住するかの選択を迫られた。村人たちは「ロシア国籍のままで村に住み続け、ダゲスタンとの行き来を自由にして欲しい」と要求していたが、取り合ってもらえず、結局約半数の住民がダゲスタンへ移り、村に残った住民は年輩者がほとんどとか。

ロシアのお荷物となった、ドイツ人の「心の故郷」

【ロシア領（旧ドイツ領）】
カリーニングラード（東プロイセン）

East Prussia & Kaliningrad

戦前のヨーロッパ地図を見ると東プロイセン（または東プロシア）というドイツの飛び地が目を引く。その東プロイセンは今どうなっているかというと、カリーニングラードというロシアの飛び地になっていて、飛び地と縁が深い地域のようだ。

東プロイセンにはもともとプルシ人またはプルッセン人という先住民が住んでいて、しばしばキリスト教国のポーランドを脅かしていた。彼らは文字を知らず、時間を知らず、一夫一妻制を守らない……と、キリスト教徒からすれば「未開で野蛮な異教徒」だった。

そこで13世紀にドイツの騎士修道会が入植し、プルシ人を改宗させたり殺したりしながら植民地を築き、それでいて先住民の名を冠して「プロイセン」と名付けた。修道士の支配の下でプロイセンは開拓が進み、ドイツからの移民も増えてケーニヒスベルク（現在の

カリーニングラード）やダンチヒ（現在のポーランド領グダニスク）などの都市が建設され、今度は先進地域としてポーランドを脅かすようになる。

しかし、やがて地主や貴族たちと修道士たちが内紛を起こし、１４６６年に西プロイセンはポーランド領に、東プロイセンはポーランド国王の宗主権の下で修道会国家となった。そして宗教革命が起きると、１５２５年に修道会国家の総長でホーヘンツォレルン家出身のアルブレヒトはプロテスタントに改宗してしまい、世俗の「プロイセン公」となってプロイセン公国を作った。

一方で、本家のホーヘンツォレルン家は15世紀からブランデンブルク（ベルリン一帯）を支配していたが、１６１８年にプロイセン公の跡継ぎが絶えるとプロイセン公国を相続した。そして17世紀の30年戦争で神聖ローマ帝国が実質的に崩壊しドイツがバラバラになると、ホーヘンツォレルン家はそれまで支配していた領地を合わせて１７０１年にプロイセン王国を築く。プロイセン王国の首都はベルリンで、東プロイセンはポーランド領の西プロイセンを挟んでその飛び地になったのだが、初代国王のフリードリッヒ一世はプロイセンを尊重してケーニヒスベルクで即位した。現在でも東プロイセンが「ドイツ人の心の故郷」と言われる由縁だ。

プロイセン王国は１７７２年にポーランドから西プロイセンを奪い、18世紀末にはロシア、オーストリアとともにポーランドを分割した。さらにビスマルク首相の下で国力を伸ばし、１８７１年には普仏戦争でフランスを破ったプロイセン国王がドイツ皇帝ヴィルヘ

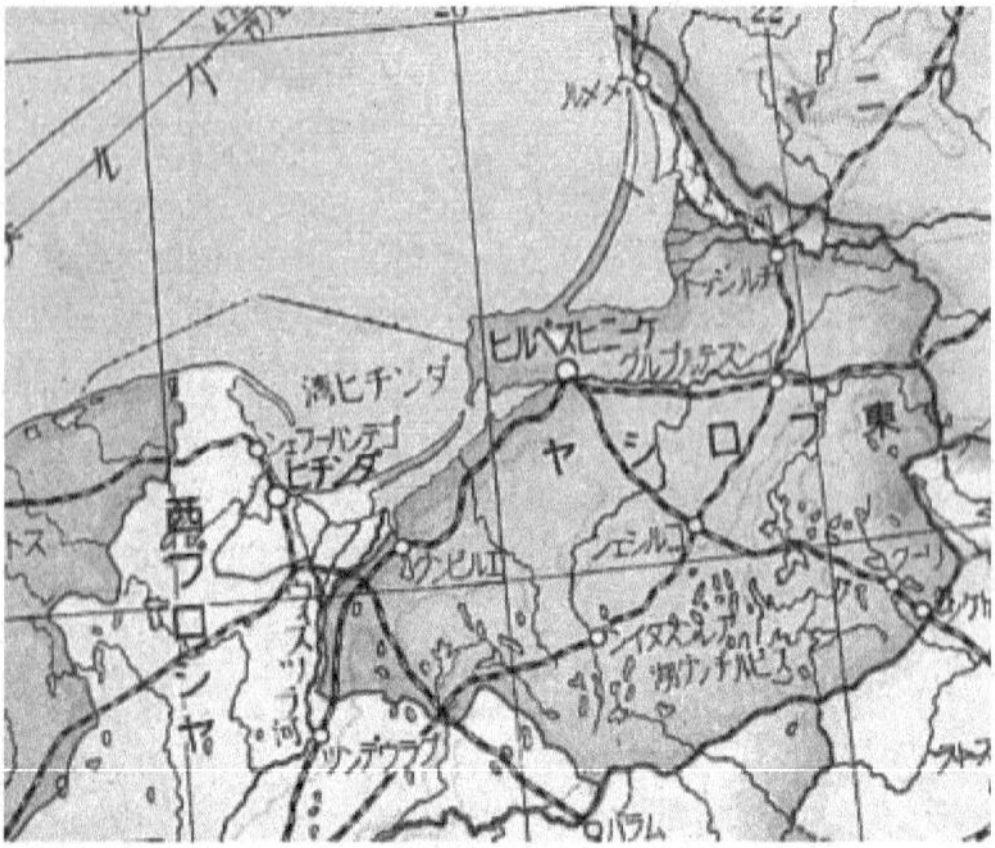

戦時中の東プロセイン（1943）。メーメルと西プロセイン、ダンチヒ自由市も独軍が占領

ルム一世に即位して、ドイツ帝国が成立する。こうして辺境の植民地の名称だったプロイセンがドイツを代表することになったのだ。

第一次世界大戦で破れたドイツは、ベルサイユ条約で領土を縮小させられた。西プロイセンは「海への出口」として再びポーランドに与えられ、その中心都市だったダンチヒは国連管理下の自由市として独立し、東プロイセンは再びドイツ本土と切り離された飛び地になった。やがて台頭したヒトラーはドイツの歴史的な領土の回復を強く訴え、ドイツ西南端のザール（国連管理地域）に続いて、1939年に東プロイセン東北端のメーメル（フランス軍の委任統治を経てリトアニアが併合。現在リトアニア領クライペダ）を併合した。メーメルの住民は当時80％

はドイツ人だったので、船で視察に訪れたヒトラーは熱狂的に歓迎されたが、この時ヒトラーはひどく船酔いをして大いに怒り、飛び地解消のためにポーランド侵攻を決意した……とか。

第二次世界大戦後、東プロイセンは南北に分割されて、南部は西プロイセンと共にポーランド領に、北部はソ連に併合されてロシア共和国の一部となった。この時、リトアニアなどバルト三国もソ連に併合され、ソ連の下での共和国となったが、なぜ東プロイセン共和国は作られずロシアになったのかといえば、東プロイセンに住んでいたドイツ人はほとんどがドイツ本土へ追放され、新たにロシア人が入植していたから。ケーニヒスベルクもソ連の元首（最高ソビエト幹部会議長）の名を取ってカリーニングラードと改称され、ソ連領の東プロイセンはカリーニングラード州となった。

カリーニングラードはソ連にとってバルト海に面する唯一の不凍港で、東西冷戦の中で軍事戦略拠点として重要な地域だった。しかし、ソ連が崩壊するとその意義は薄れ、バルト三国やウクライナ、ベラルーシが独立するに及んで、１９９１年から今度はロシアの飛び地として取り残されてしまう。

そこでここを自由貿易地区にし、「西欧へのロシアの玄関口」「ロシアの香港」として大々的に投資を呼び込もうという夢が広がっていたが、93年から経済特区に指定されたにもかかわらず、政治や経済で混乱が続いて投資は呼び込めなかった。軍需産業を中心とした国営企業は多くが破綻し、20万人が駐屯していた軍隊は10分の１に削減されて、98年の同州のGDPは9年前と比べてなんとマイナス57%。自由貿易どころか密輸の拠点となり、住民の約半数が「担ぎ屋」をやっていると言われたほど。

そんなカリーニングラードも、1990年代末からロシア経済が好転し始めると、V字型の回復を遂げた。経済特区としての関税や輸入の優遇政策がロシア本土からの投資を呼び込み、家電や家具製造、食品加工などの新たな産業が急成長した。カリーニングラードの工業製品のうち、80%はロシア本土へ輸出されている。西欧への玄関口という構想は果たせなかったが、ロシアの新興工業地帯として本土との結びつきが一段と強くなった。

新たな問題は2004年のリトアニアとポーランドのEU加盟だった。陸路でロシア本土へ行くには、リトアニアかポーランドを通らなくてはならない。これまでリトアニアは旧ソ連だったのでロシア人はビザなしで通過することができたが、EU加盟でロシア人がリトアニアへ入るにはビザが必要になる。そうしなければ、ロシア人がリトアニア経由で西欧へどんどん流れ込んでしまうからだ。そこでロシアは「本土とカリーニングラードの間には自由通行権がある」「ビザなし通過を認めないのは非人道的」と反発し、リトアニアがカリーニングラードの住民に手続きが簡素な通過ビザを与えることで妥協している。

列強4か国による河口争奪戦で切り離された飛び地

【アンゴラ領】

カビンダ

Cabinda

「コンゴ」という国は二つある。コンゴ共和国とコンゴ民主共和国で、歴史を遡れば前者は旧フランス領、後者は旧ベルギー領で、一時は「ザイール」という国名だった。その二つのコンゴに挟まれた旧ポルトガル領のアンゴラの飛び地がカビンダだが、植民地時代にはここもコンゴ州だった。さらに旧ベルギー領を挟んで向かい合うアンゴラ本土はザイール州で、州都はムバンザ・コンゴという町だ

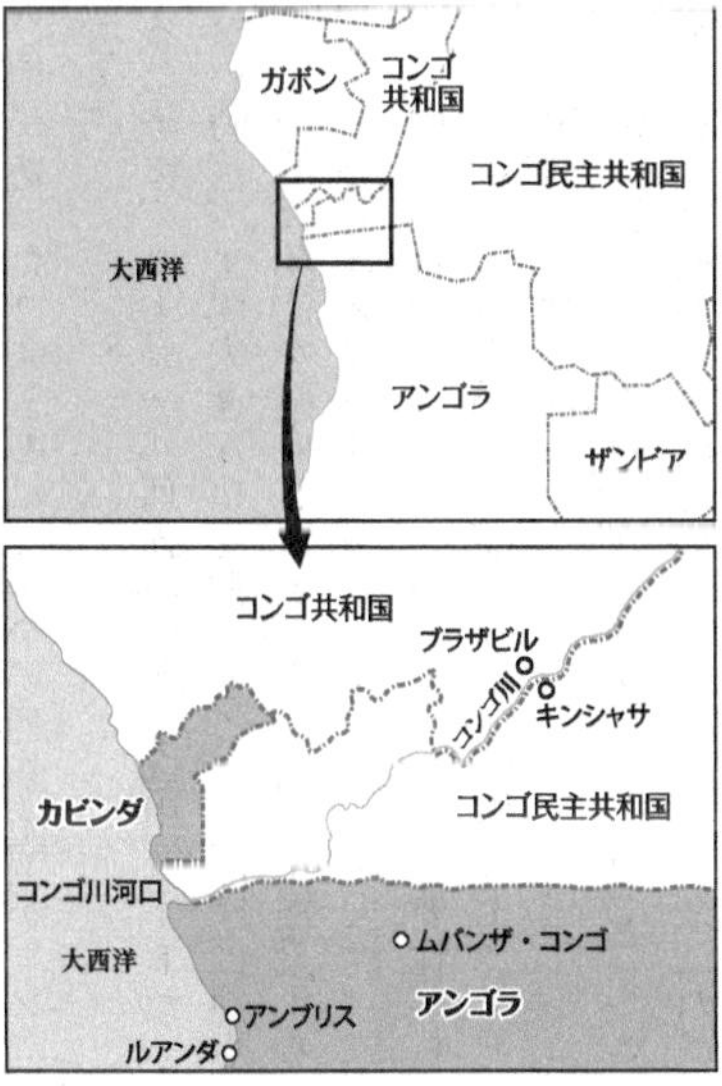

から、かなりややこしい。

コンゴが三つも四つもあったり、飛び地があったりするのは、かつて列強諸国がコンゴ川の河口をめぐって争奪戦を繰り広げたから。

アフリカ内陸部の天然資源を獲得するために、ヨーロッパ列強の重要な進出ルートだったのは河川だ。まだ自動車や飛行機がない時代、まず大きな川を押さえてその両岸に拠点を築き、そこから奥地へと支配を広げ、広域的な統治を確立したところで鉄道を建設するというのが、植民地拡大の方法だった。なかでもコンゴ川は南西アフリカ随一の大河。二つの「コンゴ」の首都がコンゴ川を挟んで向かい合っていることからも、その重要性がわかるというもの。ポルトガルと、フランス、ベルギーに、「お節介好きな腹黒紳士」ことイギリスも加わって、19世紀後半にコンゴ川河口を奪い合った。

国境線とは関係なく、コンゴ川の河口一帯に住んでいるのはコンゴ族だ。かつてここにはコンゴ王国があり、15世紀から16世紀にかけて最盛期を迎えた。そこにやって来たのが大航海時代のポルトガル。ポルトガルは周辺部族からの攻撃に悩んでいたコンゴ王国に加勢するかわりに、コンゴやその南のアンゴラの海岸に砦を築いて拠点とし、１４９１年にはコンゴ国王にカトリックの洗礼を受けさせた。そして16世紀後半にはアンゴラへの入植を本格化させ、総督を派遣して植民地支配を強め、１６６５年にはコンゴ王国の内乱に介入して国王を暗殺してしまう。アンゴラは当時ポルトガルにとって最大の植民地であったブラジルへの奴隷供給源となり、17世紀後半には年間平均７５００人、18世紀後半には平均1万5000人の奴隷がブラジルへ輸出された。

19世紀になると列強諸国の間でも奴隷制度に対する批判が高まり、奴隷貿易の廃止に追い込まれたポルトガルの植民地経営は一気に苦しくなる。それにつけこんで新たに進出してきたのがイギリスとフランスだ。イギリスは「奴隷貿易の実態を監視する」を口実にして、コンゴ川の河口南方の良港アンブリスを占拠しようとするが、ポルトガルは1855年に軍を派遣してどうにかこれを撃退した。しかしコンゴ川以北にまでは手が回らず、フランス勢力の拡大を許してしまう。

そこへ現れたのがベルギーだった。1876年にベルギー国王のレオポルド二世はアフリカの植民地分割のためのブリュッセル国際会議を招集し、対立する列強諸国の間で「無害な調整役」を自任したが、その一方でレオポルド二世はアフリカ奥地の学術調査と探検を支援するコンゴ国際協会の名の下に、広大なコンゴ内陸部を植民地として手中に収めようとした。列強各国がアフリカ分割を協議した1884年のベルリン会議ではコンゴ国際協会による主権が認められ、翌年「コンゴ自由国」が設立されたが、その実態はレオポルド二世が元首に就き、コンゴは彼の私有植民地となった。

コンゴに足場を築けなかったイギリスは、コンゴ川の河口を宿敵フランスや得体の知れないレオポルド二世に占領されるよりはポルトガルに任せておいた方がマシだと考え、84年にポルトガルとロンドン条約を結んで、同国のコンゴ川両岸の領有にお墨付きを与えた。一見イギリスはポルトガルの味方に回ったようだが、後に財政的に破綻寸前だったポルトガルが新たな借款を申し出てきた場合、ドイツとの間でポルトガル植民地を分割し、アンゴラ北部はイギリスが借金のカタとして差し押さえることを申し合わせた。

イギリスの腹黒い意図を見抜いたフランスとベルギーは、猛烈に抗議してロンドン条約を破棄させ、それぞれポルトガルと国境線の最終的な画定に乗り出した。フランスは86年にポルトガルにカザマンス川流域（セネガル南部）を放棄させる代わりにカビンダの領有を認め、次いでレオポルド二世のコンゴ自由国も、コンゴ川北岸で海への回廊を得るかわりに、ルアンダ川東部の広大な地域をポルトガル領として認めた。ポルトガルはアンゴラ内陸部を確保したのと引き換えに、カビンダはコンゴ川北岸から数十㎞離れた飛び地として切り離されることになった。コンゴ自由国はレオポルド二世の死後、遺言によってベルギー政府が相続し、1908年に正式な植民地になった。

こうしてかつてはコンゴ王国の下で統治されていたコンゴ族の住む地域は、列強の陣取り合戦によっていくつもの国境線で区切られてしまったのだ。

では戦後、コンゴ川流域からヨーロッパ列強を追い出して植民地独立を勝ち取ったら、コンゴの再統一は可能だったかといえば、かえって逆。各種ゲリラや地方勢力が群雄割拠して、内戦が繰り返されている。

世界史上まれに見る泥沼の内戦になったのが旧ベルギー領コンゴだった。1960年の独立直後から軍隊が反乱を起こし、大統領と首相が解任合戦を繰り広げて参謀総長はクーデターを起こし、さらに地方ではカタンガ、北カタンガ共和国、南カサイ鉱山国などがヨーロッパ資本の鉱山会社と手を結んで独立を宣言して、中央政府も複数出現。ベルギー軍や国連軍に傭兵の外人部隊も加わって、誰が敵だかよくわからない混戦が続き、現地へ停戦交渉に向かった国連のハマーショルド事務総長は飛行機が墜落して（恐らく撃墜されて）殉職してしまった。

一連の内戦は「コンゴ動乱」と呼ばれ、モブツ参謀総長の再度のクーデターによって65年には一応収束したが、96年にモブツが癌で衰えると、ルワンダとウガンダに支援されたゲリラがそれぞれ国土を分割して再び内戦が勃発。旧フランス領のコンゴ共和国でも、民主化を機に97年から大統領派と前大統領派の内戦が始まった。

一方で、アンゴラはといえばこちらも独立直後から混乱が続いている。１９７４年に本国でクーデターが起きたポルトガルが植民地を放棄し、翌年独立することになったが、それまでポルトガルを相手に戦い続けてきた三つの独立ゲリラのうち、ポルトガルは首都ルアンダを押さえたアンゴラ解放人民運動（ＭＰＬＡ）に政権を引き渡してさっさと撤退したため、残るアンゴラ国民解放戦線（ＦＮＬＡ）とアンゴラ全面独立民族同盟（ＵＮＩＴＡ）の間で三つ巴の内戦が続いた。ソ連やキューバの支援を受けて社会主義路線を歩むＭＰＬＡの政府（アンゴラ人民共和国）に対して、ＦＮＬＡは隣国ザイールや中国、ＵＮＩＴＡはアメリカや南アフリカの支援を受け、80年代に入るとＦＮＬＡはほぼ壊滅するが、そのぶんＵＮＩＴＡが勢力を伸ばした。

１９９０年代に入って、バックについていたソ連や南アが体制崩壊したことで、ＭＰＬ

Aは91年にUNITAと和平協定を結び、翌年には社会主義路線を放棄して国名もアンゴラ共和国と変え、国連監視の下で大統領選と総選挙を行うが、UNITAは選挙が「不正だった」と言い出して再び内戦勃発。94年に再び和平協定が結ばれるがその後またもや戦闘となり、2002年にUNITAのサビンビ議長が戦死して、ようやく内戦は下火になった。

飛び地のカビンダはどうかといえば、こちらもアンゴラ本土とは別に戦乱が続いた。実はアンゴラがまだポルトガル植民地だった1967年に、カビンダ解放戦線（FLEC）はカビンダ独立を求める亡命政府を樹立していて、75年にアンゴラが独立する3か月前には、「カビンダ共和国」として独自にポルトガルから独立を宣言していた。

FLECの主張によれば、カビンダがポルトガル領になったのは、フランスやベルギーとの勢力分割に基づいて、ポルトガルが1885年にカビンダの首長と結んだ条約が根拠になっているから、そもそもアンゴラとはポルトガル領になった経緯が別。ポルトガルは当初カビンダを「ポルトガル領コンゴ」として統治していたが、「行政効率化」を理由にアンゴラ総督の下のコンゴ州として一緒に支配するようになったに過ぎず、64年にアフリカ統一機構（OAU）が作成した「アフリカ諸国解放リスト」にも、カビンダはアンゴラとは別の地域として掲載されている……というもの。

カビンダ共和国はポルトガルはじめ世界中のどこの国からも承認されないまま、アンゴラが独立すると「アンゴラ民主共和国」を名乗っていたFNLAが侵入して占領。翌76年

１月にＭＰＬＡのアンゴラ人民共和国の政府軍が侵入し、アンゴラの政府軍と反政府軍、それとカビンダ独立ゲリラが入り乱れて戦いになった。

なにしろカビンダはアンゴラ経済を支える貴重な産油地帯で、60年代末から始まっていたカビンダの石油生産はアンゴラのＧＤＰの52％、輸出の86％を占めるほどだから、「カビンダはアンゴラの不可分の領土」という主張は、ＭＰＬＡの政府側はもちろんＦＮＬＡやＵＮＩＴＡなど反政府ゲリラも同じだった。

ＦＬＥＣは再びカビンダ亡命政府を作り、30年近くにわたって独立を目指してゲリラ戦を続けてきたが、最近アンゴラ本土でＭＰＬＡとＵＮＩＴＡの内戦が終息したため、政府軍はＦＬＥＣの討伐に全力を傾けるようになり、独立ゲリラの活動はいくつもの派閥に分裂、沈静化したかに思えた。

ところが２０１０年には、カビンダで開催されたアフリカ・ネイションズカップに出場するため、サッカー場へ向かっていたトーゴ選手団のバスが襲撃され、死傷者12人を出す事件が発生。犯行声明を出したＦＬＥＣの派閥はフランスが支援しているともいわれ、カビンダの独立紛争は石油利権も絡んで、まだまだ続きそうだ。

ロシア人大後悔！　住んでいるだけでお金がもらえる飛び地

【アメリカ領】

アラスカ

Alaska

世界最大の飛び地といえばアラスカ。アメリカ本土との間にはカナダ領が横たわっていてサンドイッチ状態になっているが、アメリカもカナダももとはイギリスの植民地。なぜアラスカはカナダ領にならずにアメリカの飛び地になったかといえば、アメリカが金を出して買ったから。どこから買ったかといえば、ロシアからだ。

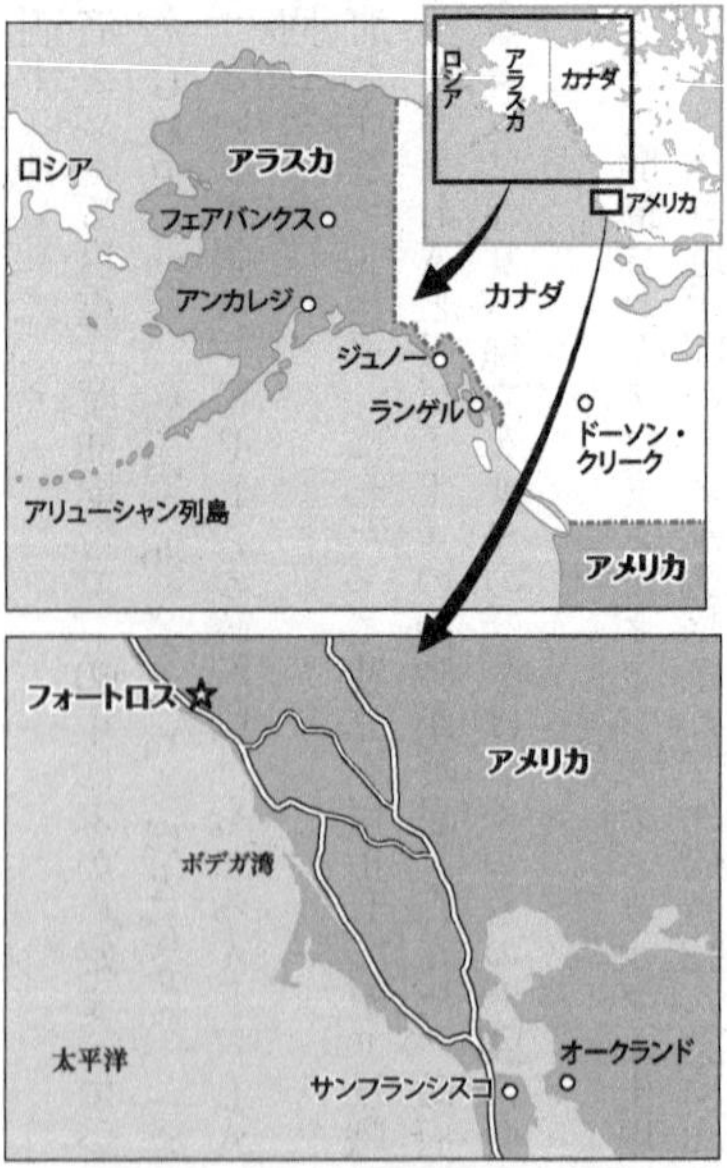

ロシアは13世紀にキプチャク汗《ハン》国に征服されて以来、モンゴル人の支配下にあったが、１４８０年にイワン三世がモスクワ公国として独立。16世紀に入るとイワン四世（雷帝）の下でシベリアに領土を広げ、17世紀末にはカムチャッカ半島にまで達した。

ロシアは引き続きアリューシャン列島に沿ってアメリカ大陸へ進出し、１７４１年にロシア皇帝の命を受けたデンマーク人のＶ・ベーリングがアラスカに上陸。１７９９年にはロシア領アメリカとしてアラスカの領有を宣言。統治を露米会社（ロシア・アメリカ会社）に任せた。統治といっても会社がアラスカでインフラ整備やエスキモーに対する教育や福祉を行ったわけではなく、あちこちに交易所を建ててエスキモーからのアザラシやセイウチ、ラッコ、キツネ、カワウソなどの毛皮の買い付けを独占しただけだった。いわば江戸時代の北海道や樺太《からふと》で、沿岸各地に番屋を建て、そこでのアイヌとの取引を特定の商人に請け負わせたやり方と似たようなもの。

しかし、乱獲がたたって毛皮の生産はたちまち落ち込み、露米会社の収益は思ったように上がらなかった。そして１８５３年、衰退しつつあったオスマントルコへの干渉をめぐって、ロシアがトルコやイギリス、フランス、サルデーニャ（イタリア）を相手にクリミア戦争を始めると、防備が手薄なアラスカを敵国イギリスに盗られてはたまらない、どうせアラスカを手放すなら、当時ヨーロッパでの戦争については中立政策を貫いていたアメリカに買い取ってもらおうと売却を打診。クリミア戦争に敗れたロシアは財政的に困窮したことや、アラスカの食糧はアメリカ船によるカリフォルニアからの輸送に頼っていたことなどからその後も交渉は続き、1867年にロシアは720万ドルでアラスカをアメリカへ売り渡した。

当時のアメリカではアラスカ購入には批判が多く、購入交渉を進めたスワード国務長官は「巨大な冷蔵庫を買った男」とコケにされたが、間もなく金鉱脈が発見され、19世紀末にはゴールドラッシュに沸くようになった。汽船の時代になるとアラスカは水産基地として栄え、東西冷戦の時代には対ソ連の国防最前線として弾道ミサイル早期警戒システム（BMEWS）のレーダー基地網が建設され、1950年代には油田も発見されたりと、今から見れば720万ドルは超破格値の買い物。スワード国務長官は「先見の明があった」ということになり、現在のアラスカではスワード・デイという祝日もある。

アメリカになった当初のアラスカは属領で、1912年には準州となったが、連邦議会や大統領選出への参政権は制限されていた。当時のアラスカは人口が少なく、経済的に自立の目途が立たなかったため州への昇格は沙汰やみになっていたが、石油が発見されたのを契機に、1959年にアメリカ49番目の州に昇格。現在のアラスカでは豊富な石油収入のおかげで州税はなく、そのうえ一年以上居住した者は政府の基金から配当金がもらえる制度まであって、2000年には住民一人当たり3269６ドル（約33万円）が支給されている。アラスカはアメリカ総面積の15％を占めるが、人口ではわずか0・2％の71万人（2010年）しか住んでいない。だから住民に大盤振る舞いもできるのだろう。

アラスカとアメリカ本土の間は、カナダ領内を通って約2232㎞のアラスカ・ハイウェイで結ばれている。この道路は、第二次世界大戦さなかの1942年に開通したもの。当時、日本軍はアッツ島などアリューシャン列島のいくつかの島を占領し、勢いに乗ってアラスカまで侵攻して来る恐れがあったため、アメリカが急きょ軍事基地を建設するべく物資輸送用に建設した道だった。アメリカとカナダの間は簡単なパスポート検査で行き来できるが、個人でアラスカから本土まで車を運転して行こうという酔狂な人はほとんどいないわけで、交通の主役はやはり飛行機。アラスカはアメリカでもっとも自家用飛行機が普及している州でもある。

カリフォルニアにあったロシア領の飛び地　フォート・ロス

かつてロシアはアラスカのみならず、カリフォルニアにも飛び地を持っていた。フォート・ロス（ロス砦）という村で、現在のサンフランシスコの北側、カリフォルニア州ソノマ郡ボデガ湾あたり。なぜカリフォルニアにロシア人が村を作ったのかといえば、ロシア人の命がかかっていたからだ。

アラスカにいたロシア人たちが主食とする麦や野菜は、本国からシベリア経由で運んでいた。ベーリング海峡が氷で閉ざされる冬は何か月も食糧供給が途絶えるのもしばしばで、特に1805年末から翌年にかけての寒波では、餓死者やビタミン不足の壊血病による死者が続出。そこで露米会社の総支配人レザノフは、本国からの食糧供給がアテにできないなら自力でなんとかするしかないと、自ら船団を率いて南へ向かった。当時スペインが支配していたカリフォルニアでは、外国船による貿易を禁止していたが、出会った神父の好意でどうにか食糧を調達することができた。

これを契機に、露米会社では安定した食糧調達のためにカリフォルニアに拠点を確保することを決意。スペインの統治が及んでいなかった入り江と岬を見つけて、1812年にロス砦を建設した。ロス砦にはロシア人60人とアラスカから連れて来たエスキモー80人が定住し、畑や果樹園、牧場のほか皮革工場や造船所、教会などが作られた。ロス砦一帯にはインディアンも住んでいたが、彼らはロシア人を「スペイン人よりは取引が公平で親切」だと見なし、スペイン人の進出を防ぐためにロシア人の定住を歓迎。インディアンの女性と結婚したロシア人も少なくなかったらしい。

しかしロス砦での食糧生産はネズミの被害などで思ったように成果が上がらず、ラッコ猟を始めたが乱獲ですぐに獲り尽くしてしまった。そして1821年にスペインからメキシコが独立してカリフォルニアがメキシコ領になると、外国船による貿易が解禁されたため、わざわざ採算を度外視してまでロシア人が食糧を生産する必要はなくなった。そこで露米会社はロス砦の売却を決意。当初はイギリスに売ろうとしたが断られ、フランスへ売却しようとしたが話がまとまらず、メキシコに買い取ってもらおうとしたが、メキシコはロス砦を自国領だと主張し「いずれロシア人は出て行くだろうから、わざわざ金を払う必要はない」と相手にしなかった。

結局、露米会社はジョン・サターというドイツ系メキシコ人（後にカリフォルニアで金

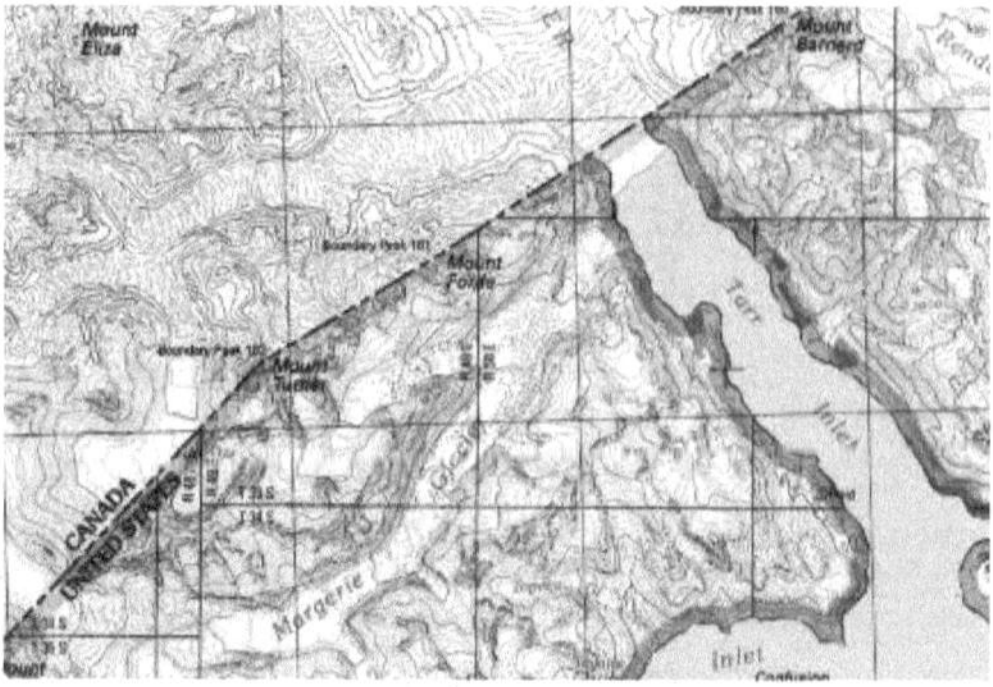

氷河の河口でかろうじてつながっているアラスカ本土（右）と州都ジュノー側（左）。上はカナダ領

を発見してゴールドラッシュを引き起こした人）に、3万ドルでロシア砦を売却し、43年に引き揚げた。カリフォルニアは1846〜48年の米墨戦争でアメリカが獲得。現在ボデガ湾にはロシア時代の教会と支配人官舎の建物が復元され、観光名所になっている。

氷河でかろうじてアラスカ本土と繋がっている州都ジュノー

アラスカの代表的な都市といえばアンカレジ。一昔前まで日本からヨーロッパやアメリカ東海岸へ行く飛行機は「アンカレジ経由」がほとんどだったから、世界的な大空港がある大都市というイメージだったが、アラスカの州都はジュノーだ。

ジュノーがある場所はアラスカの南端の盲腸のような部分。アラスカとカナダとは一直線で国境線が引かれていると思いきや、太平洋岸に沿ってアラスカが800㎞も南へ垂れ下がっている。

　この「盲腸」はアラスカがロシア領だったころから存在していたもの。ロシアのアラスカ支配は、沿岸に砦を作ってエスキモーと交易するだけだった。一方で、アメリカから北上してきたイギリスは、ハドソン湾を拠点に内陸部のイヌイット（エスキモー）やインディアンと交易に乗り出して支配を広げ、沿岸はロシア（→アメリカ）、内陸はイギリス（→カナダ）という領土分割が行われた結果だ。

　ジュノーは19世紀末から20世紀初めにかけてゴールドラッシュで賑わった町で、1906年からアラスカの中心都市になったが、鉱山はとっくに閉鎖されて、今では人口わずか3万人。一方で、アンカレジは人口28万人でアラスカ最大の都市だ。

　その「盲腸」部分だが、フィヨルドが奥深くまで入り組んでいて、地図をよく見るとかろうじて氷河の河口でつながっている部分もあるほど。ジュノーからアンカレジまでアメリカ領だけを車で行こうとするなら、雪上車でないと無理そうだ。

不毛の地と化した放射能の飛び地

【ロシア領】サンコヴァ&メドヴェゼ

Sankova & Medvezhe

白ロシアはソ連の一部だった頃からウクライナとともに国連に単独加盟している妙な国だった。戦後、現在の国連ができた時に、オーストラリアやカナダなど英連邦の国が続々と国連に入ろうとしたら、ソ連が待ったをかけて「英連邦がいくつも国連に加盟できるなら、ソ連邦の共和国もすべて国連に加盟させろ」。するとアメリカも「じゃあ、うちのステーツ（州）もみんな国連に加盟するぞ」と言い出して、妥協の結果、ソ連に加えて白ロシアとウクライナだけが国連に加盟することになったとか。ソ連が解体したら、白ロシアは国名がベラルーシに変わった。

さて、ベラルーシ領内にロシアの小さな飛び地がある。ロシア本土から5㎞くらい離れたメドヴェゼ村とサンコヴァ村だ。この飛び地が生まれた発端は、帝政ロシア時代末期のこと。アメリカのペンシルバニア州の炭鉱へ3年間出稼ぎに行き、お金を貯めたロシア人

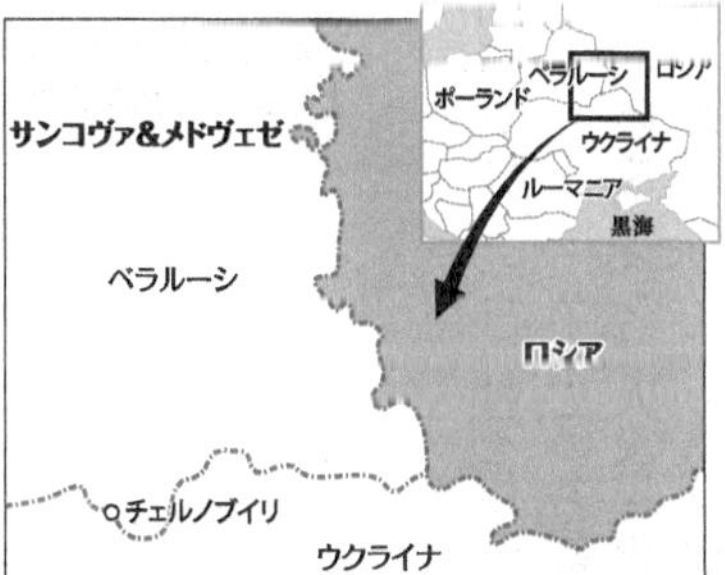

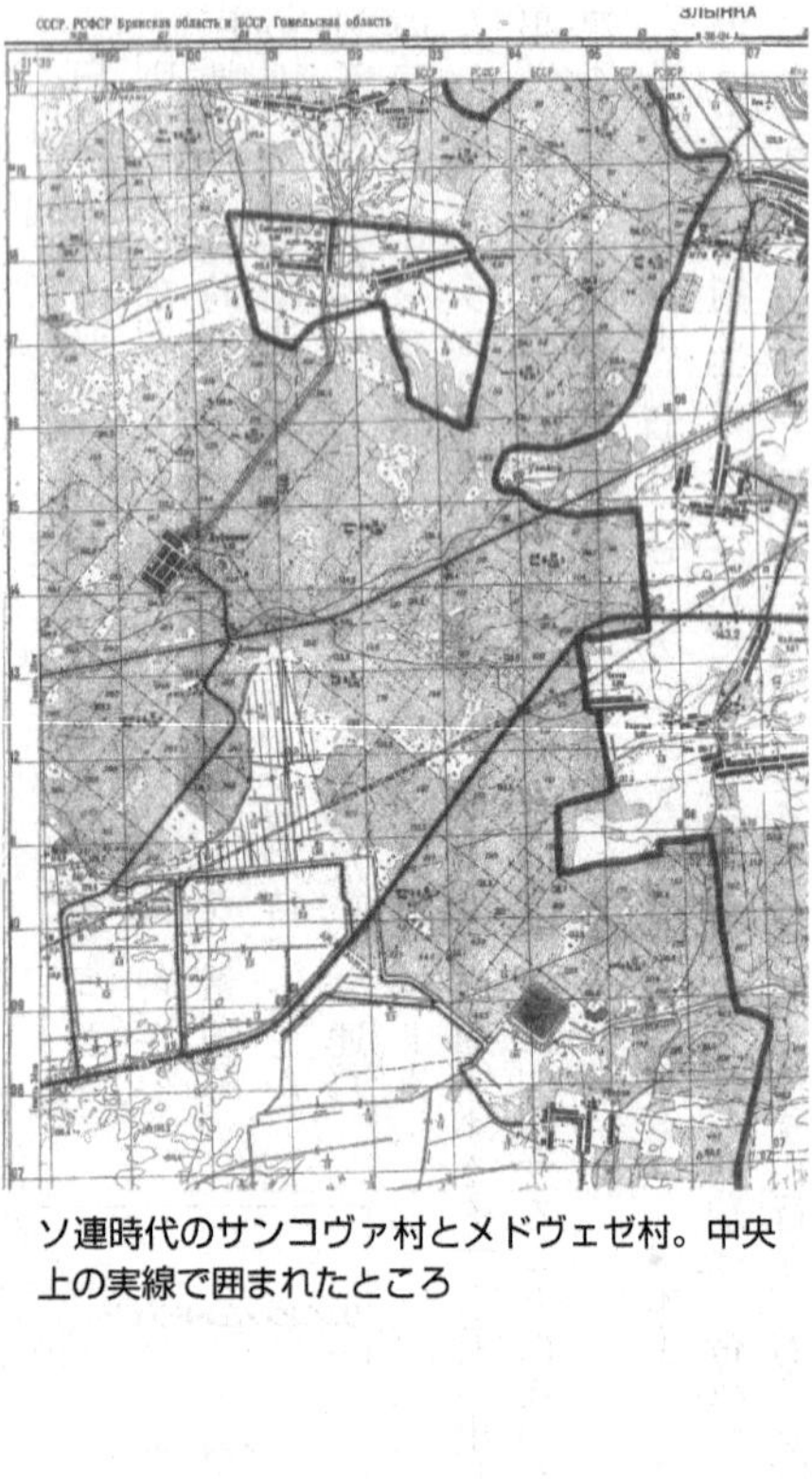

ソ連時代のサンコヴァ村とメドヴェゼ村。中央上の実線で囲まれたところ

農民たちがいて、彼らは帰国後にベラルーシ人の地主から土地を買い、二つの村を作った。

その後、ロシア革命を経て旧帝政ロシアの領土には白ロシアやウクライナなどの共和国ができたが、1926年にロシアと白ロシアの境界線を決定した際に、ロシア人農民が住むメドヴェゼ村とサンコヴァ村はロシアへの帰属を求めて認められ、ロシア領の飛び地ができた。もっとも当時はロシアであろうと白ロシアであろうとソ連だったのだが、1991年に白ロシア改めベラルーシが独立して、国際間の飛び地になってしまった。

住民たちはさぞや不便になっただろうと思いきや、その時2つの村はすでに無人の地と化していた。86年に起きたチェルノブイリの原発事故で、このあたりは放射能汚染地区に指定され、現在も人間が住める場所ではない。この地域はチェルノブイリ原発から200km離れているが、事故当時の風向きのせいで大量の死の灰が降り注ぎ、「放射能の飛び地」になっていたのだ。

スイス領になりたいという住民の願い叶わず

【ドイツ領】ビューシンゲン

Büsingen

ビューシンゲンはスイス領内にあるライン川沿いのドイツの飛び地で、面積は7・62㎢、人口は1500人ほどの村。

法律はドイツのものが適用されるが、1967年の条約で関税はスイスの規定を適用。通貨もスイス・フランが使用されている。もっとも日常的にはユーロも使われている。他に農業や公衆衛生（食品、薬物など）、そして有事の際のスイスの経済統制に関しては、スイスの

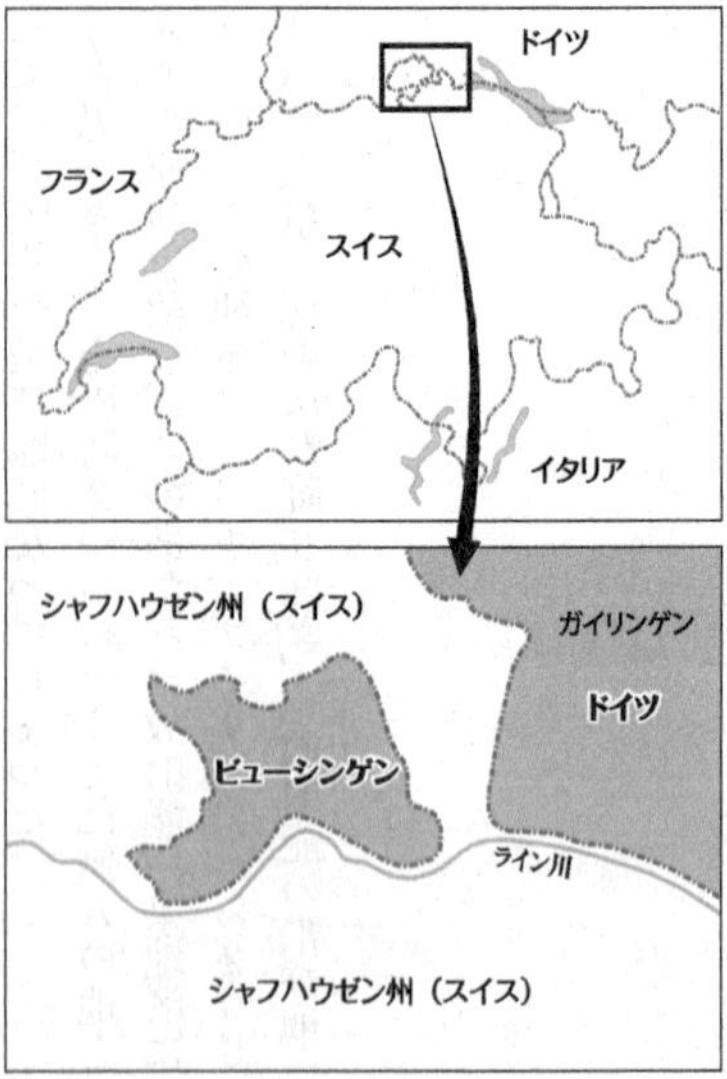

法律が適用されることになっていて、これらに関する取り締まりはスイスの警察が担当。その他の犯罪はドイツの警察が担当していて、ドイツの警察官は指定されたルートを通って、700m離れた本土から村へ入るように定められている。

ビューシンゲンが飛び地になった経緯は15世紀に遡る。中世には現在のドイツやオーストリア、スイスは神聖ローマ帝国の領域で、さまざまな諸侯が領地を支配していたが、封建領主の領地は血縁や同盟関係、相続や褒賞などによって飛び地だらけのモザイク状になっていくのは、日本の江戸時代の藩の領地も同じ。スイスは15世紀末に神聖ローマ皇帝の支配から脱し、1648年のウェストファリア条約で正式に独立したが、ビューシンゲンは名目的な神聖ローマ帝国の領土に留まり、オーストリアやバーデン王国を経てドイツの領土になった。

もっとも住民たちは歴史的に西隣のスイスの町シャフハウゼンを中心とした生活を続けていた。第一次世界大戦が終わった1918年に住民投票が行われ、住民の96%がスイスへの帰属を望んだが、スイスがドイツへ渡す代替地を用意できなかったのでウヤムヤになり、その後住民からのスイス領編入の要求もスイス側が拒否。1967年にスイスが西ドイツと結んだ条約で、改めてドイツ領（当時は西ドイツ領）として存続することが確定した。

政治的にはドイツの領土でも、スイスの経済圏なので、住民の多くはシャフハウゼンで働いている。スイスとの行き来は完全に自由だ。村には小学校（ドイツは4年制）があるが、中学以降はドイツの学校に通ってもスイスの学校に通っても可。もっともビューシンゲンに隣接するシャフハウゼン州をはじめ、スイスの半分以上はドイツ語圏で、学校教育もドイツ語を使って行われている。

飛び地でもさして不自由のないビューシンゲンだが、むしろ迷惑したのはスイスの方だ。第二次世界大戦では中立国のスイスの中で、シャフハウゼンは連合軍の空襲を受けた唯一の町。その理由はドイツ領と間違えられたからだった。

ビューシンゲンの北には、同じようにスイス領内のドイツの飛び地フェレナホフ(Verenahof)が存在していたが、こちらは住民がわずか3戸だったので、1967年の条約でスイスへ譲渡されている。

カジノとタックスヘイブンで潤う湖畔の村

【イタリア領】
カンピョーネ・ディターリア

Campione d'Italia

カンピョーネ・ディターリアはスイス領内にあるイタリアの飛び地。そのスイス領がスイス本土からルッガーノ湖を隔てて離れているので、飛び地の中の飛び地といった雰囲気だが、現在では湖に橋が架かってスイス領同士はつながっている。面積は1・7㎢で、人口は2100人ほど。

もともとこの場所にはローマ帝国の時代から砦があり、カンピリオ（バッカスが生い茂る地）と呼ばれていた。その後721年に一帯を支配していた領主が死亡した時、カンピョーネ・ディターリアはミラノの教会に寄進されて修道院の管理に任された。1512年にスイスが周囲の村々を併合した際には、ここは教会

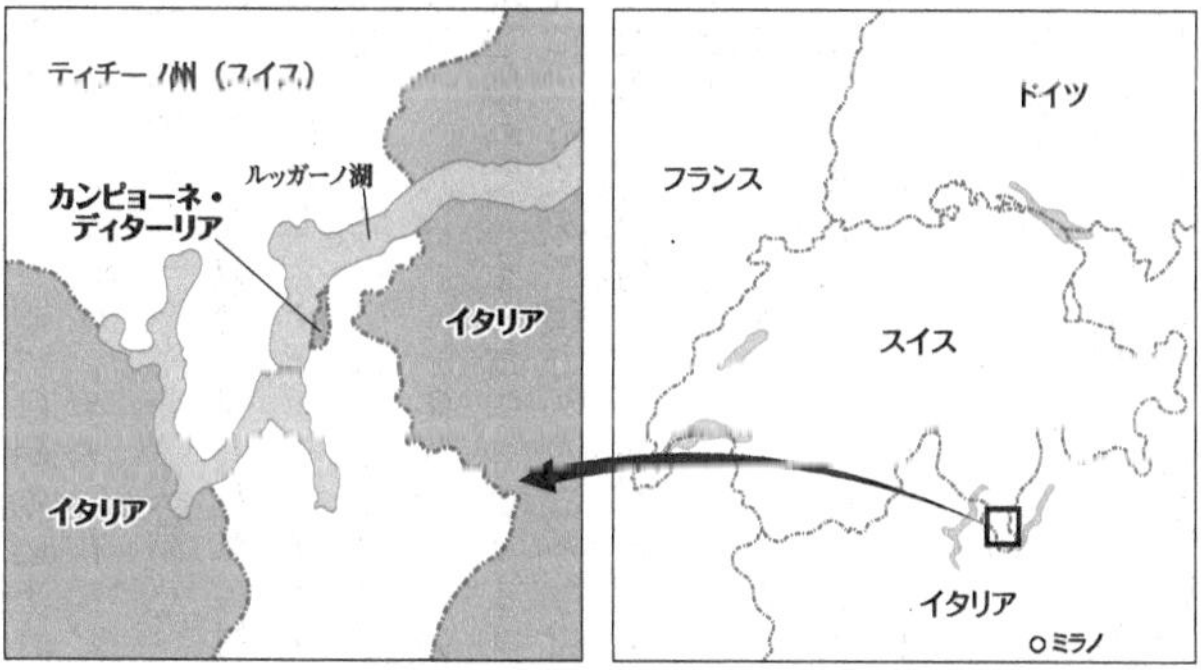

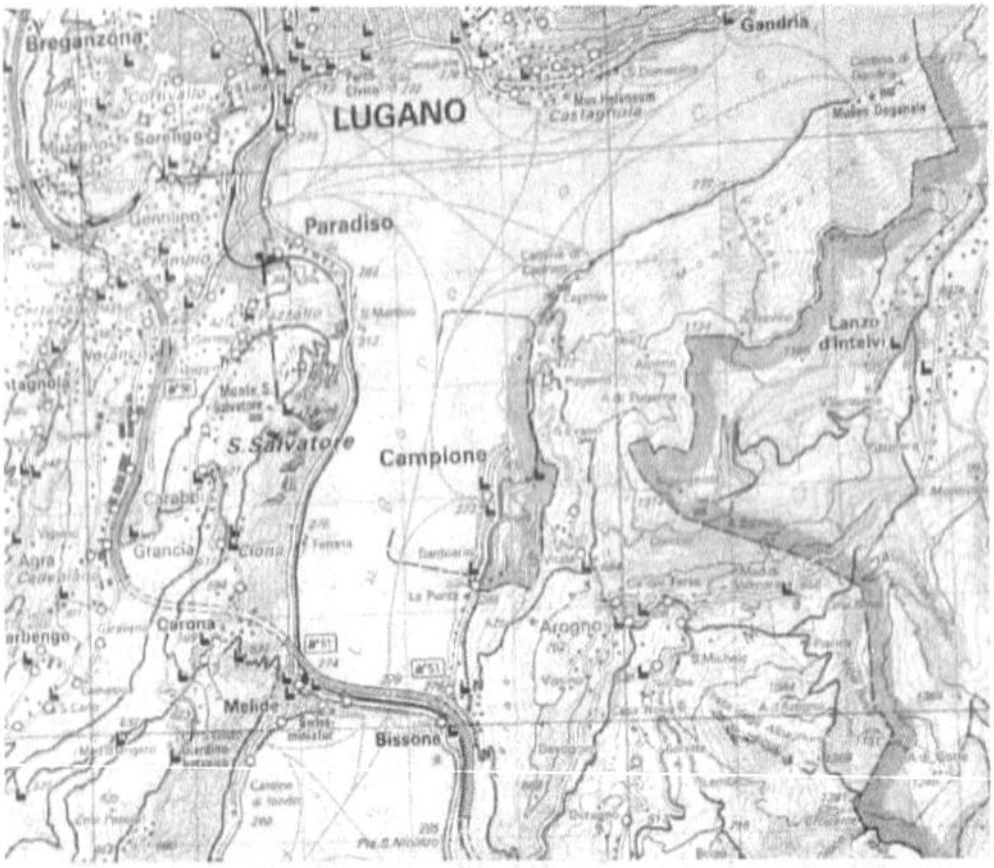

カンピョーネ・ディターリア。その下がスイス領同士を結ぶ橋で、右側の山はイタリア本土

の特権を盾にスイス領には組み込まれず残り、スイスの中のミラノ（イタリア）の飛び地になったという次第。

17世紀になると教会と村人たちが対立するようになり、ナポレオンがイタリア勢を破った時に結ばれた1797年のカンポ・フォルミオ条約で、教会の支配を離れた。そしてムッソリーニの時代に、イタリア領であることを強調するため、村の名前に「d'Italia」が追加された。

現在のカンピョーネ・ディターリアは山と湖に囲まれたリゾート地として賑わっているが、最大のウリは1917年にオープンしたカジノだ。村の産業はカジノを中心とした観光によって支えられ、村の労働人口の9割が観光に従事しているほか、所得税も特別措置で安く、一種のタックスヘイブン（租税回避地）になっている。

ビューシンゲンと同様に、カンピョーネ・ディターリアの関税や通貨はスイスと同じで、スイスの経済圏に組み込まれているが、ユーロも日常的に使われている。周囲を囲むスイス領のティチーノ州はイタリア語圏なので、地域的にほとんど差異はないようだ。

複雑怪奇な飛び地をウリにした観光の町

【オランダ領とベルギー領が混在】

バールレ

Baarle

オランダとベルギーの飛び地がごちゃごちゃ入り乱れて、「愉快な飛び地の町」として観光客を集めている町。具体的にはベルギーとの国境に近いオランダ領内に22か所のベル

ギーの飛び地があって、その中に7か所のオランダ領の「飛び地の中の飛び地」があり、近くのベルギー領内にもオランダの飛び地が1か所ある。

町の名前はオランダ側がバールレ・ナッソーで人口6600人、ベルギー側はバールレ・ヘルトホで2300人。町のど真ん中に家一軒だけの飛び地もあって、その家がどちらの国に属しているかを示すために、玄関脇に国旗のマークを付けている。家が両方の国に跨《また》がって建っている場合は、その家の正面玄関がどちらの国にあるかで「帰属国」を決定する仕組みだ。

町の役場や郵便局はオランダとベルギーの両方の施設があって、警察署は1997年まで別々だったが、現在では同じ建物で国籍の違う警官が机を並べて仕事をしている。法律は別々に適用されるが、道路の制限速度はオランダが60km、ベルギーが50kmで、数mおきにスピードを変えて走るのはかえって事故のもとだから、現在ではオランダ領内も50kmに統一することになった。

国は違ってもベルギー北部はオランダ語圏なので、国境線を越えたら言葉が違うわけでもない。境界線の行き来は完全に自由だし、現在では通貨（ユーロ）も一緒だ。

これらの飛び地が生まれたきっかけは1198年のこと。それまでこの地域はバールレという一つの村で、ブレダ（ベルギー国境に近いオランダ領）の領主が支配していたが、先祖がブレダ王に領地を売ったというブラバン公爵との間で領有をめぐるトラブルになり、ブレダ王はバールレをいったんブラバン公に与え、ブラバン公は与えられた領地をローンの形で少しずつブレダ王に返上することになった。しかしブレダ王のもとに戻った土地は一部だけだったので、バールレ一帯の領地はモザイク状に入り組んでしまったという次第。後にブレダ王の領地はナッソー家の手に渡り、それぞれバールレ・ナッソー（ナッソー領バールレ村）やバールレ・ヘルトホ（公爵領バールレ村）と呼ばれるようになった。

この時代には神聖ローマ帝国の支配下で領主が異なっていたに過ぎなかった。やがて神聖ローマ帝国のハプスブルク家がオーストリア系とスペイン系に分裂し、スペインがオランダを支配するようになると反乱が続出。16世紀後半から17世紀にかけての80年戦争やそれに続く30年戦争を経て、1648年のウェストファリア条約でオランダが正式にスペインから独立すると、カトリックの影響力が強かった現在のベルギーはスペイン領に留まることになり、バールレ村は二つの国家の領土に分けられることになった。

その後、ベルギーはオーストリアになったりフランスの占領を経て、1815年にはオランダの一部になったが、39年に独立。その際に飛び地を解消するためにオランダとベルギーで協議を試みたが話がつかず、1882年にはほぼ同じ面積の領土を交換して飛び地を解消する案がまとまったが、オランダ領へ編入されるバールレ・ヘルトホの住民のうち、ベルギーとの結びつきが強いカトリック信者が猛反対して頓挫。1906年にオランダがベルギーとバールレ・ヘルトホとの間の貨物に関税をかけると、ベルギーは本土との間の回廊設置を求めたが、代替地としてオランダへ割譲する土地が見つからずに断念した。

一つの町の中で国境線が複雑怪奇に入り乱れていたら住民は不便だろうし、交通事故で

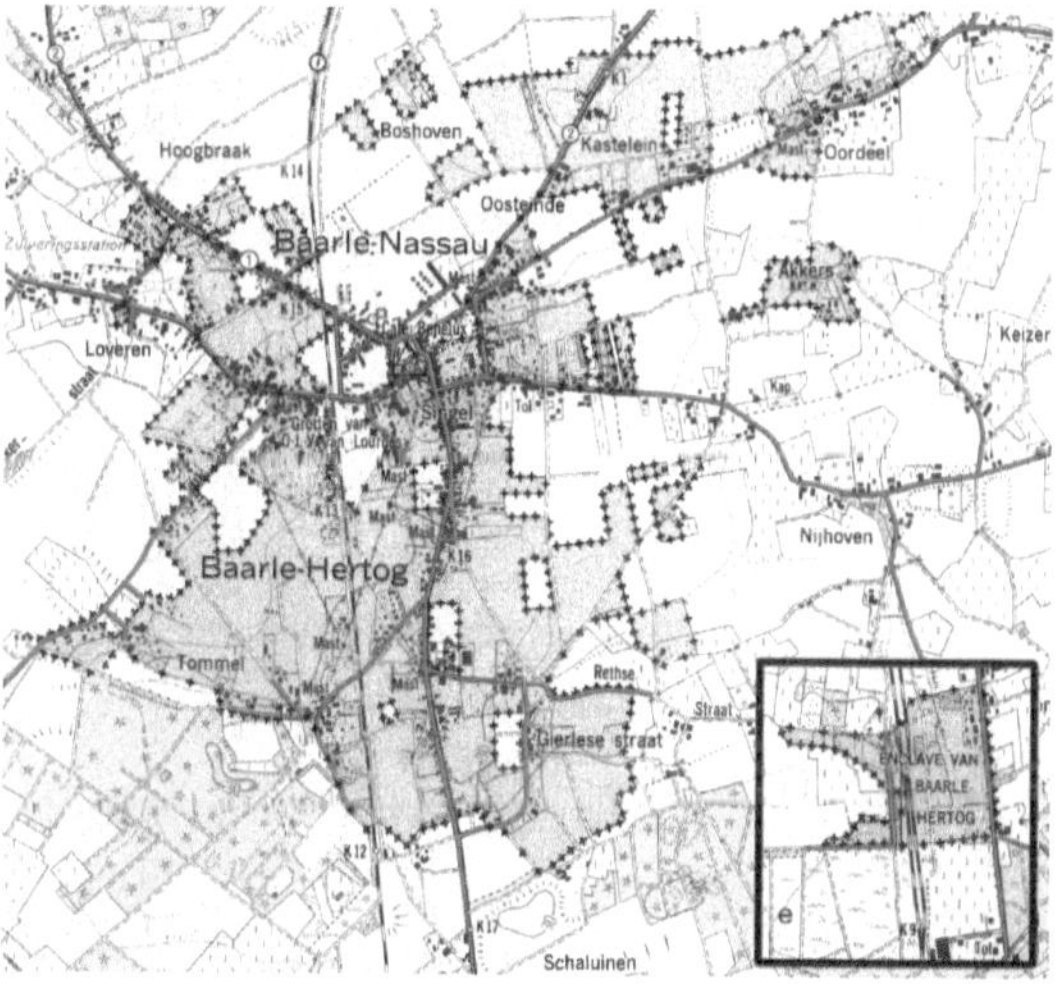

バールレの詳細図

救急車が出動したらけが人は相手国の領土に倒れていたので救助できなかった……なんて切実な事件も起きたが（通行人に頼んで救急車までけが人を運んでもらったとか）、住民たちは飛び地の解消を望んでいない。

実のところバールレは長年、密輸の拠点として潤ってきた。EU統合による関税撤廃で密輸のうまみが減った今でも、酒やタバコ、ガソリンなどでは税率の差があるし、境界線上にある家や店は「正面玄関がどちらの国にあるかで帰属国を決める」というルールを生かして、しばしば所得税の安い方へ玄関を付け替えたりしているとか。最近では2004年からベルギーで飲食店など公共の場所での喫煙が禁止されると、オランダ側の出入口を正面玄関に変えたレストランやバーが相次いだという。

密輸だけでなく、マネー・ロンダリングの拠点にもなっていた。例えば1971年にカリブ海のイギリス植民地アンギラで登録されたフェミス銀行がバールレに支店を開設し、国境線の真上にビルを建てた。ビルの入口はちょうど国境線の上にあり（つまりどちらの国に所属するか曖昧）、金庫への通路はオランダ領だが、金庫はベルギー領に置かれていた。このため両国の税務署職員はいずれも金庫へ調査に入ることができなかった。その後両国の税務署は共同作戦で金庫を調べることができて、フェミス銀行は1992年に破産。この銀行は、インドネシアからの南マルク共和国の独立を要求する組織が、麻薬取引で得た資金をマネー・ロンダリングするのに使っていたという。

「城があるから村ではない」とスペイン領に残留

【スペイン領】リビア

Llivia

　フランスとスペインの国境地帯にアンドラ公国という妙な国がある。フランスの大統領とスペインの司教が共同で元首を務めるという国だったが、１９９３年に両国からようやく主権国家として認められて、国連に加盟したばかり。またフランスとスペインの大西洋岸には、半年ずつ交替で領土になるコンパンジアという川の中洲も存在する。

　さて、アンドラから20㎞ほど東

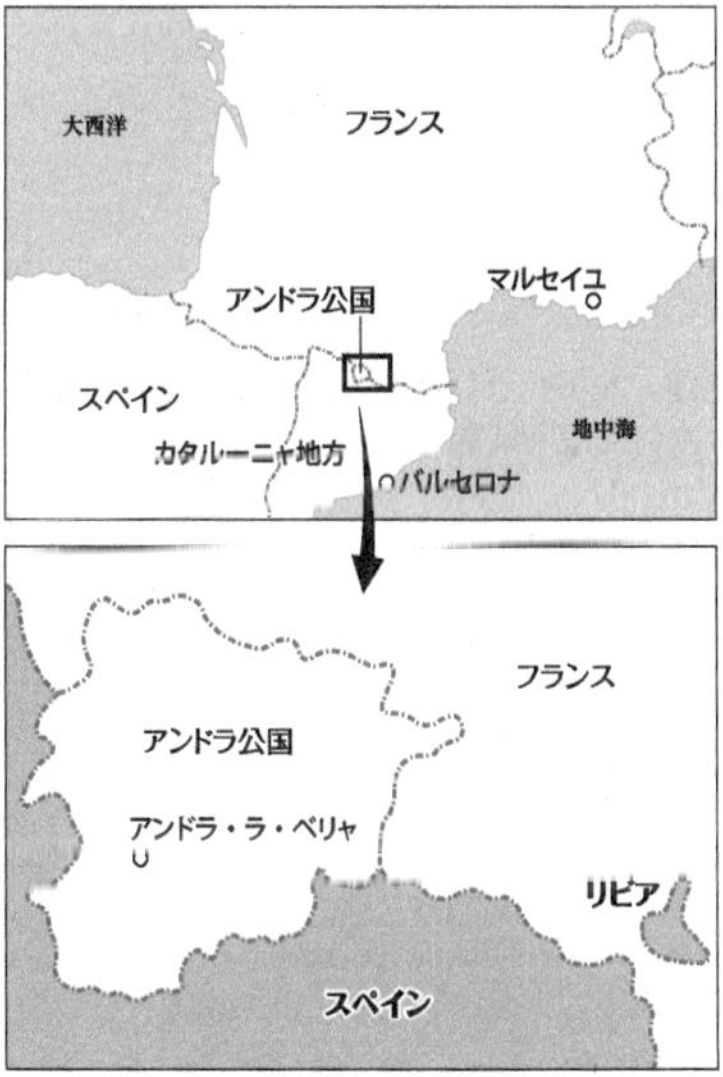

のフランス領内に、リビアというスペインの飛び地がある。面積12・84㎢で人口は約1200人。スペイン本土との距離はわずか1㎞くらいで、中立道路（D68号線）という道で

リビアの地図。左下へ延びる道がスペイン本土と結ぶ中立道路で、立体交差完成前

本土と結ばれている。この道路は１９９５年までスペインの車両しか通行できなかったが、途中2か所でフランスの道路と交差しているのが不都合だと、うち１か所は立体交差化された。95年にシェンゲン協定によって国境検問は廃止されたので、自由に行き来できるようになった。

リビアが飛び地になったのは17世紀のこと。16世紀に世界最強を誇っていたスペインは、１５８８年に無敵艦隊がイギリスに敗れてからケチがつき始め、１６４０年にそれまで支配していたポルトガルが独立。48年にはオランダも独立し、フランスとの30年に及ぶ戦争にも負けて、１６５９年のピレネー条約でカタルーニャ地方の村々を割譲することになった。しかしリビアには城があったのでスペインは「村ではない」と割譲を拒否。１６６０年のリビア条約では周囲の33か村だけ割譲して、リビアはスペイン領に留まった。

飛び地になったリビアへの補償として、フランスは北側にある牧草地の所有権をリビア村に与えた（ただし領土としてはあくまでフランス）。現在では牧草地はスキー場になってホテルが建ったが、その所有権を巡ってフランス側と裁判沙汰になり、２０３０年にホテルの所有権がリビアへ移ることになった。最近では音楽フェスティバルでも観光客を集めているようだ。

リビアの住民はスペイン語と似たカタルーニャ語を話しているが、周囲の村々もかつてはスペイン領だったので言葉は同じ。カタルーニャ語はアンドラ公国の公用語でもある。

戦争終わって国境見直し交渉中

【ボスニア・ヘルツェゴビナ領】

サスタフチ

Sastavci

セルビア南西部の都市プリボイ(Priboj)近くに、サスタフチという面積395ha(約3・95㎢)ほどのボスニア・ヘルツェゴビナ領の飛び地がある。

もっとも飛び地を実効支配しているのはセルビア側で、小学校はセルビアが運営しているし、電力もセルビアが供給、住民の多くはプリボイへ通勤している。住民の70%はセルビア人で、75世帯のうち25世帯はイスラム教徒のムスリ

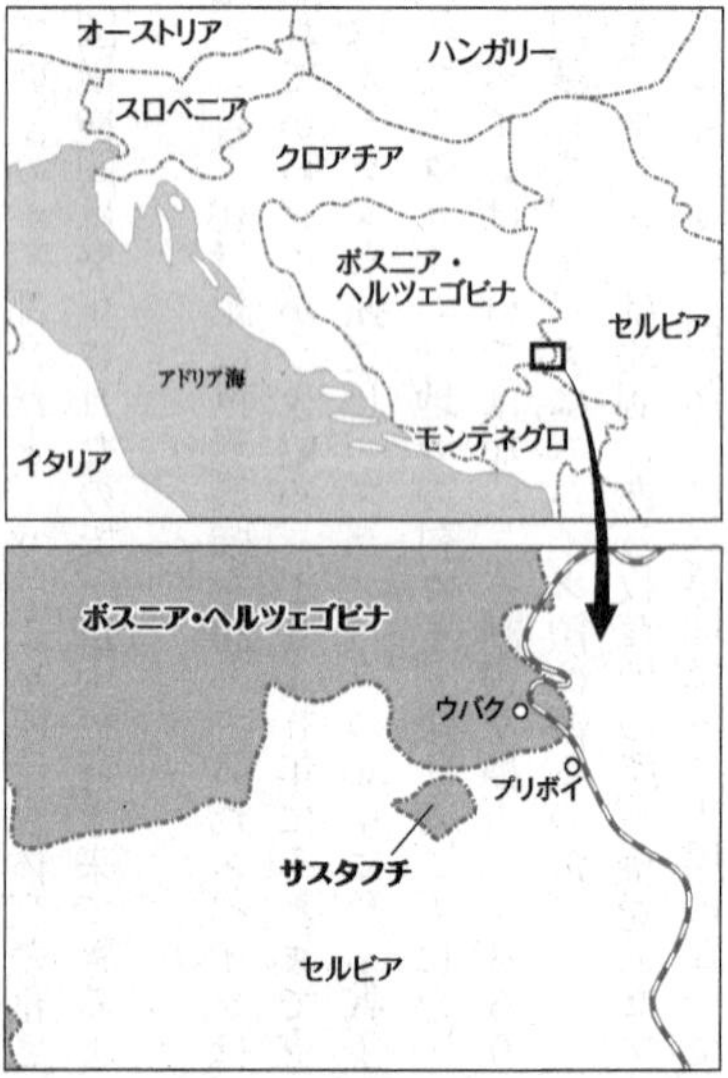

ム人だ。ただし住民たちは地税をボスニア政府へ支払っていて、郵便や通信もボスニアが行っているらしい。一種の共同統治のような現状だ。

ユーゴスラビア時代、サスタフチはボスニアのルドという町の一部だった。ユーゴスラビアが解体して、セルビアとボスニア・ヘルツェゴビナが別々の国になったので、自治体の飛び地がそのまま国の飛び地になってしまった。かつてセルビアはオスマントルコが支配し、ボスニア・ヘルツェゴビナはオーストリア領だったが、飛び地ができた経緯はその時代に遡るようだ。

1990年代前半、ボスニアではセルビア人とムスリム人・クロアチア人が対立して泥沼の内戦となったが、サスタフチでは「民族浄化」のような虐殺事件は起こらず、ムスリム人の10世帯がボスニア本土へ移住したが、うち4世帯は再びサスタフチへ戻って来たという。

ボスニア・ヘルツェゴビナという国は、実際にはムスリム人とクロアチア人が主体のボスニア・ヘルツェゴビナ連邦と、セルビア人が主体のスルプスカ共和国とに分かれている。サスタフチが所属するルドなどの一帯はスルプスカ共和国の領域なので、セルビアとの関係は悪くなく、2001年から飛び地解決に向けて話し合いが続いている。

セルビア側は国境線の全面的な見直しを提案していて、ユーゴ時代の自治体の境界ではなく、山の稜線などの地形に合わせた新しい国境線を引き直すことを主張。サスタフチをセルビア領に編入するだけでなく、ウバク（Uvac）などボスニア領の一部もセルビア領に移すかわりに、セルビア政府はボスニアに補償を行うと言っている。現在、プリボイからサスタフチ周辺のセルビア領の村々へ行くには、南側を100km近く大回りしなくてはならないが、ウバクがセルビア領に編入されれば10分の1以下の距離で行けることになるし、国境線で寸断された鉄道も運行再開することができるからだ。

一方でボスニア側は、国境線はそのままにすることを主張。飛び地と本土との間の道路を回廊に指定して、住民たちの自由な通行を保障することを求めている。しかし近年では、セルビア人もムスリム人も若い人たちは不便なサスタフチに見切りをつけて、海外へ移住してしまう人が増えているという。

ユーゴスラビア解体で二つの国に分断された村

【クロアチア領】

ブレゾヴィツァ・ジュムベラチュカ

Brezovica Žumberačka

90年代初めの連邦解体にあたって、凄惨な殺し合いとなったユーゴスラビアだが、わずか10日たらずの戦闘で、独立を達成できたのがスロベニア。連邦からの独立を認めないセルビアとの間に、同時に独立を宣言したクロアチアが横たわっていたため、連邦軍（＝セルビア軍）が派遣できなかったのだ。

そのスロベニアとクロアチアの国境には、クロアチア領の小さな飛び地がある。ブレゾヴィツァという村で、スロベニア領のブレゾヴィツァ・プリ・メトリキ（Brezovic pri Metliki）と、クロアチア領のブレゾヴィツァ・ジュムベラチュカに分かれているが、スロベニア領の中に面積1・83ha（長さ437m、幅60m）のクロアチア領が島のように存在していて、家が4軒ある。飛び地の100m南東はクロアチア本土だ。周囲は畑と森で、国境線が複雑に入り組んでいる。

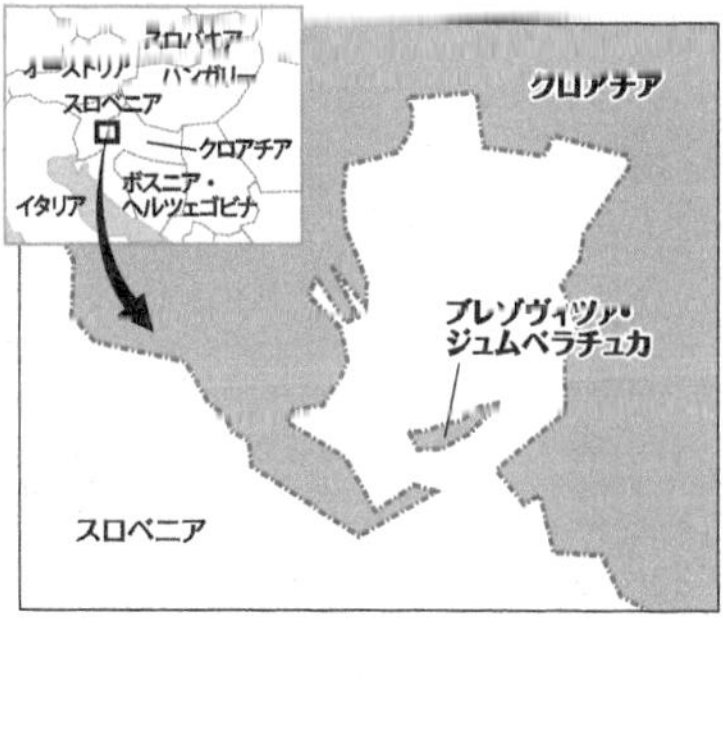

スロベニアとクロアチアは、かつてはともにオーストリア＝ハンガリー帝国で、第一次世界大戦後はユーゴスラビアの一部で、同じ国の中の地方境界に過ぎなかった。ブレゾヴィツァ・ジュムベラチュカはもともと無人で、19世紀末に十数人のクロアチア人が入植したが、再び無人となり、第二次世界大戦後に約50人のクロアチア人が入植したもの。91年のスロベニアとクロアチアの独立で、村は国境線で二分されてしまったが、ブレゾヴィツァ・プリ・メトリキとブレゾヴィツァ・ジュムベラチュカは、ブレゾヴィツァ村としてスロベニア側が一体統治しており、飛び地の周囲には検問所や鉄条網は存在していない。ブレゾヴィツァ・ジュムベラチュカは飛び地と本土を合わせて、２００1年時点で32人が住んでいたようだ。

第2章 過去に存在した飛び地

Chapter 2
Former Enclaves

北朝鮮に真っ先に攻め込まれた38度線の飛び地

【韓国領】甕津《オンジン》半島

Ongjin band

韓国と北朝鮮との国境線のことを、よく「38度線」と呼ぶが、実際には北緯38度線が国境ではなくて、1953年に朝鮮戦争の休戦協定で決められた軍事境界線（休戦ライン）が国境だ。東海岸では韓国領が38度線よりも北へ大きく張り出し、西海岸では北朝鮮領が南へ張り出しているが、これは休戦協定時点での双方の最前線をもとにしたため。

では朝鮮戦争が勃発する前の国境線はというと、文字通り38度線がそのまま国境になっていた。

これは日本の敗戦を前に、連合国はヤルタ会談で朝鮮半島を国連の信託統治を経て独立させる方針を決め、とりあえず38度線を境に、南はアメリカ軍、北はソ連軍が占領することになったため。もっとも、特に南部では「即時独立」を求めた民衆が当初は統一政権を

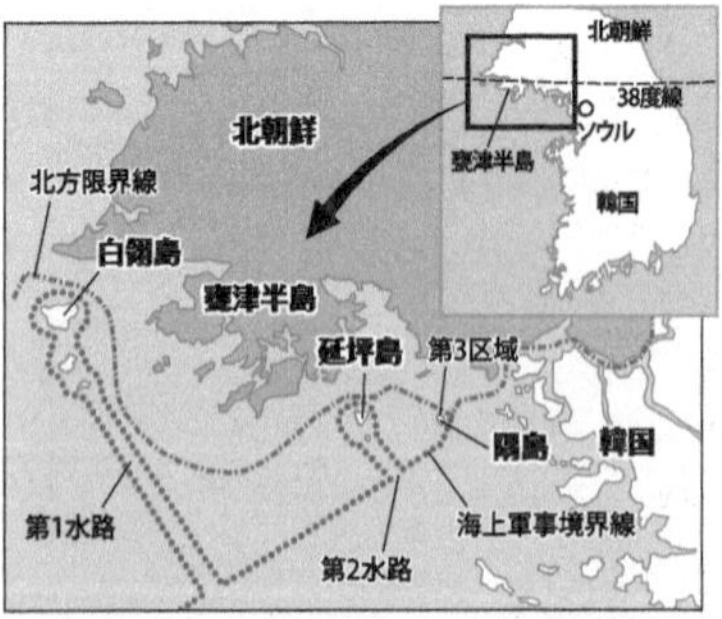

作ろうとして、続いて信託統治案に猛反発して混乱が続き、結局、南は韓国として、北は北朝鮮としてそれぞれ独立したので、38度線がそのまま国境になった。

38度線は山や川などの地形とはまったく関係なく、一直線に引かれたラインなので、西海岸では甕津《オンジン》半島を横断し、半島の付け根は北朝鮮領だが、大部分は韓国領の飛び地になった。甕津半島はもともと黄海道《ファンヘド》（道庁所在地は海州《ヘジュ》）に属していたが、米軍は占領時に京畿道《キョンギド》（道庁所在地はソウル、現在は水原《スウォン》）に移し、韓国もそれを引き継いで統治した。

そして１９５０年6月25日早朝、北朝鮮軍は一斉に38度線を越えて韓国へ侵攻し、不意を突かれた韓国軍はたちまち総崩れとなった。甕津半島でも午前4時頃から北朝鮮軍が激しい砲撃とともに進撃して来たが、韓国側の第17連隊は司令官が事前に北朝鮮軍の「怪しい動き」を察知して警戒態勢を強めていたため、36時間にわたって抵抗を続けながら船で仁川《インチョン》への撤退を完了した。

こうして甕津半島は北朝鮮の統治下に入り、黄海南道《ファンヘナムド》（黄海道を南北に分割）の一部になったが、西側沖合の白翎島《ペンニョンド》などの島々は北朝鮮に占領されずに韓国領のまま残り、現在では仁川市の一部になっている。仁川からは２００㎞離れ、船で4時間あまりだ。

白翎島は台湾の金門島や馬祖島と同様、軍事最前線に位置する島だが、近年では「開発を逃れて奇岩などの自然が残る島」として観光に力を入れている。しかし、時には「血なまぐさい事態」が繰り返される。韓国と北朝鮮とを分ける軍事境界線は陸上だけで、海上の境界線は定められていなかった。韓国（国連軍）側は休戦協定締結後に、甕津半島の沿岸を取り巻くように北方限界線（NLL）を設定し、「これが南北の境界線だ」と宣言したが、北朝鮮側が同意したわけではない。

99年6月に北朝鮮軍の船がNLLを越え、韓国軍と戦闘になって撃沈される事件が起きると、北朝鮮側は9月に軍事境界線をそのまま延ばしたような海上軍事境界線の設定を宣言。これだと白翎島や延坪島《ヨンピョンド》など韓国領の島々が北朝鮮の海域になってしまうので、「ここを通れば韓国本土との安全な通航を認める」と、二つの水路も一方的に決めた。

かくして甕津半島沖の海上には、韓国と北朝鮮がそれぞれ勝手に主張する二つの国境線が存在することになり、2002年と09年にも「境界線を越えた、越えてない」で海戦が勃発している。白翎島で暮らす民間人5000人の多くは半農半漁で暮らしているが、漁に出るにも不安な状況が続いている。

正真正銘の「無法地帯」を生んだ飛び地の中の飛び地

【旧イギリス領に囲まれた中国領】
九龍城砦《ガウロンセンチャイ》

香港の九龍城砦《ガウロンセンチャイ》といえば「あらゆる犯罪の巣窟」だとか「完全な無法地帯」だとか、日本でもいろいろな噂が流れていた場所だ。

俗に「無法地帯」と呼ばれるところは世界中にたくさんあるが、たいていは「犯罪が多くて治安が悪く、法律がまるで有名無実と化しているような場所」という程度の意味。ところが九龍城砦は現実にどこの国の法律も適用されない一角だった。そんじょそこらの無

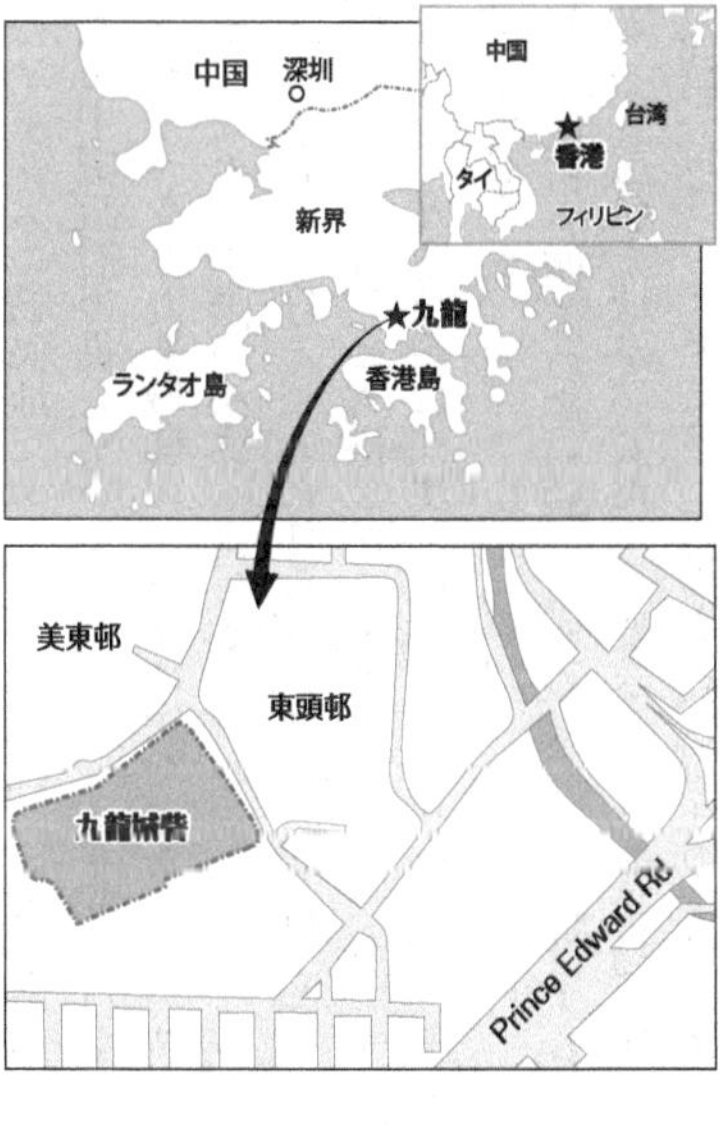

Kowlcon Walled City

法地帯とは格が違ったのだ。

なぜそんなことになったのか。香港はイギリスの植民地だったが、九龍城砦は香港の中にある中国領の飛び地だった。中国領なら中国政府の役人がいるはずだが、イギリスは条約で中国側の役人派遣を拒むことができた。つまり九龍城砦はイギリス領ではないので英国の法律は適用されず、中国の役人も不在なので中国の法律も施行されなかった。

九龍城砦はもともと付近で産出される塩や香木を守るために作られた砦で、歴代王朝の軍隊や役人が常駐していた。アヘン戦争で1842年に香港島がイギリスに割譲され、1860年には対岸の九龍半島も割譲されたが、九龍城砦は九龍半島から200m離れた場所にあったので、この時はまだ直接影響を受けなかった。

しかし1898年、フランスが清朝から広東省西部の広州湾（現在の湛江）を租借すると、イギリスも「香港防衛のためにはもっと広い土地が必要だ」と要求し、九龍半島北側の新界（ニューテリトリー）が99年間の期限付きでイギリスに租借され、現在の香港の領域がイギリス領になった。しかし中英両国が結んだ租借条約では、九龍城砦だけは租借地から除外され、中国の官吏が引き続き常駐して城内の住民を管理するとされた。また中国側官吏の連絡用に近くの桟橋の使用権と、城砦から桟橋へ至る道の通行権も認められた。

九龍城砦が租借地から除かれた理由は、中国側が租借地の返還に不安を抱いていたから。清朝はこれより前、新疆のイリ返還交渉をめぐって大いに苦労していた。イリは1871年、ウイグル人の反乱に乗じてロシアが占領し、反乱が鎮圧された後もロシア軍はそのまま居座り続けた。このため清朝はイリの返還を求めて交渉したが、ロシア占領中に現地の中国人は逃げ出し、かわってロシア人が入植していたので難航。10年後に返還が実現したものの、一部はそのままロシア領になってしまった。

この教訓をもとに、1898年3月にロシアが関東州（大連、旅順）を租借した際には、清朝は金州城に巡捕（警官）を残すことを認めさせたが、ロシア軍の駐屯も認めたので中国側警官はたちまちロシア兵に追い出されてしまった。

そこで3か月後に条約が結ばれた新界の租借では、清朝はあえて九龍城砦だけを租借地から除外して中国領の飛び地として残し、中国側の役人や住民（当時、城内には商人や農民など460人が住んでいた）を踏み止まらせて、99年後の返還をスムーズに実現しようと考えたのだ。

しかしイギリス側の要求で、条約には中国官吏の常駐について「香港防衛の軍事活動を妨げないこと」という項目が付け加えられた。そして翌年、城砦の役人が祝い事のため爆竹を鳴らしていると、イギリスは「付近にいたイギリス兵がびっくりして軍事活動の妨げになった」という口実で、中国側の官吏を九龍城砦から追い出してしまう。それでもイギリスは城砦を接収することはできなかった。条約を盾に中国側の役人を追い出したのに、租借地から除外されている城砦を占領すれば自ら条約を破ることになる。こうして九龍城砦には中英どちらの法律も及ばなくなった。

その後、清朝は倒れて中国政府は中華民国、さらに中華人民共和国にかわったが、九龍城砦をめぐる事情は同じだった。1933年と36年にイギリスは城砦内の住民に立ち退きを命じたが、中国側の抗議で撤回。47年に中国政府が役人を派遣しようとしたところ、イギリス側が「香港防衛の軍事活動の妨げになる」と抗議して断念、48年と63年にイギリスは再び城砦の接収を行おうとしたが中国政府が抗議して断念と、中英どちらかが城砦へ統治を及ぼそうとするたびに、相手側が条約を理由にそれを妨害し続けてきた。城砦の内部に軍隊や役人を立ち入らせたのは、条約などおかまいなしに戦争中にここを占領した日本軍だけだった。

中国側の役人が使用できるとされた桟橋は、啓徳《カイタツク》空港の建設のために埋め立てられ、九龍城砦を取り巻く城壁は日本軍が空港を拡張する資材とするために取り壊してしまった。戦後、中国に共産党政権ができると、香港には大陸から大量の難民が押し寄せ、九龍城砦は建築法を無視したコンクリート・ジャングルに変わり、わずか3ha（0・03㎢）の敷地に5万人以上もの住民が暮らす高層スラムと化した。こうして、法律が適用されず香港の警官が入れないのをいいことに、城砦では麻薬や売春、賭博などあらゆる悪事が栄えた……と日本でも香港でも信じられているが、実はそんなたいした場所でもなかったらしい。

城砦の中でケシや大麻を栽培しているわけではないから、麻薬は外から運ばれて来る。いくら城砦の中に警官が立ち入れなくても、警察が本気で取り締まるつもりなら、城砦の周りで厳しく検問すればいいはずだ。売春やギャンブルにしても、香港の繁華街にはいくらでも遊べる場所があるわけで、わざわざ物騒な「無法地帯」へ遊びに行こうという香港人はまずいない。

１９７０年代まで香港警察は上から下まで汚職が蔓延し腐敗していた。警察と黒社会（ヤクザ）は賄賂でつながっていて、麻薬も売春も警察の黙認の下で行われていたが、当時の警察は犯罪摘発が進まない言い訳として、しばしば法律が及ばない九龍城砦の存在を強調し、その結果「魔窟・九龍城砦」の伝説が広まっていったのが真相のようだ。

74年に香港総督直属の汚職取締署（ＩＣＡＣ）が設置されて香港警察が「浄化」されると、九龍城砦のささやかな裏産業も影をひそめ、その後は医師法無視の無免許医や、食品衛生法無視の工場が栄えたくらいだ。

さて１９８０年代に入り、香港返還をめぐる交渉が始まると、九龍城砦をめぐって中英両国が対立し合う必要はなくなった。この頃から城砦では香港警察のパトロールが始まり、中国政府の要人も城砦内部を視察に訪れて、「無法地帯」は有名無実と化す。

そして87年1月に、イギリスは香港の法律を九龍城砦にも適用することと城砦の取り壊しを発表し、中国政府もこれを黙認。立ち退き補償をめぐって住民が抗議する中、九龍城砦は93年にあっさり撤去されてしまった。租借期限の１９９７年には、租借地の新界のみならず香港全域が中国へ返還され、法律の真空を生む原因となった「飛び地の中の飛び地」は最終的に消滅した。

九龍城砦の跡地は、今では九龍寨城《ガウロンチャイセン》公園という観光名所になっている。なぜ九龍城砦公園ではないのかというと、城砦取り壊しの後に発掘調査をしたら、砦の正門に掲げられて

（上）５万人が住んでいたという九龍城砦（1986）
（下）九龍城砦の国境線。無免許歯科の看板が並ぶ中国領（左）と、洗濯物が干されているイギリス領（右）

（上）取り壊しに向けた強制代執行。右はイギリス領の美東邨（1991）
（下）通路傍に放置されていたアヘン戦争当時の大砲

いたと思われる「九龍寨城」という石製の額が発見されたから。砦の正式名称は九龍寨城だったわけで、本来の名称に戻したようだ。

宗教だけでまとまろうとした国の破綻

【旧パキスタン領】

東パキスタン

East Pakistan

米ソ対立の冷戦構造が消えた今、世界で最も核戦争の危険が高いのはおそらくインドとパキスタン。カシミールの帰属を巡ってにらみ合いを続ける両国だが、1947年までは「英領インド」として一つの地域だった。

ガンジーが非暴力不服従運動で独立を勝ち取ろうとした「インド」とは、現在のインドではなく、パキスタンとバングラデシュも合わせた植民地当時のインド。それがイギリスによる統治が終わった時、宗教対立によってイスラム教国のパキスタンが分離独立し、首都のある西パキスタンと巨大な飛び地の東パキスタンがインドを両翼から挟み込む形になった。しかし後に東パキスタンが分離独立したのが、現在のバングラデシュだ。

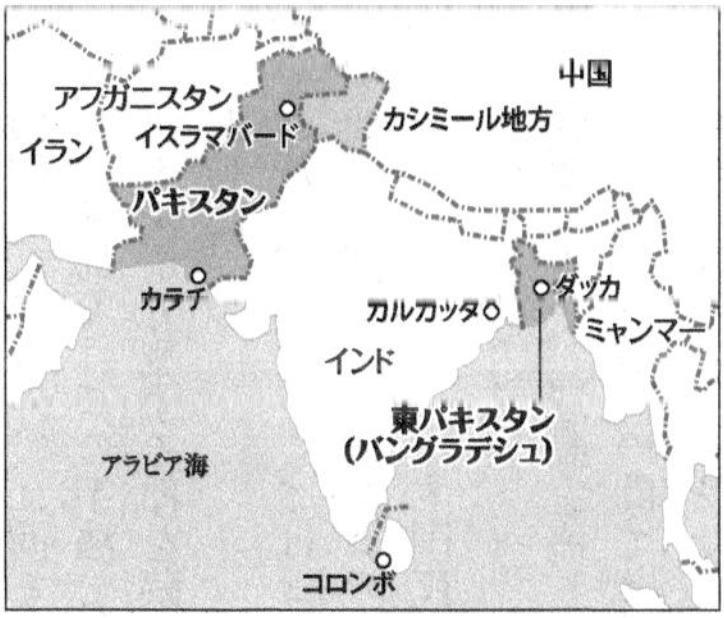

バングラデシュとは「ベンガル人の国」という意味。ガンジス川河口の広大な平野が広がるベンガル地方はインドの穀倉地帯で、17世紀末にイギリス東インド会社が進出して以

来、カルカッタ（現インド領コルカタ）はイギリスのインド支配における首府になり、政治・経済・文化の中心地だった。

しかし先進地域だったベンガル地方は、インドの反英運動の中心地にもなった。そこでベンガル人を中心としてインド人が団結することを防ぐために、イギリスが実行したのが1905年のベンガル州分割だ。

住民が団結して抵抗しないように、民族などいくつかのグループに分けて分割統治をするというのがイギリス流の植民地支配。ある時は一方の、またある時はもう一方のグループを優遇して住民同士の対立を煽っておきながら、自らは何食わぬ顔をして調停役に回るという芸当は、「腹黒紳士」たるイギリスこそがなせる業だ。マレー半島ではこの手法でマレー人と中国人の対立を煽り、独立直後にマレーシアとシンガポールが分離する種を蒔いたが、インドではヒンズー教徒とイスラム教徒を対立させようとした。

ベンガル州ではヒンズー教徒とイスラム教徒が混在して住んでいたが、全体としてはヒンズー教徒の人口が多かった。そこでイギリスはベンガル州を東西に分割し、イスラム教徒が多数派になる東ベンガル州を設置した。当時インドの自治を要求していたインド国民会議派は、イギリスの策動に猛反発してイギリス製品のボイコットなどを繰り広げ、インド人としての一体性を強調するスワデーシ（自分の国）運動が巻き起こるが、運動を盛り上げるためにヒンズー教の女神などがシンボルに使われたため、イスラム教徒の間では「インド人による自治が実現したら、多数派のヒンズー教徒に支配されてしまう」という危機感が芽生えた。

１９０６年、東ベンガル州の州都ダッカ（現在のバングラデシュの首都）でイスラム教徒の政党であるムスリム連盟が旗揚げした。ムスリム連盟はイギリスへの協力を掲げ、将来インド人による地方自治が認められれば、東ベンガル州の政権を担うつもりでいた。しかしイギリスは国民会議派らの抗議によって11年にベンガル州の分割を取り消してしまった。このような経緯を経て「インド人による自治（→独立）」を主張する国民会議派に対抗して、ムスリム連盟は「イスラム教徒多住地域でのイスラム教徒による自治（→独立）」を主張するようになり、47年のインド独立にあたってはムスリム連盟の主導によるパキスタン（「清浄な地」の意味）の分離につながった。

インドとパキスタンの分離独立ではカシミールの帰属を巡って戦争になったが、民衆同士の殺戮が激しかったのは、ヒンズー教徒とイスラム教徒が混住していたベンガル州とパンジャブ州だった。多くのヒンズー教徒がパキスタンからインドへ、イスラム教徒はインドからパキスタンへ、家や畑を棄てて逃げ出し、全体で１００万人近い死者と数千万人の難民を出す惨事になった。

こうして成立したパキスタンだが、西と東はインドを隔てて１６００㎞も離れ、双方を結ぶのは一日3~4便の飛行機とコロンボ経由の船だけ。共通項は「イスラム教徒が多い」という一点だけで、民族や言語も歴史も違う。西はイギリスも手をつけられなかった中世さながらの部族社会地域が多く、さらに面積では西は東の5・5倍もあるのに、独立当時の人口は西の３０００万人に対して、東は４２００万人と逆転していた。

「イスラム教徒が主人公の国を作るんだ」という宗教的情熱でパキスタン建国に加わった東のベンガル人たちは、それまで英領インドきっての先進地域で、パキスタンの分離を果たしたムスリム連盟の発祥の地だと自負していたのに、首都は「蛮地」だと思っていた西（カラチ→ラワルピンディ→イスラマバード）に置かれ、東は飛び地にされてしまったことに不満を募らせていった。

しかもパキスタン経済は東によって支えられていた。包装用の麻袋の原料になるジュート（黄麻）の輸出などで、東は外貨収入の7割以上を稼いでいたが、収入の多くは西に流れ、新首都イスラマバードの建設やインフラ整備、カシミール最前線での国防費に消えた。軍事独裁政権の下で西が全ての政治権力を手中に収めている状況では、東の国民生活の向上が省みられることはなく、しばしば東に大被害をもたらした洪水を抑えるための治水対策は、一向に進まなかった。

そして文化政策でも西が東を支配した。パキスタン政府が西の言葉であるウルドゥ語だけを国語に定めると、ベンガル語を話す東の住民は猛反発し、52年と61年にはベンガル語の国語化を求めるデモ隊が武力鎮圧されて死者が出た。言語問題をきっかけに東では「ベンガル民族ナショナリズム」が台頭するようになり、66年には東パキスタンの自治を要求するアワミ連盟が結成された。そして70年、サイクロンによる大洪水と高波で東の大半が水没し、20万人から50万人といわれる死者・行方不明者を出したが、援助の手を差し伸べない政府に東の不満は頂点に達した。

パキスタンではインドとの対立の中で軍事独裁政権が続いたため、こうした東の反発を力で抑えていたが、民政移管が決まり70年に憲法制定のための総選挙が実施されると、人口が多い東パキスタンを基盤とするアワミ連盟が議席の過半数を獲得した。ここで本来なら東主導の内閣が誕生するところだが、西の軍事政権にとっては到底受け入れられない結果だった。軍事政権は議会開催を延期してアワミ連盟の指導者たちを逮捕し、アワミ連盟を非合法化して徹底的な武力弾圧に乗り出した。

パキスタン軍は町や村を焼き払い最初の1週間でダッカの人口の半分が街を逃げ出したという。こうして71年3月にインドでバングラデシュ（ベンガル人の国という意味）の亡命政府が旗揚げし、独立を求めて内戦が始まった。当時の東パキスタンの人口7500万人のうち300万人が死亡し、800万人が難民となってインドへ逃げ込むと、12月に大量の難民が押し寄せたことを理由にインドが武力介入し、インド軍と独立ゲリラに包囲された東のパキスタン軍は2週間足らずで降伏。バングラデシュが正式に独立した。

バングラデシュが誕生するまでに、東ベンガルでは宗教対立と地域対立（民族対立）によって2度にわたって多くの血が流されたことになる。「一つのインド」を唱え続けたガンジーはやはり偉大だった。

日本のお坊さんも驚いた賽銭で潤う聖地の飛び地

【旧ブータン領】カイラス山

Mount Kailas

チベット高原の西の果てにある標高6656mの「カン・リンポチェ」ことカイラス山は、チベット仏教のみならずヒンズー教やジャイナ教、ボン教（チベットの伝統宗教）にとっても聖地。山を囲んでチイコルと呼ばれる一周52㎞の巡礼路があり、宗教熱心なチベット人は丁寧にも五体投地しながらここを何周もまわる。

そのカイラス山にはかつてブータンの飛び地があった。それを最初に世界的に明らかにしたのは、河口《かわぐち》慧《え》海《かい》という日本人のお坊さんだ。

河口慧海は幕末に生まれた禅宗の僧侶だが、漢文を読み上げるお経では信者にとってチンプンカンプンだと、口語訳の仏教経典を作ることを決意。そのためには原典から翻訳し直すべきだと考えたが、インドではとっくに仏教が廃れていたので、インド仏教の影響を残しているチベット仏教を修行することを決意し、当時鎖国状態だったチベットに潜入し

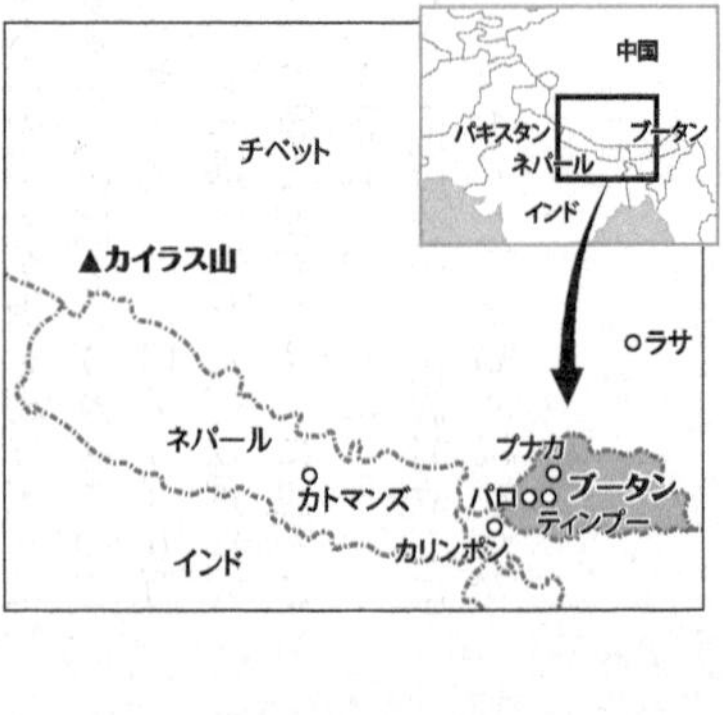

て、1900年に日本人として初めてラサを訪れた。

この時ネパールからヒマラヤを越える4年がかりの旅の途中でカン・リンポチェにも立ち寄っているが、その著書『西蔵旅行記』でこの山の支配権がブータンに属していて、寺の収入はすべてブータン国王に納められていたことを指摘している。

──その廻り道の東西南北の隅々に一軒ずつ寺がある。これを名づけて雪峰チーセの四大寺という。私は始めに西隅にあるニェンポ・リーゾンという阿弥陀如来の祀ってある寺に参詣しました。その寺がこの霊場では一番収入の多い寺で、日本でも阿弥陀様を祀ってある寺は収入が多うございますが、奇態にこのチベットでもそういう事になって居って大変な上り物です。僅か夏季三月の間にこの寺の上り物は一万円内外の物が納まるという。かかる霜枯れた土地としては非常の収入といわなければならぬ。それは皆ブータン国の王様に納めるのです。妙です。この雪峰チーセという寺はすべてブータンの管轄地です。一体チベット法王の支配に属すべきものであろうと思うのに、その昔ブータンのズクパ派の坊さんがこの寺に関係が多かったものですから、そこでこの山の支配権がブータンに帰したものと考えられる──

（河口慧海『チベット旅行記（二）』講談社、一九七八年）

日本の仏教に天台宗や日蓮宗などいろいろな宗派があるように、チベット仏教にも多く

「タルチェン」が描かれている河口慧海『西蔵旅行記』（1904）

の宗派があるが、政教一致のチベットでは宗教権力＝政治権力だから、宗派間の抗争は激しかった。チベット仏教の新教（ゲルク派）の法王だったダライ・ラマが、モンゴルの介入でチベットの政権を握ったのは1642年のこと。

一方でチベットでの政争に敗れたドゥクパ・カギュ派の法王ンガワン・テンジン・ナムギュルがヒマラヤ山脈の南に逃れ、新たに建てた国がブータンの始まり。カギュ派はもともとチベット西部が拠点で、カイラス山の巡礼路沿いの寺院はすべてドゥクパ・カギュ派に属している。これらの場所はラダック王国（チベットの西の果てにあった国。イギリス領を経て現在はインドが支配）が確保し、ドゥクパ・カギュ派の法王へ寄進した。カイラス山一帯にブータンの支配が及んだのはそのためだ。

ブータンに属していたのはタルチェン、ニャンリ・コンパ（別名チュク・コンパ）、デングマル、リンプン、ドバなど八つの寺や集落など約300㎢で、カイラス山の巡礼路沿いや、西方のガルトクにかけて散在していた。ブータン人が住んでいたりブータンの役人が常駐していたわけではなく、ドゥクパ・カギュ派の僧侶が管理していた。

ガルトクはチベットとラダックやカシミールとの交易の中心で、1904年にはラサへ侵攻したイギリス軍がチベット政府と結んだ条約により、ヤートン（チベットとシッキムの国境、153頁参照）やギャンツェ（ラサとシッキムの中間の都市）とともに、イギリスの官吏や軍隊が駐屯した町だ。

その一方で、ブータンはチベットへ朝貢もしていた。このことを根拠に、後に清朝を倒した中華民国はブータンの宗主権を主張した。もっとも、内戦と抗日戦争に手一杯だった中華民国は、チベットにすら宗主権を十分に行使し得ない状態だった。

そして戦後、中華人民共和国が成立すると、本格的なチベット支配に乗り出し、1951年には人民解放軍をラサに進駐させる。この時は現代の中国式に言えば「一国二制度」を実行して、ダライ・ラマを頂点としたチベット政府はそのまま存続し、チベットは自治を続けていた。しかし59年のチベット動乱で人民解放軍はチベット全域を占領し、ダライ・ラマはインドへ亡命。チベット政府は解体された。

中華人民共和国はブータンの宗主権は主張しなかったが、カイラス山一帯の8か所をブータンの領土とは認めなかったので、チベット動乱の際に他の地域と同様に占領。これに抗議してブータン政府はチベットとの国境を封鎖した。47年にインドがイギリスから独立した際に、ブータンがイギリスと結んでいた保護条約はインドに引き継がれ、ブータンの外交はインド政府が担当することになっていたので、インド政府は飛び地占領について中国政府と交渉を求めたが、中国側は「中国とブータンの問題であって、インドと話し合うつもりはない」と門前払い。61年にはブータンの北部国境をめぐっても中国と対立することになった。

その後中国とブータンは1998年に協定を結んで国境線を画定したが、これによってブータンは正式にカイラス山一帯の飛び地を放棄した。

そういえば、ブータンは世界で唯一チベット仏教を国教にしている国だが、ダライ・ラマはブータンを亡命先には選ばなかった。チベット仏教といっても宗派が違って対立していたこともあったし、なにより当時鎖国状態のブータンへ亡命したら世界へアピールできないし、資金援助も望めないからだろう。

ネパールにあったブータンの飛び地　スワヤンブーナート寺

ネパールは国民の90％がヒンズー教徒で王朝もヒンズー教だったが、西北部の山岳地帯にはチベット人が住み、チベット仏教はおろかチベットではとっくに途絶えてしまった白ボン教（仏教化したボン教）や黒ボン教（古来のボン教）の村もある。チベット文化の中心地はやはりラサなどのチベット中央部なので、チベット文化圏で「辺境の地」に当たるネパールには、古い宗教文化が残っており、チベット仏教もネパールでは旧教が中心だ。

さて、2008年まで続いたネパールの王朝は、インド・アーリア系のグルカ人（ゴルカ人）が1769年にそれまで3王国に分裂していたネパールを統一して成立したものだが、チベット仏教にも敬意を払い、カトマンズのスワヤンブーナート寺などをブータンの法王へ寄進した。ダライ・ラマに寄進しなかったのは、もちろん宗派が違ったから。こうしてスワヤンブーナート寺はカイラス山の寺同様にブータンの飛び地となったのだが、1854年から56年にかけてネパールとチベットの戦争が起こると、ネパールは「ブータンはチベットを支援した」と言い出して、支配権を接収してしまった。

インドにあったブータン飛び地　アンバリ・ファラカタ

アンバリ・ファラカタ（Ambari Falakata）はブータン国境から南へ60㎞ほどの地点にあるインド・西ベンガル州の駅で、ブータンの玄関口のような場所。他にもブータン国境ギリギリまで鉄道が何本か走っているが、それらはいずれも狭軌のローカル線で、インド国鉄の幹線とはレールの幅が違うから列車が直通できない。コルカタ（カルカッタ）など主要都市から列車が直接やって来る路線では、アンバリ・ファラカタ駅がブータンの最寄り駅ということになる。駅はファラカタという町にあり、アンバリはその近くの町。

さて、そのアンバリ・ファラカタはかつてブータン領の飛び地だったことがある。アンバリ・ファラカタはブータンの玄関口だからブータン領になったのかといえば、そうではない。鉄道が開通したのは戦後で、インドが独立した際に、イスラム教徒が多かった東ベンガル州はパキスタンの一部（現在はバングラデシュ）として分離したので、自国領だけを通って東のアッサム地方への路線を確保するため新たに建設されたものだ。

今でこそヒマラヤの小国のブータンだが、17世紀から18世紀にかけてはドゥアールと呼ばれる南の平野部へたびたび侵攻して、クチビハール王国を属国にしたり、アッサム北部を占領した。ドゥアンバリ・ファラカタもこの時期からブータンが支配し、パロの大名が管轄していた。ドゥアール地方からの税収は年間数十万ルピーにのぼり、ブータンにとって経済的に重要な地域だった。

しかし18世紀になると新たに進出してきたイギリスと衝突。クチビハール王国は1773年に、アッサムは1826年にイギリスの支配下に入ったが、ドゥアールをめぐっても64年にイギリスとブータンの戦争になった（ドゥアール戦争）。敗北したブータンは翌年、年間5万ルピーの補助金を受け取ることと引き換えにイギリスの保護国となり、ドゥアール地方の支配権を放棄したが、1950年代の地図には、ファラカタの町の外れにブータミーグバート（Bhutmigbat）なる地名が記載されている。

ドゥアール戦争でブータンは東南部のデワンギリ周辺83㎢をイギリスに割譲したが、インドは1951年にこれをブータンへ返還した。ひょっとしてアンバリ・ファラカタの飛び地は、デワンギリと交換でブータンが正式に領有権を放棄したのかも知れない。インドとブータンが最終的に国境線を画定したのは1960年代前半だった。

インドにあったブータンの飛び地　ブータンハウス

チベットへの玄関口にあたるインドの町がカリンポン。ここにブータンハウス（ブータン屋敷）という建物があって、そこはブータン領の飛び地だった。

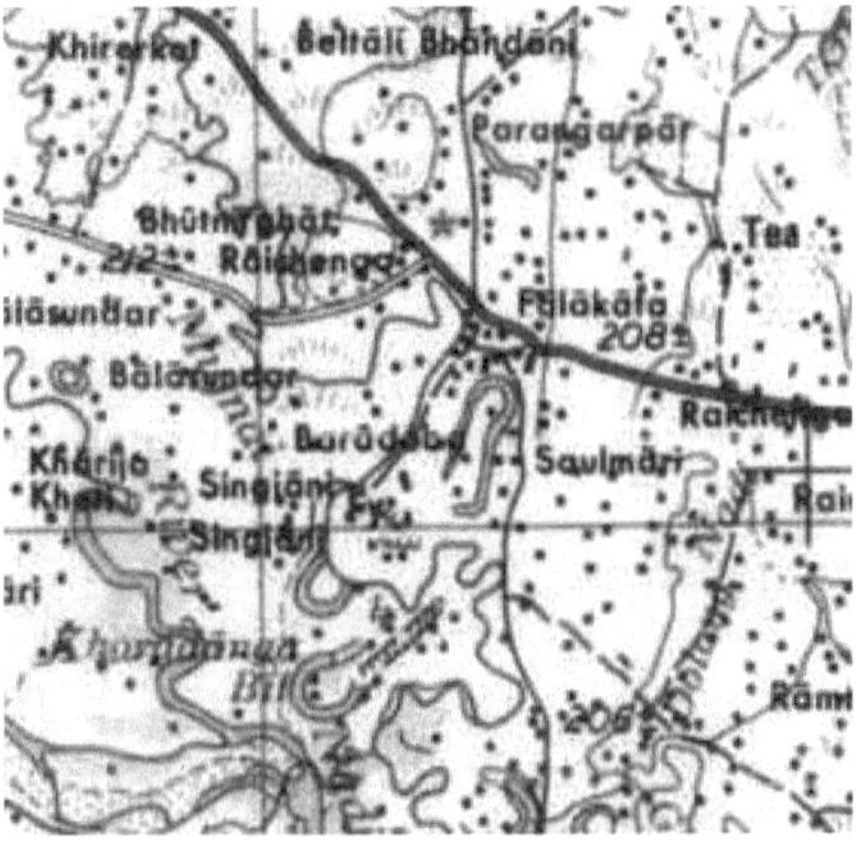

ファラカタとブータミーグバート（1955）

カリンポンはイギリスがブータンから奪った土地だった。カリンポンはもともとシッキムの一部だったが、18世紀にブータンが征服していた。ドゥアール戦争によって1865年にイギリスが獲得したが、1910年にイギリスがブータンに土地を提供して建てさせたのがブータンハウスだ。

ブータンはイギリスの保護国になり、外交権がなくなったから、国外に大使館などは開設しておらず、唯一の対外窓口がブータンハウスだった（ただし、カルカッタやチベットに貿易事務所は置いていた）。大使館なら外交特権はあっても、その国の領土にはならないのだが、ブータンハウスは大使館ではなかったので、外交特権はない。カリンポンは英領インド直轄のダージリン州（後に西ベンガル州）になったが、ブータンハウスに大使館並みの特権を与えるために、ブータン領ということにしたらしい。もっとも当時のイギリスにとっては、直轄州であろうが保護国領であろうが、イギリスの支配下にあったことには変わりなかった。

イギリスがブータンハウスを建てさせた狙いには、強固な鎖国政策を続けていた当時のチベットとの橋渡し役もあった。ブータンハウスにはチベットの要人がしばしば滞在したほか、ダライ・ラマを接待するための部屋も用意されていた。

ブータンハウスを管理していたのはブータン政府ではなく、隣接するハ地方の大名だったドルジ家で、ドルジ家の冬の別荘としても使われていた。ドルジ家は国王のワンチュク家に匹敵する実力を持ち、国王と姻戚関係を結び、首相を務めていた。しかしドルジ首相は1964年に暗殺されてドルジ家は権力の座から失墜。現在ではブータン政府はニューデリーに大使館を開き、ブータンハウスの役目は終わっている。

イギリスの思惑でチベットに奪われた要衝

【シッキム領】

チュンビ

Chumbi

シッキムとはヒマラヤ山脈の麓、ネパールとブータンの間に存在していた小さな王国。チベットとの交易ルートの重要な場所にあったのでインドとチベット、さらにイギリスと中国との間で覇を競っていたが、結局1975年にインドに併合されて消滅してしまった。

そのシッキムが、チベットに有していた飛び地がチュンビ。もっともチュンビがあったのは、チベット領が舌のように南に張り出したチュンビ渓谷の一角で、もともとは渓谷全体がシッキム領だった。

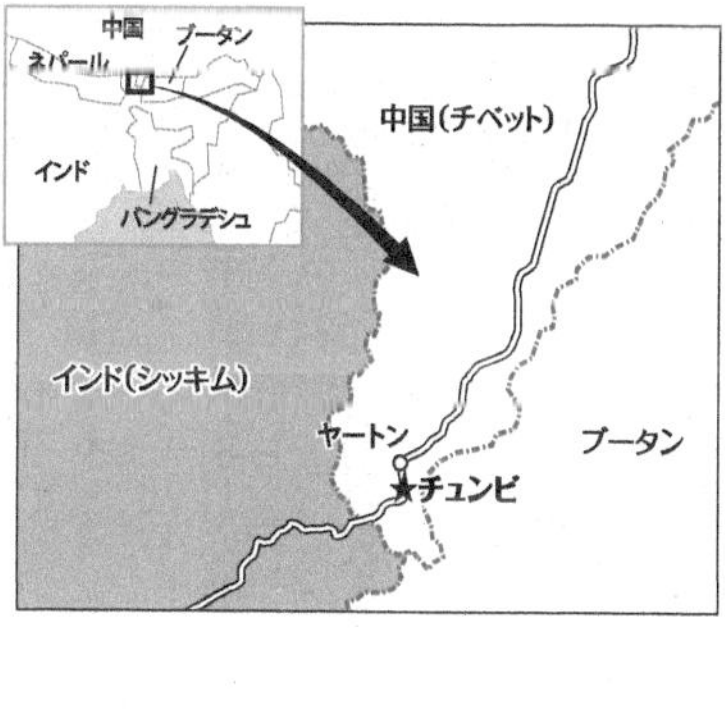

シッキムは17世紀にチベット人（ブディア人）が建てた国だ。シッキムの先住民はチベット系のレプチャ人で、チュンビ渓谷も彼らの居住地だった。チュンビにはレプチャ人の首領がいたが、13世紀にチベットからケ・ブムサという僧侶がやって来て首領に歓迎され、6年間チュンビに住まわせてもらっていたが、やがてケ・ブムリは首領を殺し、自らがチ

シッキム領の飛び地として描かれた19世紀末のチュンビ

ュンビの首領になってしまったとか。初代シッキム王はケ・ブムサの子孫だそうで、いわばチュンビはシッキム発祥の地とも言える。チュンビにはシッキム国王の離宮兼僧院があり、シッキムの夏の首都にもなっていた。

　要衝の地であるシッキムは周辺諸国から狙われ続け、18世紀にはブータンとネパールに相次いで攻め込まれた。シッキム国王は1788年にチベットへ亡命して、ダライ・ラマに助けを求め、チベット軍がチュンビ渓谷に駐屯。シッキムは1793年から1817年までネパールに併合されてしまうが、シッキム国王はチベットの宗主国だった清朝の後ろ盾で国王としての地位を保ち続けた。

　イギリス東インド会社とネパールとのグルカ戦争の結果、シッキムはイギリスの斡旋でネパールから領土を返してもらうが、イギリスはタダでシッキムを助けたわけでなく、シッキムはイギリスの保護国にされたうえ、南部のダージリンを3万5000ルピーでイギリスに避暑地として割譲するはめになった。

　これに激怒したのが、シッキムを属国とみなしていたチベットで、１８８８年にチベット軍が再度チュンビ渓谷に出兵して占領してしまう。河口慧海《えかい》が『西蔵旅行記』で明らかにしたところによると、イギリスのシッキム進出を警戒していたチベット政府は、「城を建てれば国境が定まる」「イギリスが攻めて来るというのなら、俺の身体を城に据え付けておけばイギリス軍は近づけない」という託宣僧（ネーチュン）のお告げを信じて、敢えてシッキム領内に城を建設して戦争になったという。

　その結果、チベット軍は戦闘ではイギリス軍に負けたにもかかわらず、イギリスはチベットがロシアと接近することを恐れて、シッキム領だったはずのチュンビ渓谷のチベットによる占領を認めた。一方でイギリスは、１９０４年に中国と結んだ条約で、チュンビ渓谷の中心地となった国境の町ヤートン（亜東）とギャンツェ（チュンビとラサの中間の都市）に通商代表部を設置して、英軍駐屯や領事裁判権など租界並みの権利を認めさせ、シッキム領（＝イギリスの保護領）だった頃と同様の特権を享受できるようにした。チベットに恩を売って取り入りたい腹黒紳士ことイギリスの思惑で、シッキムは領土を失うことになった。

　シッキム国王の離宮があったチュンビは、そのままシッキムの飛び地として残されたようだが、１８９０年以降は離宮として使用できなくなり、実際にシッキムの統治がどこまで及んでいたかは怪しくなった。

さて戦後、１９４７年にインドがイギリスから独立すると、シッキムはイギリスに代わってインドの保護国となり、チベットでイギリスが持っていた特権などもインド政府が引き継いだ。そして49年に中華人民共和国が成立し、51年に人民解放軍がチベットに進駐すると、中国とインドとの間でチベットでの特権見直しについての交渉が始まった。

こうして54年に中国とインドとの間で協定が結ばれ、イギリスが設置した電信・郵便・駅逓などは中国政府が買収し、インド軍はヤートンとギャンツェから撤退。通商代表部は存続を認めるが、敷地以外の土地は中国側へ返還することになった。しかしチュンビの飛び地の扱いについては不明。59年のチベット動乱でダライ・ラマがインドへ亡命すると、チュンビも本格的に人民解放軍の支配下に置かれ、当時のインドの新聞によれば、70世帯がシッキムへ逃げ出したという。

もう一つのシッキム領の飛び地　ドプタ

チュンビ渓谷にはチュンビの他に、ドプタ（Dopta）というシッキム領の飛び地もあった。面積は１５０平方マイル（３８８・５㎢）で、場所は「ドリックの東、チブルンの西、レーの北、チンキーの南」だというが、具体的な位置は不明。シッキム国王の甥の土地で、シッキムの役人が常駐し、徴税や裁判を行っていたが、やはりチュンビと同様に消滅したという。

兄弟ゲンカの功名でまんまとせしめた天然の良港

【旧オマーン領】グワダル

Gwadar

オマーンは今でこそアラビア半島の一角を占める小さな産油国に過ぎないが、歴史を遡ればアラブからアフリカにかけての海洋帝国として広大な版図を誇っていて、19世紀には一時期タンザニアのザンジバル島に首都を移したほど。そしてホルムズ海峡を越えて現在のパキスタン領内にも、グワダルという面積800㎢ほどの飛び地のような領土を持っていた。グワダルは古代からインドへの入口に位置する天然の良港として知られていて、アレキサンダー大王の時代の史料にもその名が出てくるらしい。

そんな由緒あるグワダルをオマーンが領有するきっかけとなったのは、1783年のこと。オマーン宮廷で内紛が発生し、イブン・アフマドという王族が兄弟たちに追放され、海を越えて逃げ込んで来た。その頃グワダル一帯を治めていたカラートのハーンは、イブン・アフマドにグワダルを領地として与えてスルタンにした。ところがイブン・アフマド

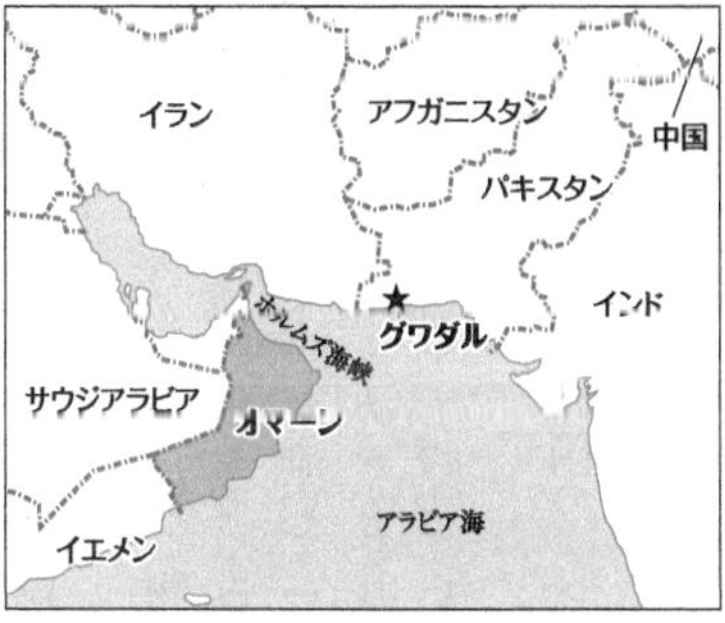

はオマーンに戻り、1792年に国王に即位したため、グワダルはそのままオマーン領になってしまった。カラートのハーンも今さら返せとは言えなくなってしまったらしい。

19世紀後半になるとオマーンはイギリスの保護領となり、現在のパキスタンにあたる地域も英領インドの一部としてイギリスの支配下に入る。つまりどっちにしてもグワダルはイギリス領だったが、1947年にパキスタンが独立すると飛び地が問題になり、結局オマーンは58年にグワダルをパキスタンへ300万英ポンド（当時のレートで約5億円）で売却した。当時、オマーンはまだ独立しておらず、グワダル売却はイギリスの意向によるもの。その頃、非同盟諸国の盟主だったインドはソ連と連携を深めていたため、西側諸国はインドと対立するパキスタンにてこ入れしていたのだ。

オマーン時代のグワダルは自由貿易港だったので輸入品が安く、パキスタンから買い物客を集めていたほか、密輸の拠点としても栄えていた。しかしパキスタン領になってからは辺境の港町として寂れてしまい、水道はなく電気も満足に供給できない状態が続いていた。現在でもオマーンとパキスタンの二重国籍を持っている人が多く、アフリカ系の住民もいる。ほとんどはイスラム教徒だが、イスマイル派のコミュニティが影響力を持っているそうだ。

最近、アフガニスタンの復興に絡んで再びグワダルが脚光を浴びている。内陸国のアフガニスタンにとって、最も近い海の出口はグワダル。グワダル港は中国の援助で整備が始まり、2007年に第一期工事が完成し、13年には港湾施設の運営権を中国企業が取得した。グワダル港からパキスタンを北上して新疆へ至る石油パイプラインを建設する計画もあり、中東の玄関口に位置する中国の一大拠点となりそう。数千人だった人口も８万５０００人に増え、将来は１００万人に増えると予想されている。

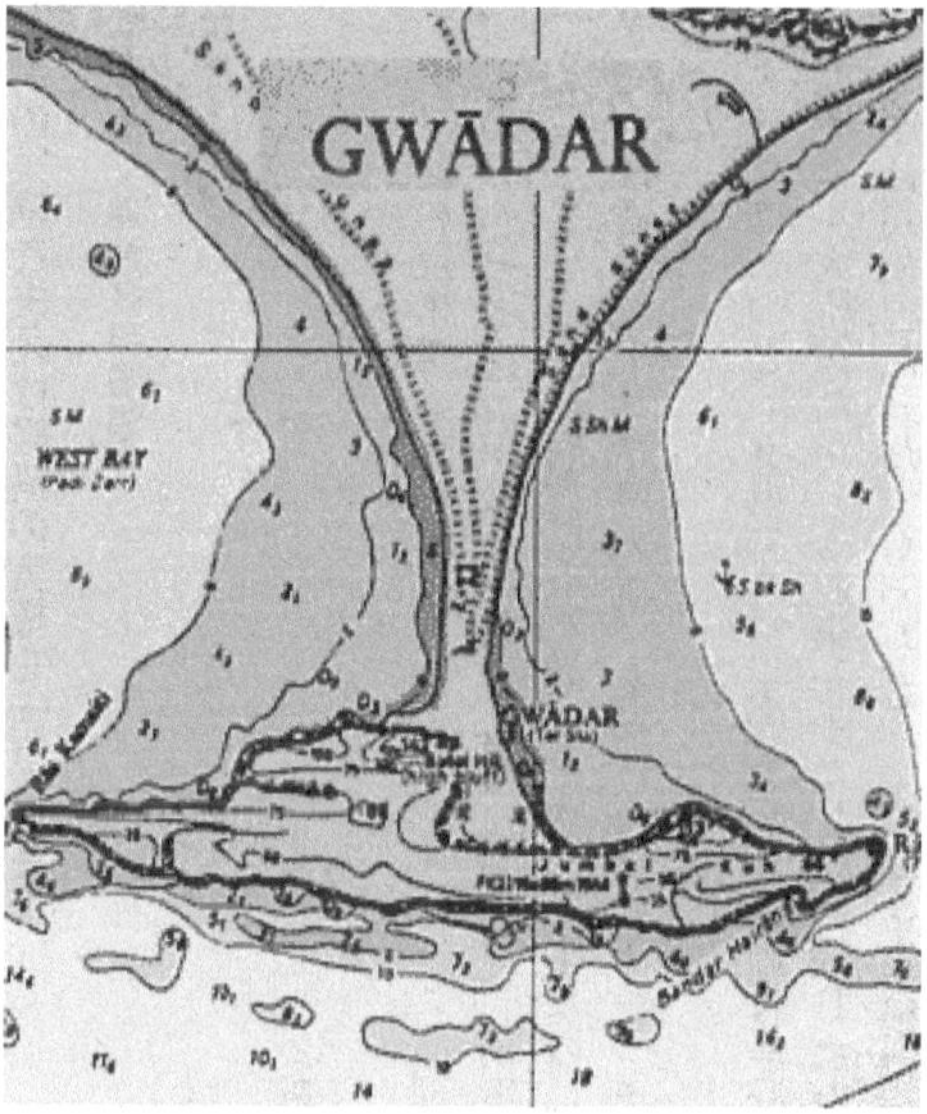

グワダルの詳細図

政治の実権を失えば経済の実権も失うことに

【旧アラブ連合共和国領】

シリア

Syria

アラブの反米勢力といえば、今でこそイスラム原理主義だが、かつては汎アラブ主義（ナセル主義）。前者が「イスラムの大義」を掲げる宗教イデオロギーなのに対して、後者は「アラブの大義」を掲げた民族ナショナリズムだ。

アラブは一つという汎アラブ主義を唱えたのはエジプトのナセル大統領だが、その第一歩として実践したのがエジプトとシリアの合併によるアラブ連合共和国だった。もっともわずか3年半後にシリアが逃げ出して、「アラブの理想国家」はあえなく解体してしまった。

エジプトもシリアもかつてはオスマントルコの属領だったが、トルコの支配を脱した後は、エジプトはイギリスの保護国を経て1922年に独立、一方シリアはフランスの委任統治領を経て46年に独立と、まったく別々の道を歩んでいた。

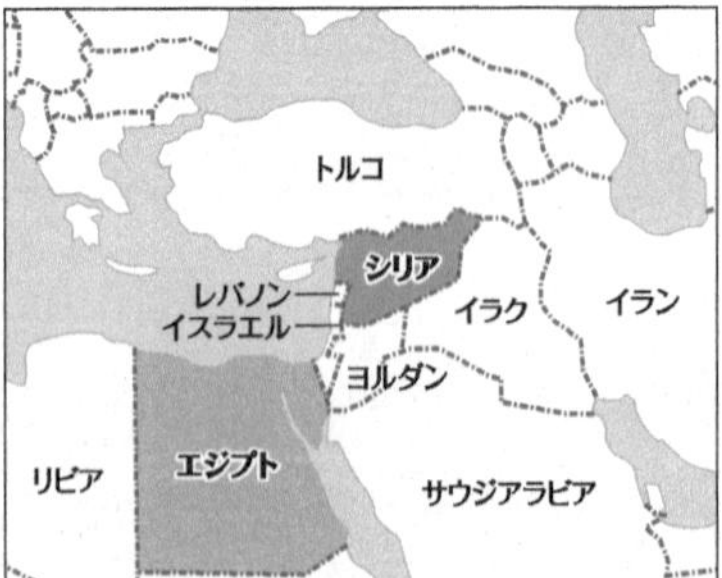

52年のクーデターで王制を倒し、56年にエジプトの大統領となったナセルは、ナイル川にダムを作って砂漠を農地に変える計画を実現するために、それまで英仏資本の会社に支配されていたスエズ運河の国有化を宣言。怒ったイギリスとフランスは、イスラエルも誘ってエジプトへ侵攻するが、国際世論のバッシングに遭って撤退（スエズ動乱＝第二次中東戦争）。ナセルは西欧列強の横暴に立ち向かった第三世界のヒーローとして名を馳せるようになる。アラブ世界を統一して帝国主義を駆逐しようという汎アラブ民族主義と、富の公平な分配によって近代開発を進めようという社会主義とを統合させたナセル主義は、アラブ各国の民衆を熱狂させた。

そんなナセルに急接近したのが、47年にアラブ民族の統一と自由、社会主義の実現を掲げて、シリアで結成されたバース党（アラブ復興社会主義党）だ。シリアでは独立後、クーデターが繰り返されて政情不安が続いていたが、ナセルの人気が高まると共鳴した思想を持つバース党も勢力を急激に伸ばし、シリアのみならずイラクやヨルダン、レバノン、イエメンなどにも支部が生まれた。バース党は各国で政権を獲得し、一つの国家に統合させることによってアラブ統一を実現しようとしていた。

つまりアラブ連合共和国の成立は、国際的組織を持つバース党が、国際的大看板のナセルを担いで、アラブ統一の先鞭を付けようとしたもの。地主や資本家などを背景としたシリアの保守層も、アメリカとの同盟をバックに政局が混迷するシリアへ支配を及ぼそうとしていたトルコやイラクの脅威や、共産勢力の台頭を抑え、かつバース党の急進化をナセルが抑えてくれることに期待して、エジプトとの合併に賛成した。こうして58年2月には国民投票が行われ、エジプトでは99・9%、シリアでは99・8%の圧倒的な賛成で、両国は合併した。

アラブ連合共和国の首都はカイロに置かれ、大統領にはナセルが就任。国会にあたる国民会議のメンバーは大統領が任命し、それまでの政党に代わって大政翼賛会のような国民連合が結成されるなど、「アラブ統一」という大義実現のためにナセルの独裁色が強い政治体制になった。

エジプトはエジプト州、シリアはシリア州となり、それぞれに行政会議が置かれ、副大統領にはエジプトから2人、シリアから2人の計4人が任命されたが、シリア人の閣僚には実際には何の権限もなく、重要事項はナセルとエジプト人の腹心だけで決められたので、シリア人はバース党も含めて国政の重要事項にはタッチできない状態になった。

それでもバース党は国民連合の主導権を握ってナセルを操ればいいと考えていたが、シリアで行われた国民連合の委員選挙では、ナセルに迎合してエジプト支配の下でも利益を得ようとする機会主義者たちが多数を占め、ナセルと渡り合おうとするバース党は大敗。59年末から60年初めにかけてバース党の閣僚たちは次々と辞任に追い込まれていった。同時にナセルはエジプト人のアメル副大統領にシリア州統治の全権を委任したり、「軍の一体化」を名目にエジプト人将校をシリアの軍高官に任命したため、シリアはあたかもエジプトの植民地のようになってしまった。

こうしてバース党の勢力を削いだナセルは、シリアの「エジプト式経済改革」に乗り出し、金融機関や主要企業、商社の国有化や農地改革などの社会主義政策を実施したため、シリアの経済界はパニックになった。シリアの通貨をエジプト通貨と統合する方針が発表されると、シリア経済はエジプト経済に呑み込まれてしまうという危機感が高まった。

駐日アラブ連合大使館文化部『アラブ連合共和国』(1960)

バース党、保守層を問わず、シリア側の不満が高まるなかで、61年8月にナセルは両州の行政会議を廃止し、直接統治を行うことを決定。シリアは名目的な自治さえ奪われることになると、9月28日にシリア軍がクーデターを起こしてその日のうちにシリア全土を掌握し、アメル副大統領をエジプトへ追放して、翌日シリアの独立を宣言した。これに対してナセル大統領は空挺部隊を派遣して独立を阻止しようとしたがすぐに諦め、10月5日にはシリア独立を認めた。

エジプトとシリアは同じアラブ人の国だといっても、歴史を遡ればエジプト文明の国とメソポタミア文明の国で、一時の政治的熱狂で合併しても、もとからうまく行くはずはなかった。エジプトは国土の大半を砂漠が占めるが、シリアは穀物輸出をしている農業国で、ユダヤ商人に対抗するアラブ商人の本場として商業も盛んというように、経済状況はまるで違う。面積や人口はエジプトがシリアの5倍だったが、一人あたりの所得はシリアの方が3割以上多かった。

シリア人は「政治の実権はエジプトに握られても、経済の実権はシリアが握ればいい」と考えていたが、経済政策を決めるのは政治家なので、政治指導層からシリア人が排除されたら、エジプト優先の経済政策になるのは当然のこと。エジプトとシリアの経済一体化は、豊かなシリアにとってはエジプトに富を奪われることを意味したのだ。

その後もエジプトはひとりで「アラブ連合共和国」を名乗り続けていたが、70年にナセルが死去すると、翌年エジプト・アラブ共和国に改称している。

早々と停戦協定が結ばれたエルサレムの重要拠点

【イスラエル領】スコープス山

Mount Scopus

一つの都市が対立する国によって分断されていた場所といえば、かつてのベルリンとともにエルサレムが有名だった。前者は東西両陣営のイデオロギー対立だが、後者は宗教と民族の対立によるもの。ベルリンは平和裏に統一したが、エルサレムはイスラエルが武力併合して統一した。もっともこの統一は国際的には認められていないので、エルサレムの東半分は今も「帰属未定地」ということになっている。

パレスチナ紛争の歴史を振り返ってみれば、発端を作ったのは例によって「腹黒紳士」ことイギリスだ。エルサレムを中心としたパレスチナ地方は、１２４４年に十字軍が追い出されて以来、ずっとイスラム王朝

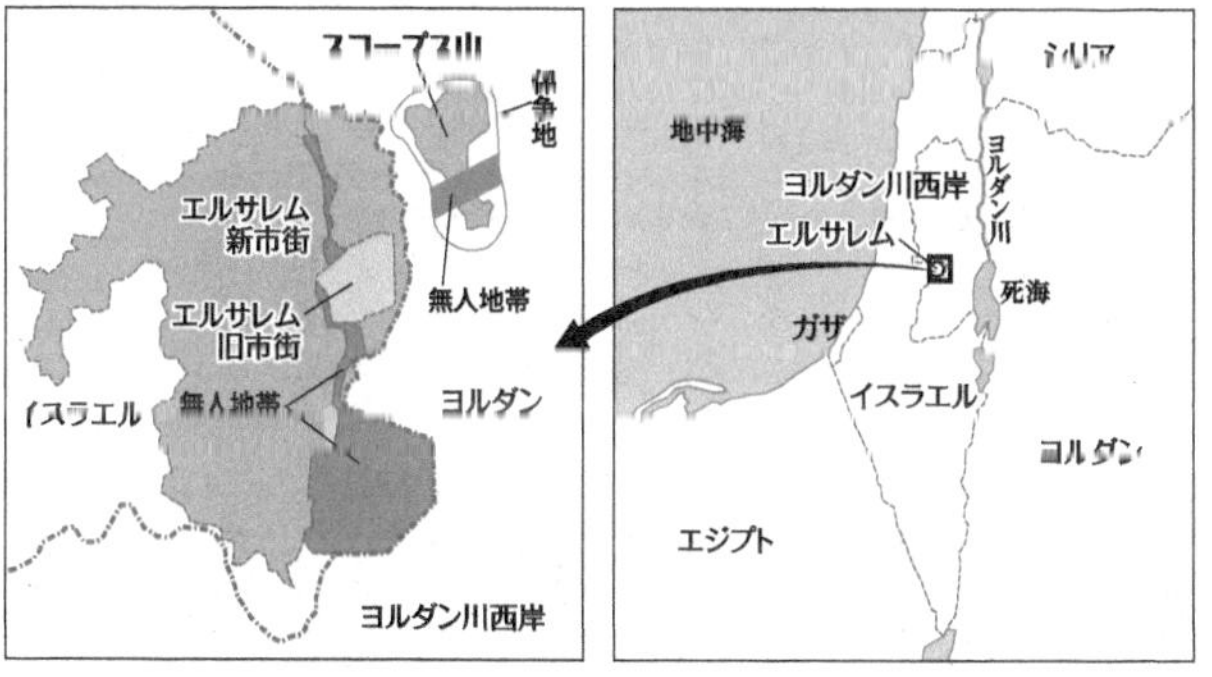

によって支配され、1517年以降はオスマントルコが統治していたが、ユダヤ教とキリスト教、イスラム教の聖地であるエルサレムは、ユダヤ人とパレスチナ人（イスラム教徒やキリスト教徒のアラブ人）が共存して暮らしていた。

第一次世界大戦でオスマントルコを破ったイギリスはパレスチナを占領するが、その直前に矛盾する「三つの約束」をしていた。一つはフランスやロシアと結んだサイクス・ピコ協定で、パレスチナを国際管理地域にすることを密約。もう一つはメッカの太守でアラブの名門ハーシム家のフセインと交わしたフセイン・マクマホン協定で、パレスチナを含む独立アラブ国家を作ることを約束。残る一つはユダヤ人有力者のロスチャイルド卿に宛てた書簡で述べたバルフォア宣言で、パレスチナにユダヤ人のナショナル・ホームを設立することを約束した。これらの「約束」により、イギリスはフランスと協調し、アラブ人のトルコに対する反乱に助けられ、ユダヤ人にも援助されてパレスチナを占領したのだが、戦争が終われば「約束」はみんな反故《ほご》にしてしまい、イギリスはパレスチナを委任統治領として手中に収め、一人占めしてしまった。

イギリスの統治下で、それぞれ「約束」を手にしたユダヤ人とパレスチナ人の衝突が繰り返されるようになった。そして第二次世界大戦が終わると、ナチスドイツのユダヤ人虐殺によってイスラエル建国に対する国際的な同情が集まり、早期建国を目指したユダヤ人過激派がエルサレムのイギリス軍政府を爆破すると、イギリスは1947年2月にパレスチナ委任統治の放棄を発表する。イギリスが撤退した後のパレスチナをどうするかが急きょ問題になり、11月に国連がパレスチナをユダヤ人国家とパレスチナ人国家に分割してエルサレムは国際管理下に置くという分割案を採択するが、この時すでにユダヤ人とパレスチナ人の内戦は収拾がつかなくなっていた。

そして48年5月、イギリスが撤退すると同時にユダヤ人はイスラエルの独立を宣言。これに対してパレスチナ人を支援するエジプト、ヨルダン、シリア、レバノン、イラクの周辺アラブ諸国が参戦して第一次中東戦争が勃発した。

1か月ほどの戦闘で、エジプトがガザ地区を、ヨルダンがヨルダン川西岸を占領したのを除いて、イスラエルはパレスチナを確保した。49年3月に国連の仲介で結ばれた休戦協定では、エルサレムは休戦ラインによって東西に分割され、西エルサレムはイスラエルが、東エルサレムは西岸地区を併合したヨルダンが統治することになった。

面積では西エルサレムの方が東より4倍くらい広かったが、ユダヤ教の嘆きの壁など宗教各派の聖地が集まる旧市街は東エルサレム。東西エルサレムの境界線はコンクリート製の壁や鉄条網が築かれて無人地帯（グリーンライン）とされ、国連パレスチナ停戦監視機構（UNTSO）が配置された。

ただし、東エルサレム郊外のスコープス山だけは48年7月に停戦協定が結ばれて、イスラエルの飛び地が出現した。スコープス山は東西1㎞、南北2・5㎞ほどの一角だが、山の周囲は「係争地」つまり実質的に中立地帯とされ、中央部の無人地帯をはさんで北側がイスラエルの、南側がアラブ（ヨルダン）の飛び地と決められた。スコープス山はエルサレムを一望のもとに見渡せる戦略拠点だったので、早々と双方で分割を決めたようだ。
東西エルサレム間の交通は1か所の門だけに限定され、国連軍や外交官、聖職者やキリスト教徒の巡礼者のほか、イスラエル人ではスコープス山への補給要員しか通行が許されなかった。イスラエルの飛び地となった場所には、1925年に開校したヘブライ大学のキャンパスと病院、国立図書館があったが、エルサレムの分割とともに大学は西エルサレムへの移転を余儀なくされ、病院は閉鎖。国立図書館は2週間に1度だけ国連軍の護衛付きで蔵書の運搬が認められた。

とりあえずイスラエルとヨルダンは、東西エルサレムの行き来について協議をしたが、進展しなかった。ヨルダン側ではスコープス山や旧市街のユダヤ人地区、嘆きの壁などへユダヤ人の立ち入りを認める代わりに、西エルサレムにあるパレスチナ人集落をヨルダンの飛び地にすることを要求しようとしたが、実現しなかった。

さて1967年6月、エジプトの海上封鎖に業を煮やしたイスラエルは、先制攻撃でたちまちガザやシナイ半島を占領してしまう。「六日間戦争」ともいわれる第三次中東戦争の勃発だ。これに乗じてエルサレムの統一を思い立ったのがヨルダン。背後からイスラエル軍を衝いて西エルサレムを占領しようとするが、たちまち反撃に遭い、わずか2日後には逆に東エルサレムを含むヨルダン川西岸をイスラエルに占領されてしまう。こうしてエルサレムは東西ともにイスラエルの支配下に入り、市内を分断していた壁は取り払われて、ユダヤ人もパレスチナ人も東西エルサレムを行き来できることになった。スコープス山の飛び地も周囲がすべてイスラエルに占領されたため、実質的に解消された。

ところが、イスラエルはパレスチナ全域を占領したことで、自ら禍根を招いてしまう。48年にパレスチナの大部分を占領してイスラエルを建国した時は、多くのパレスチナ人が難民となってヨルダン川西岸やガザなどパレスチナの残りの部分へ逃げた。ところがイスラエルがパレスチナ全域を占領したことで、イスラエルは自国内にユダヤ人よりも多いパレスチナ人を抱えることになった。イスラエルは「ユダヤ人だけの国」から、ユダヤ人がパレスチナ人を支配する国」へ変容せざるを得なくなったのだ。

このためイスラエルは、ヨルダン川西岸のうち東エルサレムだけを自国領土に併合して、他の地域はガザとともに占領地（イスラエルに言わせれば管理地）のままにして、そこに住むパレスチナ人にはイスラエル国籍を与えなかった（東エルサレムの住民にもイスラエル国籍は与えず、エルサレムの市民権だけを与えた）。

一方でイスラエルによるヨルダン川西岸の支配を認めないヨルダン政府は、西岸に住むパレスチナ人を「ヨルダン国民」とみなして、パスポートを発給したり民事訴訟などを担当する宗教裁判所を運営し続けた。パレスチナ人の国民を増やしたくなかったイスラエル政府もこれを黙認していたが、人口の7割以上をパレスチナ人が占め国を乗っ取られかねないと危惧したヨルダンが、88年に西岸の領有権放棄を宣言したために、大多数のパレスチナ人は法的にもイスラエル国民になりかねなくなった。

こうしてイスラエルに戦いを挑む主要な敵は、周辺のアラブ諸国からパレスチナゲリラに移り、さらに国内で「インティファーダ」と呼ばれる抵抗運動を行うパレスチナ人民衆が加わった。イスラエルは国内でパレスチナ人を代表する勢力を認めざるを得なくなり、93年のオスロ合意でPLO（パレスチナ解放機構）を承認して、ガザやヨルダン川西岸の一部地域でパレスチナ人による暫定自治政府を発足させたが、「国土を奪われた」というパレスチナ人が中途半端な自治で満足するはずはなく、自爆テロによる抵抗が繰り返されている。スコープス山にはヘブライ大学のキャンパスが再建されたが、ここも2002年7月末に自爆テロの標的になって、日本人留学生を含む多数の死傷者を出した。

イスラエルはパレスチナの自治を認め、そう遠くない将来に独立国になることを認めても、聖都エルサレムを再び分割してパレスチナ人に半分与えることは到底考えていない。イスラエルが自国領に併合した東エルサレムは、「市町村合併」によって本来の面積の10倍以上に拡大され、さらにその外側に新たな「壁」を建設中だ。

ビザンティン帝国の再興を夢見たギリシャの勇み足

【旧ギリシャ領】

スミルナ

Smyrna

古代ギリシャ文明発祥の地はエーゲ海。現在エーゲ海の西岸はギリシャ領だが、古代にはイオニアと呼ばれた東岸はトルコ領だ。ではイオニアのギリシャ人はどこへ行ったのかといえば、第一次世界大戦後にギリシャへ追放されたのだ。

１４５３年にギリシャ正教の総本山だったビザンティン帝国は、オスマントルコに滅ぼされた。もっともオスマントルコは宗教に寛容だったので、キリスト教徒も人頭税を払えば信仰をそのまま続けられた。19世紀に入るとオスマントルコは弱体化し、１８２９年にギリシャが独立した。しかしこの時、ギリシャの領土は今より狭く、ギリシャ系住民が住む地域のほとんどは依然としてトルコ領のままだった。

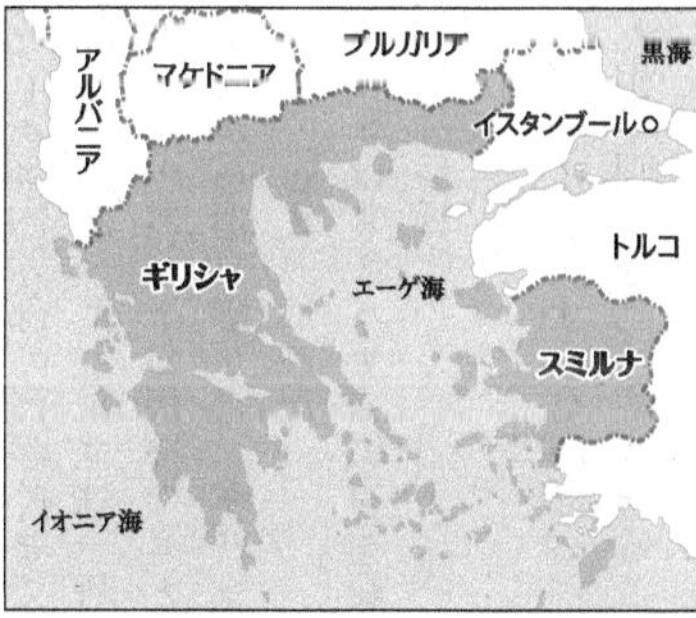

第一次世界大戦でトルコが敗北して結ばれたセーブル条約で、オスマントルコの領土は細分化される。東ヨーロッパ諸国が次々と独立し、アラブはイギリスとフランスに分割さ

れ、ロードス島はイタリアに奪われ、トルコ東部ではアルメニアが独立し、イスタンブールやボスポラス海峡一帯は国連管理地域とされ、ギリシャもほぼ今の国土にまで広がり、さらにエーゲ海東岸のスミルナを領有することが認められた。

スミルナはギリシャ語の地名で、トルコ語の地名はイズミール。サンタクロースのモデルになった聖ニコラウスの故郷だと言われている。当時の人口25万人のうち13万人がギリシャ人で、ユダヤ人やアルメニア人、外国人も多く住む国際都市だった。

しかしギリシャはスミルナの領有だけでは満足せず、ビザンティン帝国再興のチャンス到来とばかりに、500年前に失われた領土を取り返そうと、トルコ内陸部の奥深くまで侵攻し、占領地でトルコ系住民の虐殺事件を引き起こす。混乱状態にあったトルコは一時は国家存亡も危うくなったが、後に「建国の父」と称されるケマル・パシャの指揮のもとに反撃に転じ、3年後にはギリシャ軍を壊走させてエーゲ海東岸から追い出した。ギリシャの無謀な拡張欲がトルコの再興を促して、スミルナまで失わせてしまったのだ。

こうして1923年には改めてローザンヌ条約が結ばれ、トルコはスミルナの領有を認められたほか、アルメニアの独立を取り消し、国連管理地域（実際にはイギリス軍が占領）とされたボスポラス海峡地帯も取り戻した。

この後、ギリシャとトルコは住民交換条約を結び、紛争を抜本的に解決するために、ギリシャに住むトルコ人とトルコに住むギリシャ人を、それぞれ相手国へ強制移住させることになった。これによってトルコを追われたギリシャ人は150万人、ギリシャを追われ

スミルナは村川堅固『世界時局地図』（1936）にも見える

たトルコ人は100万人と言われる。

ちなみにギリシャ人とトルコ人を判断する基準は宗教とされ、ギリシャ正教徒はみんな「ギリシャ人」、イスラム教徒はみんな「トルコ人」として扱われた。トルコ領内で「ギリシャ人」が多く住んでいたのは、スミルナのほか黒海南岸とカッパドキア（キリスト教徒の地下都市遺跡で有名なところ）で、スミルナのギリシャ正教徒はギリシャ語を話していたが、黒海南岸の住民（ポントス人）が話すギリシャ語はギリシャ本土では通じず、カッパドキアの住民はトルコ語を話していた。しかし彼らもすべてギリシャ正教徒だからギリシャ人とみなされ、先祖代々住みつづけていた土地から追い出された（イスラム教に改宗してしまえば「トルコ人」と見なされて追放されずに済むので、もちろん改宗した人もいた）。これらの地域では、古代ギリシャ文明やビザンティン帝国時代の遺跡が観光スポットになっているが、その横には数十年前のギリシャ人村の廃墟があったりする。

トルコはギリシャとの住民交換に先立って、東部に住んでいたキリスト教徒のアルメニア人（アルメニア正教徒）たちを虐殺したり砂漠地帯などへ追放するなどして、100万人以上とまでいわれる犠牲者を出している。現在のトルコは国民の99%がイスラム教徒だが、それはこうした大掛かりな民族浄化の結果だ。

「ベネチアの失地回復」をエサに参戦させられたイタリア

【旧イタリア領】

ザーラ

Zara

「民族のモザイク」といわれ、第一次世界大戦が勃発するきっかけを作ったバルカン半島。この地を支配していたオスマントルコとオーストリア帝国が解体したことで、1918年に多民族国家のセルビア・クロアチア・スロベニア王国（29年にユーゴスラビア王国と改称）が誕生したが、アドリア海に面した町ザーラ（現クロアチア領ザダル）にはイタリア領の飛び地が出現した。

ザーラがイタリアの飛び地になったのはこれが初めてではなく、800年近くにわたってベネチアの飛び地のような存在だった。ベネチアが都市国家として勢力を伸ばしたのは、多数の漕ぎ手を乗せたガレー船を使い機動力のある武装商船隊を擁していたからだが、一定の距離ごとに漕ぎ手を交替させるための拠点を確保する必要があった。このためベネチアはアドリア海から地中海、黒海にかけて、たくさんの飛び地のような植民都市を築いていたが、その一つがザーラだった。

ザーラは紀元前4世紀からヤデル（Iader）と呼ばれた歴史の古い港町で、ローマ時代にはディアドルと命名された。後に東ローマ帝国（ビザンティン帝国）が支配したが、帝国の衰退に伴ってアドリア海には海賊が跋扈《ばっこ》するようになっていた。そのためベネチアは992年の条約で、ビザンティン帝国の宗主権を認める代わりに「アドリア海の警察」としての役割を任ぜられた。こうして998年、ザーラをはじめアドリア海沿岸のダルマチア地方（現在のクロアチア沿岸部）の各港がベネチアの統治下に入り、ガレー船による海運ネットワークが確立された。

ベネチアの最大のライバルはジェノバだが、1102年にクロアチアとダルマチアを支配したハンガリーもアドリア海の海上貿易に乗り出そうと機を窺っていた。そのハンガリーの後押しでベネチアに反旗を翻したのがザーラ。時あたかも第四次十字軍遠征の頃で、ベネチアにはフランス各地から騎士たちが聖地エルサレム奪還に向かおうと集まっていたが、資金が足りず出発できずにいた。そこでベネチアは「ザーラ攻略を手伝ってくれたら船代は後払いで結構」と持ちかけ、1202年、イスラム教徒と戦うはずの十字軍は同じキリスト教徒の町ザーラを攻撃して占領してしまう。

当初の目的から足を踏み外した十字軍は、今度はザーラで宮廷クーデターにより追放されたビザンティン帝国の皇太子に出会い、多額の褒賞と引き換えにコンスタンティノープル攻略を持ちかけられる。こうして十字軍は1204年、こともあろうに東方正教会（ギリシャ正教）の総本山があるコンスタンティノープルを陥落させ、ビザンティン帝国を滅ぼしラテン帝国を建ててしまった。ザーラは十字軍堕落のきっかけを作った町でもある。

ベネチアは再びザーラの統治者となり、ダルマチア地方にも支配を広げるが、ザーラではその後もハンガリー派による反乱がたびたび起きた。そして1797年、ナポレオンの征服によりベネチア共和国が倒れると、ザーラなどダルマチア地方は短いフランス統治を経て、ハプスブルク家がハンガリーとともに支配するオーストリアへ割譲された。

時代は下って第一次世界大戦が勃発。イタリアは当初中立を決め込んでいたが、イギリス・フランス・ロシアの3か国は1915年のロンドン秘密条約で、イタリアが連合国側として参戦すればオーストリアが支配しているイストリア半島やダルマチアを与えることを約束した。イタリアにとってはかつてのベネチア領の回復が果たせるため、さっそく参戦したものの、戦後、民族自決の高まりの中で連合国はダルマチアをセルビア・クロアチア・スロベニア王国に与えることにして、60万人の死者を出したイタリアに与えられたのはザーラとラゴスタ島だけだった。

こうして1920年にイタリアが獲得したザーラは、面積わずか51㎢（足立区や江戸川区並み）で、人口1万7065人の小さな町だった。ダルマチア地方には、ベネチア時代から多数派のクロアチア人やセルビア人（主に農民）と、少数派のイタリア人（主に商人）が暮らしていたが、ザーラではイタリアによる支配の下でクロアチア人が逃げ出し、逆にユーゴスラビアで迫害されたイタリア人が各地から移り住んできた。40年には人口の83％

村川堅固『世界時局地図』(1936)。ザラ（イタリヤ）と記されている

がイタリア人になり、ザーラのイタリア化が進んだ。

　結局アドリア海沿岸をイタリアに分け与えたのはナチスドイツだった。第二次世界大戦が始まると、ドイツ軍はユーゴスラビアを分割してクロアチアとセルビアの二つの親ナチス国家を作り、ダルマチアやモンテネグロ、スロベニアをイタリアに譲った。しかし43年にイタリアが連合国に降伏すると、ドイツ軍とチトーが率いる反ファシストのパルチザン部隊がイタリア占領地を奪い合い、ダルマチアの大部分はパルチザンが占領したが、ザーラはドイツ軍が拠点として確保した。このため戦争末期には、ザーラは連合軍の空爆により大きな被害を受けることになる。

　戦後、ザーラはユーゴスラビアの一部となってザダルと改称され、イタリア人は追放された。しかしソ連・東欧圏の崩壊でユーゴスラビアは解体する。91年にクロアチアが独立を宣言し、セルビアを中心としたユーゴスラビア連邦軍との間で戦争が始まったが、ダルマチアには多くのセルビア人が居住しており、彼らは91年にクライナ・セルビア人共和国としてクロアチアからの独立を宣言して内戦にもなった。セルビア人勢力は95年に制圧されて内戦は終結したが、周辺にセルビア人が多かったザダルの町は、激しい砲撃を受けて再び破壊された。

内戦でクロアチアのセルビア人は多くが国外へ逃れ、かつてはイタリア人やセルビア人などさまざまな民族が住んでいたザダルの町も、ほぼクロアチア人だけの町になった。クロアチアは「民族のモザイク」ではなくなったことで平和を取り戻し、ローマ時代の遺跡やベネチア時代の教会が残るザダルは、観光地として復興が進んでいるようだ。

ちなみにクロアチアはサッカーが盛んな国としても有名だが、これは19世紀末にザーラに入港したイギリス船の乗組員らが広めたのがきっかけだという。

ザーラの飛び地　ラゴスタ島

第一次世界大戦後、ザーラとともにイタリア領になったのがラゴスタ島で、現在のクロアチア領ラストボ島。アドリア海にはダルマチアの海岸に沿って無数の島があるが、ラゴスタ島はその南端で、ザーラからは200km近くも離れている。

ラゴスタ島は歴史的にはベネチアと対立していたラグーザ（現クロアチア領ドゥブロヴニク）の領土で、ベネチアがこの島を支配したのは1603年から3年間だけだった。

1922年の条約で、それまでイタリアが占拠していたアドリア海最北端の町フィウメ

イタリア領時代のザーラ

（現クロアチア領リエカ）を独立自由市（都市国家）にして、イタリアとユーゴの双方が港を使えるようにした代わりに、アドリア海南端の島をイタリア領として認めたようだ。フィウメ自由市は4年後に両国で分割されて消滅した。

　ラゴスタ島は古代ギリシャの史書にも記載されているという歴史的な要衝で、7世紀以降はクロアチア人が住んでいた。通商やアドリア海防衛の拠点だったが、10世紀にベネチアによって徹底的に破壊された後、島民たちは村を内陸に移して農業に専念していた。ラグーザの主権下にあったとはいえ島では島民による自治が続き、自警団を組織して海賊の襲撃に備えていた。18世紀になると海賊は出没しなくなったが、代わりに吸血鬼が現れ、自警団は吸血鬼ハンターになって島をパトロールしていたとか。

　イタリア領になってから、ラゴスタ島はイタリアからバルカン半島への入口として開発が進み、人口も２０００人を超えたが、第二次世界大戦でユーゴスラビア領になると海軍基地の島として外国人が訪れることは禁止された。１９９１年にクロアチアが独立しても島はユーゴスラビア軍（セルビア軍）が支配し続けたため、多くの島民が難民となって逃げ出し、翌年クロアチアへ引き渡されたとはいえ島の人口は８００人に減少。現在では島を自然公園にして観光客を誘致しようという計画が進んでいる。

ザーラの飛び地　ペラゴーザ島

イタリアとバルカン半島を隔てるアドリア海には、中間に国境線が引かれているが、中間よりクロアチア側に浮かぶ大小2つのペラゴーサ島は、戦前までイタリア領としてザーラの飛び地になっていた。

島からは紀元前6世紀に古代ギリシャで作られた陶器が発掘されていて、かなり以前から人が住んでいたようだが、その後無人島になり、ベネチアや両シチリア王国を経てイタリアの領土になっていた。島には19世紀半ばからイタリアの漁民が移住していたが、ダルマチアからボスニアへ領土を広げていたオーストリアが、１８７３年に灯台を作るために占領。そして第一次世界大戦後は再びイタリア領になり、イタリア漁民の拠点になったものの、第二次世界大戦後の47年にユーゴスラビアへ割譲されて、パラグルジャ島となった（91年以降はクロアチア領）。

しかし１９２１年にイタリアとユーゴスラビアが「島の近海では双方の漁民が操業できる」と条約を結んでいて、この権利は47年以降も引き継がれたので、島は無人になっても、沿岸では現在もイタリア漁船が魚を捕っている。

ザーラの飛び地　サセノ島

第一次世界大戦後にザーラとともにイタリア領になったのがサセノ島。場所はアルバニア南部の港町ヴロラの正面で、面積は5・7㎢の小さな無人島だが、港の入り江を塞ぐような形になっている。

よくイタリアは「長靴」の形に例えられるが、そのかかとの部分の対岸がヴロラ。だからイタリアやかつてのローマ帝国にとって、サセノ島はアドリア海の入口を押さえる上で重要なポイントで、島の存在は紀元前の史料にも記されているという。

さて、中世のサセノ島はベネチア領で、オスマントルコの攻撃をしばしば受けていたが、ナポレオンがベネチアを占領した後、1815年にイオニア諸島（ギリシャ西岸の島々）とともにイギリスの保護領になった。イオニア諸島は1864年にギリシャへ割譲されたが、ギリシャは北へ離れたサセノ島には興味が湧かずに放置状態となり、71年にオスマントルコが灯台を建てて、実質的に占拠していた。

第一次世界大戦でサセノ島はギリシャ軍が占領。一方でアルバニアも1912年にオスマントルコから独立を宣言したものの、大戦の混乱で国王が逃亡してしまい無政府状態になっていたためサセノ島の領有権を主張するどころではなく、20年の条約で正式にイタリア領となり、700㎞以上離れたザーラの一部として統治されることになった。

イタリアはサセノ島に灯台と海軍基地を設け、イタリア漁民も立ち寄っていたが、第二次世界大戦ではドイツが占領。44年にアルバニアのパルチザンが占拠して、47年から正式にアルバニア領のサザン島になった。

アルバニアも島に海軍基地を置き、イタリアとの密輸取り締まり拠点にしていたが、現在では海軍基地は使われなくなり、国立海洋公園に指定されている。

ヴロラ港の入口を塞ぐサセノ島（サザン島）（Google map）

社会主義圏に浮かぶ資本主義のショウウインドウ

【実質的な旧西ドイツ領（米英仏共同占領地域）】

西ベルリン

Ost-Berlin

何かと世界的な注目を集めた最も有名な飛び地といえば、西ベルリンだった。ベルリン封鎖やベルリンの壁建設という危機を迎えながら、社会主義圏の中にぽっかり浮かぶ資本主義のショウウインドウとして、東西冷戦の最前線に位置し続けていた。

東西ドイツの統一や「ベルリンの壁」なんて、すっかり昔話になってしまったので、ここで基本的なおさらいをしておこう。

（一）ベルリンの壁は、東西ドイツの国境線ではない。

東ドイツと西ドイツの国境線は、ベルリンよりもっと西方にあって、鉄条網はあっても壁はなかった。ベルリンは東ドイツの中でもむしろ東寄りにあって、「ベルリンの壁」とはベルリンの西半分（つまり西ベルリン）をぐるりと取り囲んでいた壁だった。

(二) 西ベルリンは西ドイツの飛び地ではなく、だから西ドイツの飛び地ではなかった。西ベルリンは最後まで正式には米英仏の３か国占領地域で、１９７２年の米英仏ソによる４か国協定でも「ドイツ連邦共和国（＝西ドイツ）の構成部分ではなく、またドイツ連邦共和国によって統治されない」となっていた。西ベルリン市民は名目上「西ドイツの統治下にない」ということになっていたから、徴兵もなかった。このため徴兵を回避したい西ドイツ人は西ベルリンに引っ越した。

実際には西ベルリンでは西ドイツの法律が適用されたし、西ドイツの国会に議員を選出していたが、西ベルリン選出の議員は国会本会議での採決に加われなかった（大統領選出には加われた）。

出だしからいきなりややこしい話をしたが、そもそも西ベルリンが誕生するきっかけは、米英ソがヤルタ会談に先立って１９４４年に結んだ協定だ。この協定で連合国が戦争に勝利した暁には、ドイツを３か国で分割占領し（後に仏を加えて４か国）、ドイツの首都だったベルリンは重要な場所なので、これも独自に分割占領することが決められた。

ドイツが降伏すると、米英仏ソはこの協定に基づいてドイツとベルリンをそれぞれ４か国で占領したが、この時点ではまだドイツを東西に分断して、二つの国家を作るつもりはなかった。実際に同じように４か国で分割占領されたオーストリアは、１９５５年に一つの国家として独立している。占領下のベルリン市政も一つのベルリン市役所のもとで運営されていた。

東西ドイツの分裂が決定的になるのは、47年にアメリカが発表したマーシャルプランだ。これは戦争で荒廃したヨーロッパの復興に、アメリカが無償もしくは低金利で融資をするという計画で、東欧諸国がソ連の政治的支配下に組み込まれようとしていることに対抗して、西欧諸国をアメリカの経済的支配下に組み込もうとするものだった。ソ連は猛反発したが、米英仏などは3か国が占領しているドイツ西部だけで連邦政府を作り、マーシャルプランを受け入れさせることを決定し、それに基づいて48年6月にはドイツ西部だけで通貨改革（戦前のライヒスマルク→西ドイツマルク）を実施。それに対抗して2日後に、ソ連占領地域も独自の通貨改革（戦前のライヒスマルク→東ドイツマルク）を行ったため、ドイツは二つの通貨圏に分裂した。

ソ連の対抗措置はそれだけでは済まず、西ベルリンに駐留する米英仏の3か国軍に対する嫌がらせとして始まったのが、ベルリン封鎖だった。ソ連は当初、ドイツ西部から西ベルリンへ向かうアメリカの軍用列車や軍用車の通過を「ソ連の占領地域を通るなら、乗客や手荷物を厳重に検査させないと通さない」と妨害していたが、やがて西ベルリン行きの全ての貨物列車やトラック、旅客列車の運行も妨害され、西ベルリンへの送電も止まった。

ソ連が封鎖に踏み切った目的は、西ベルリンを干上がらせることで、米英仏を西ベルリンから退去させるか、ドイツ西部だけの連邦政府樹立を断念させることだったが、アメリカも威信にかけてのべ27万7728回にわたって輸送機を運航して対抗。11か月に及んだ封鎖で燃料や食糧に困窮した西ベルリンの市民を支え続けた。

結局、最盛期には・分間に一機が着陸したというアメリカの大空輸作戦によってソ連は封鎖を断念したのだが、この期間中に東西ベルリンではそれぞれ別の市長や市議会が成立し、市政が分裂。封鎖解除後の49年にはドイツ連邦共和国（西ドイツ）とドイツ民主共和国（東ドイツ）が相次いで誕生し、ドイツは正式に二つに分断されることになった。「金の切れ目が縁の切れ目」という言葉があるが、通貨の分裂がベルリン市の分裂、さらに国家の分裂を招いたのだった。

東西ドイツの分裂によって国境線には鉄条網が敷かれ、東ドイツ側では幅5㎞の無人地帯も作られて、東ドイツ国民の西ドイツへの渡航は厳しく制限されたが、この時点ではまだ東西ベルリンの行き来は自由だった。電車やバスは一体となって運行され、1950年代末では西ベルリンで働く東ベルリン市民は5万3000人、東ベルリンで働く西ベルリン市民も1万2000人いた。東ドイツ（およびソ連）にとって、西ベルリンは西ドイツの一部だとは認めていないし、東ドイツの首都として統一されるべきだという主張だったから（だから東ドイツの首都は、東ベルリンではなくて「ベルリン」だった）、本格的な通行禁止はしなかった。

このため西ベルリンは、西側社会への亡命を望む東ドイツ国民にとって恰好の抜け穴と化してしまう。西ドイツと東ドイツとの経済格差は年毎に拡大し、53年に東ドイツが生産性向上を狙って労働者のノルマ引き上げを発表すると、東ベルリンをはじめ各地で暴動が発生。暴動はソ連軍の出動で鎮圧されたが、この年だけで33万人が西ドイツへ亡命。49年から60年まででは東ドイツの人口の4分の1にあたる250万人に達し、61年は4月だけで3万人を越えた。亡命者の多くは若年労働者だったから、東ドイツにとっては国家存亡の危機。そこで東ドイツ国民の流出を防ぐために、61年8月に突然西ベルリンをぐるりと囲んで建設されたのが、ベルリンの壁だった。

ベルリンの壁は事前に予告もなく建設されたので、たまたま東ベルリンの知人の家に行っていた西ベルリンの市民が、そのまま東側に取り残されてしまう事態もあちこちで起きた。ただし、壁がいきなり数分間で完成するはずはなく、最初は東ドイツの警官が道路にバリケードを築いた後に、数日かけて壁を作ったので、あちこち右往左往しながら抜け道を見つけて、どうにか西ベルリンへ戻れた人がほとんどだった。

ベルリンの壁建設によって、東西ベルリンの交通は遮断されたが、ベルリン封鎖とは違って西ベルリンの市民を閉じ込めるのが目的ではなく、あくまで東ドイツ国民の流出を防ぐのが目的だったから、やがて西ベルリン市民の東ベルリン訪問は条件付きながら認められるようになった。63年末には年末年始の17日間に限って、西→東への訪問が認められ、西ベルリン市民の半数近くに当たる120万人が東ベルリンを訪問。64年には44日間に拡大、66年10月からは「親族の緊急事態」に限っていつでも通行できるようになった。

1970年代に入ると、東西冷戦の緊張緩和を受けて、東西ドイツが「一つの民族、二つの国家」という現状を認め、それぞれお互いを国家として承認する気運が高まった。72

年末には両ドイツ基本条約が結ばれてお互いを承認し、翌年国連に同時加盟した。

それに先立って米英仏ソは「ベルリンの地位に関する四ヵ国協定」を結び、米英仏（＋西ドイツ）が「西ベルリンは西ドイツの一部ではない」と改めて確認する代わりに、ソ連（＋東ドイツ）は「西ドイツと西ベルリンとの結びつき」を認め、その間の通行保障や、西ベルリンと東ドイツとの往来改善を約束した。これによって西ベルリンの市民は検問所で数十分間行列に並び、東ドイツ政府が規定した東ドイツマルクへの強制両替を行えば、自由に東ベルリンに入れるようになった。ただし東→西へは引き続き厳しい制限が続いた。

周囲を壁に囲まれた西ベルリンは当時よく「陸の孤島」と表現されたが、中から外へは自由に行けて、外から中へは入れないというのが実態だった。

壁建設後、88年までの亡命者数は年平均2万2505人と、それまでの10分の1以下に減った。西ドイツ政府は「東ドイツも本来我が国の領土であり、そこの住民も本来は国民」という立場だったから、亡命に成功した者には無条件で西ドイツの国籍が与えられた。また西ドイツ政府は東ドイツ政府から「政治犯の買い取り」も行い、63年から89年までに3万3755人の政治犯が西ドイツに移されて釈放された。当時、ベルリンの壁を越えようとして東ドイツの警備兵に銃殺されるという事件が起きていたが、そんな危険を冒さなくても西ドイツ行きの列車に乗れば簡単に亡命できたという。つまり列車が国境に着いて東ドイツの警備兵がパスポート検査に来たら、「パスポートなんて持っていません。西へ亡命したいのです」と申し出る→その場で逮捕されて政治犯になる→西ドイツ政府が買い取ってくれて亡命できる……という仕組み。列車になんか乗らなくても、壁の検問所で「西へ行きたい！　亡命したい！」とダダをこねて逮捕され、結果的にホントに亡命できた人もいたらしい。政治犯の買い取り価格は一人9万5847マルク（77年以降）で、離散家族も含め西ドイツは25万人を買い取り、35億マルクを支払ったという。

ベルリンの壁崩壊の伏線となったのは、東ドイツ政府のトップだったホーネッカー書記長（国家評議会議長）が87年に西ドイツを訪問したことだった。ホーネッカーはこの訪問で東西ドイツの平和共存をアピールして、東ドイツの政権安定を図ろうとしたが、完全に裏目に出てしまった。ホーネッカーが生まれ故郷のノイキルヒェン（フランス国境に近いザール地方）に里帰りした姿をテレビ中継で見た東ドイツの国民は、「政府の一番偉い人が西ドイツへ行ったんだから、俺たちにだって行かせろよ！」と不満を高めただけになり、西ドイツへの出国申請者は5万人から25万人へと急増した。

そして89年、6月に中国で天安門事件が起き民主化運動が徹底弾圧されると、ゴルバチョフ登場以来のソ連・東欧の改革路線も終わりを告げるのではないかと不安に感じた東ドイツ国民が、西ドイツ大使館へ殺到して亡命を申請した。

10月にゴルバチョフが東ドイツを訪問すると、「ゴルビー、助けて！」のデモが毎週のように起こり、月末には57万人の大規模なデモに発展した。混乱を収拾するためにホーネッカーは辞任し、代わってクレンツが書記長に就任したが、反政府デモは収まるどころか弾みがついて拡大し、11月には東ベルリンで参加者100万人に達した。そこでクレンツ政権は国民の不満を和らげるために、急きょ西ドイツへの旅行制限の緩和を決めた。それまでは特別な事情がない限り許可されなかった出国ビザを、特別な事情がない限り許可することにしたのだが、いずれにしても西ドイツへ行くにはビザの取得が必要だった。

ところが、11月9日夕方に記者会見で旅行制限の緩和を発表したスポークスマンは、急な決定だったために詳細を曖昧にしたまま発表し、記者から「いつから実施するのですか？」と質問されると、うっかり「今すぐ実施」と答えてしまった（ホントは翌日から）。

かくしてテレビで記者会見を見た東ベルリンの市民たちがたちまち壁の検問所に詰め掛けて、「政府が今すぐ西へ行くのを自由化すると発表したぞ！」と押し問答を始め、東の警備兵士も突然たくさんの市民が「自由化された」と言いながら押し寄せて来るのでどう対処したらいいのかわからず、一つの検問所が群衆を通してしまったところ、「他の検問所では通れるようになったぞ！」と噂が広がって、警備兵が呆然とする中をその夜のうちに数万人の東ベルリン市民が西ベルリンへ出国。浮かれた東西双方の群衆たちはハンマーを持ち寄り、「もうこんな壁いらないだろ！」とその場でベルリンの壁を壊し始めてしまった。

こうしてある日突然築かれたベルリンの壁は、ある日突然崩壊した。東から西へと雪崩を打ったのは国民だけではなく、翌年には東ドイツという国自体、各州が西ドイツへ加盟して消滅してしまった。「ベルリンの壁の存在は国家存亡にかかわる」という、それまでの東ドイツの言い分は、まったく正しかったといえる。

東ドイツにあった西ベルリンの飛び地&西ベルリンにあった東ドイツの飛び地

全体が飛び地のような西ベルリンは、さらに東ドイツ領内に12か所の飛び地を持っていた。飛び地があったのは街を二分した東ベルリンの中ではなくて、西ベルリンの西側、つまりポツダムなど東ドイツ領の周辺市町村のエリアの中。一方で、西ベルリンの中にも東ドイツ領の飛び地が3か所あった。

どうしてこれらの飛び地が生まれたかというと、西ベルリンの境界線は戦前のベルリン市の領域(の西半分)をそのまま採用したから。戦前、ドイツが一つだった頃からこれらの飛び地は「ベルリン市の飛び地」だった。日本でも市町村同士の細かな飛び地は無数にあって、小学校の学区やゴミの収集が問題になっても、しょせんその程度のこと、ところがベルリンでは単に市町村の境だったものが国境線となり、資本主義と社会主義の境界線にされてしまったのだ。

もっとも、戦後しばらくは東西ベルリン間や西ベルリンと周囲の東ドイツは自由に行き来できたので、大きな問題はなかったが、61年に「ベルリンの壁」が建設されると厄介なことになった。これらの飛び地の多くは、畑や野原、森などで人が住んでおらず、幅数mという狭い飛び地もあったために壁は作られなかったが、西ベルリンから約1km西南にあった飛び地シュタインシュトゥッケンでは190人の住民が暮らしており、周囲を壁で覆われた。住民は西ベルリンとの行き来の自由は保障されたが、そのたびに厳重な検問を受

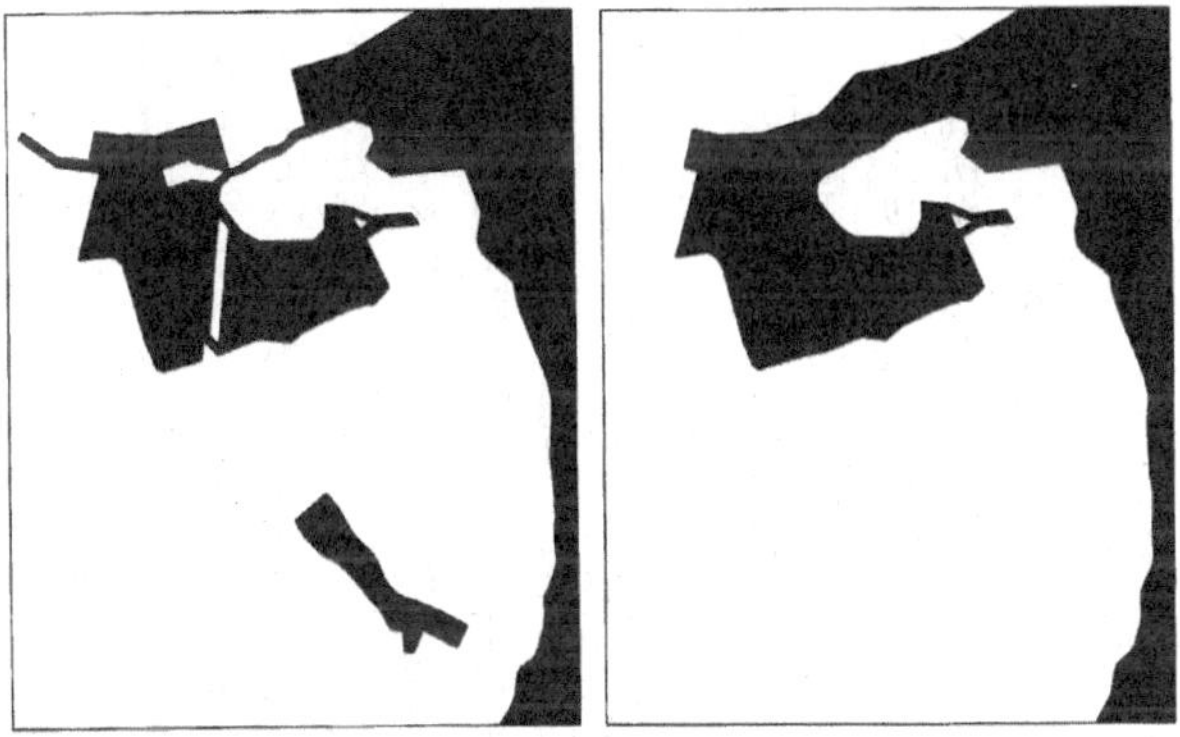

西ベルリン（黒）と東ドイツ（白）で行われた飛び地交換。左は交換前（1967）、右は交換後（1975）

けなければならなかった。

71年にベルリンを管理する米英仏ソの4か国で協定が結ばれ、それをもとに翌年、東西ドイツがお互いの主権と国境を認めるようになると、これらの飛び地も相次いで交換された。シュタインシュトゥッケンでは西ベルリンとの間を結ぶ回廊が東から西へ割譲され、両側を壁で覆われた道路が開通して、西ベルリンの市内バスが乗り入れた。

このほか、東西ベルリンの間でも「道路の一部分だけが相手方の領土になっている」などのケースを中心に、境界線の修正は88年まで続けられた。

東ベルリンの地下を通る西ベルリンの地下鉄&西ベルリンを走る東ドイツの国電

電車を発明したのはドイツ人。戦前のベルリンは路面電車にSバーン（国電）、Uバーン（地下鉄）など、電車が市内を縦横無尽に走っていた。戦後もそれらは運行を続け、西ベルリンも含めて東ドイツが運行していたが、1961年にベルリンの壁が築かれると、電車は国境線でストップされてしまい、そのまま路線は分断されてしまった。

そもそも東ドイツが壁を築いたことを西側が知った第一報は、西ベルリンの駅で地下鉄を待っていた乗客から警察に「いつまでたっても電車が来ない」という通報が相次いだことだった。

ベルリンの壁ができてから、西ベルリンの路面電車は廃止。Sバーンは東西ベルリンの境界線で線路が分断されて、東は東、西は西だけで運行された。ただし西ベルリンのSバーンも東ドイツが運行したため、西ベルリン市民は「運賃を払うと壁の建設費用に充てられる」と反発し、乗客が激減して閑散としてしまい、80年代には路線が縮小された。

一方、Uバーンも東西別々で運行されたが、路線の大部分が西ベルリンにあったため、西ベルリンのUバーンは西側が線路を借りて運行。しかし二つの路線は一部区間で東ベルリンの地下を通っていたため、その間の駅には電車は停まらず通過した。ただし6号線のフリートリッヒ通り駅だけは東西ベルリンを結ぶゲートに指定されたので停車し、駅構内に検問所が作られた。

ドイツ統一後はSバーンやUバーンの運行も統一され、分断された路線の復活が続いている。

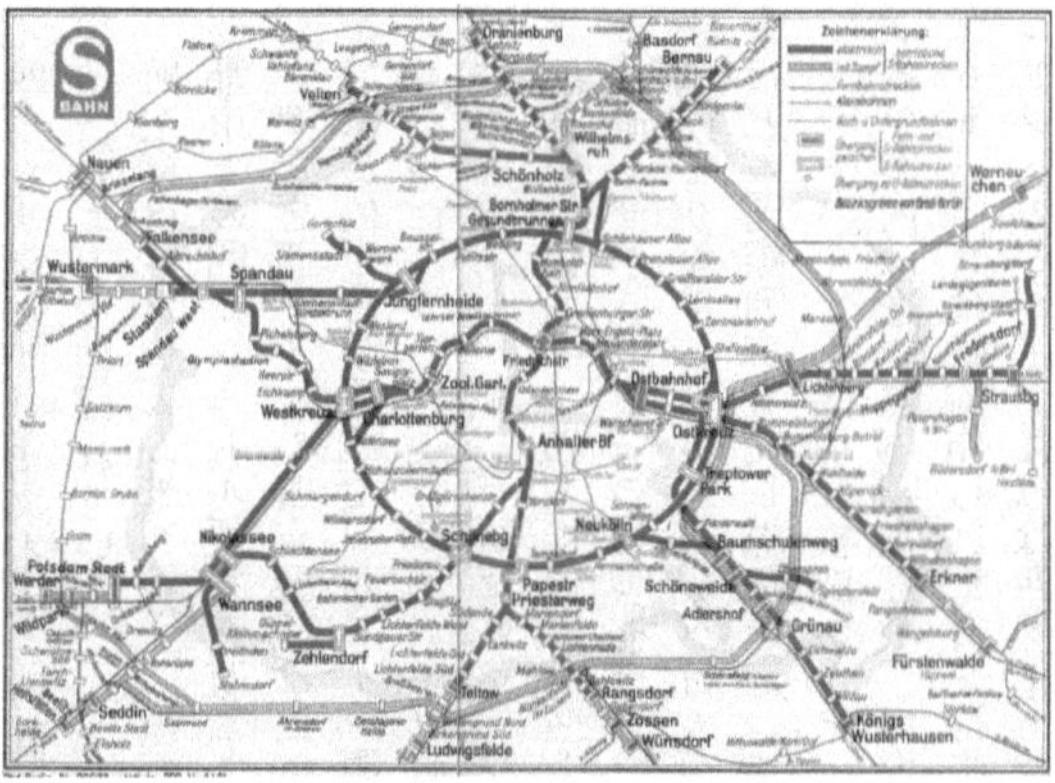

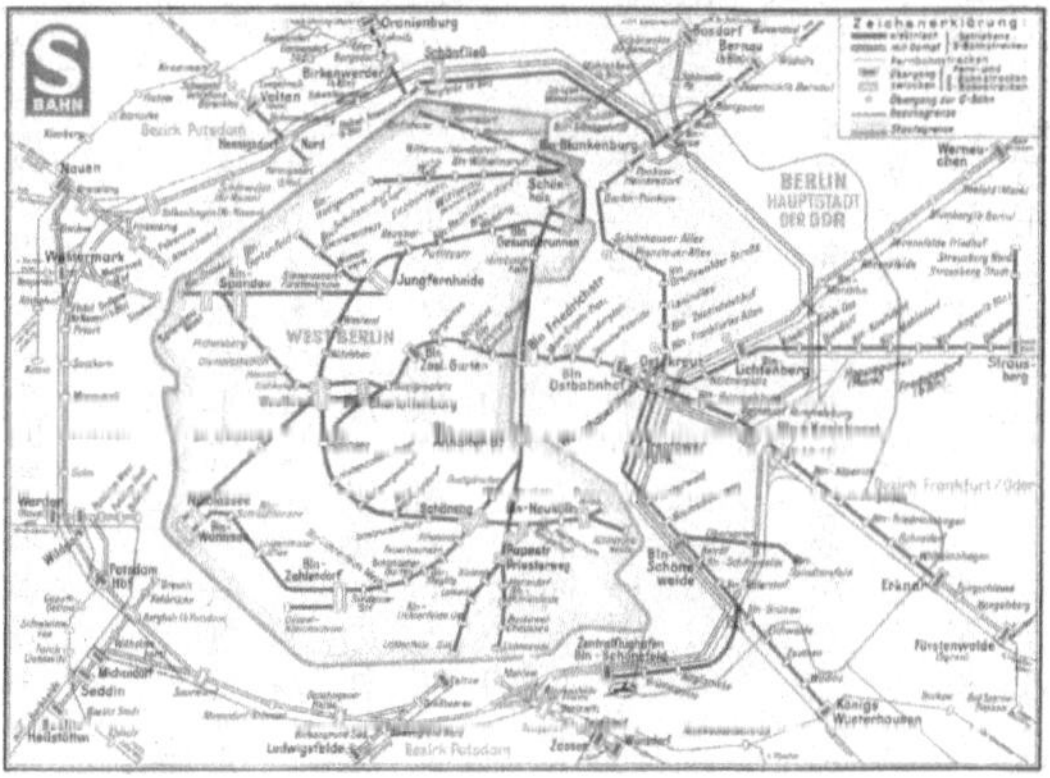

（上）東西が一体で運行されていた1960年のSバーン
（下）壁で路線が分断された1961年のSバーン

西ドイツ本土と西ベルリンとを結ぶ交通

西ベルリンと西ドイツ本土との間は、航空機のほか3本の鉄道と3本のアウトバーン（高速道路）とで結ばれていた。

航空機はパンナム（米）、英国航空（英）、エールフランス（仏）の3社が西ドイツの主要都市との間にシャトル便を運航していて、国内便並みの手続きで搭乗できたが、ルフトハンザなど西ドイツの航空会社は西ベルリンに乗り入れできなかった。西ベルリンはあくまで米英仏の占領地域で、西ドイツ領ではなかったからだが、米英仏の利権確保という側面もあったようだ。運賃は西ドイツ政府からの補助金で割安に抑えられていた。

鉄道はハノーバー、ハンブルク、フランクフルトからの3ルートがあり、西ベルリン行きの列車は東ドイツ領内ではノンストップだが、国境でパスポート検査があり、東ドイツの通過ビザが必要（その場で取得可）だった。また西ドイツ本土から東ドイツの沿線主要駅に停まりながら東ベルリンへ行く東西連絡列車や、パリ発東西ベルリン経由モスクワ行きなどの国際列車も同じ線路を走っていた。

アウトバーンも国境に検問所があって東ドイツの通過ビザが必要なのは同じだった。東ドイツ領内は途中停車禁止だが、免税店やガソリンスタンドに寄ることは可。東ドイツのアウトバーンは戦前作られたまま補修が満足に行われず、デコボコ道が多かったが、西ベルリンへの3ルートだけは西ドイツ政府が補修費用を負担したので、かなり快適に走れたようだ。しかし西ドイツのアウトバーンは速度制限なしだったが、東ドイツでは100㎞

制限だったので、東ドイツ警察の「ネズミ捕り」に捕まる車も多かったとか。

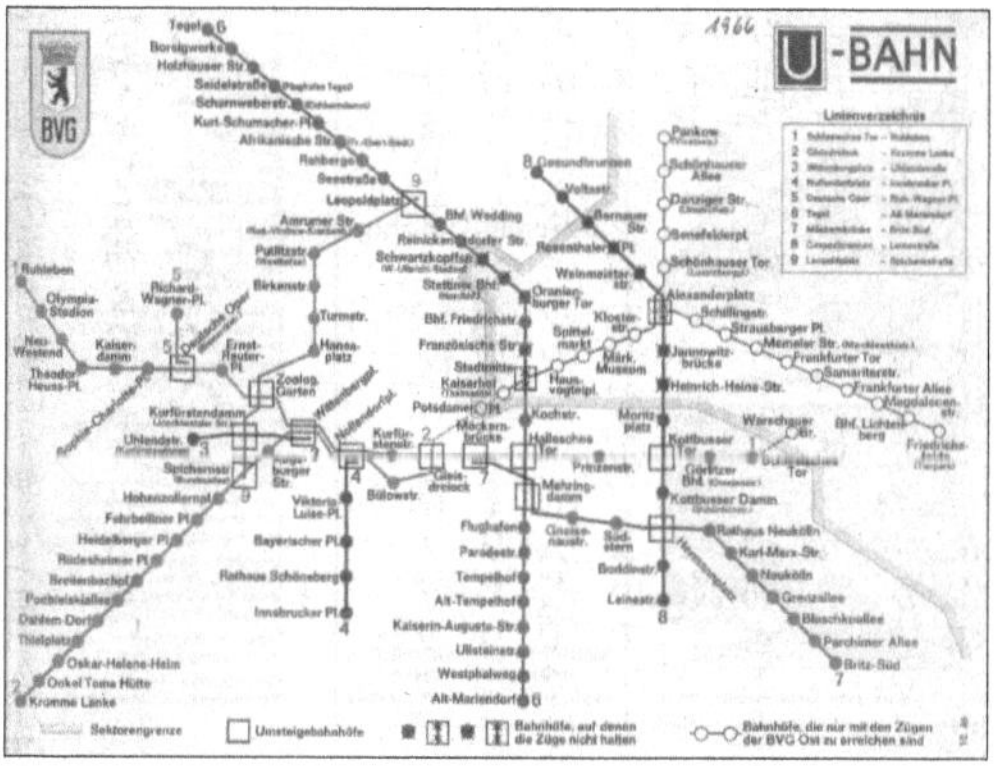

1066年のベルリンの地下鉄路線図。駅が白丸の路線は東ベルリンの地下鉄。西ベルリンの地下鉄は、東ベルリンの各駅は通過

白人国家の飛び地はイヤだと白人が要求して消滅

【旧イギリス領&旧南アフリカ領】

ウォルビスベイ

Walvis Bay

ナミビアといえば、南アフリカが戦後不法に占領し続けていた地域だが、1990年に独立した国。ところがナミビアの中央に不法占領ではなく正真正銘の南アフリカの領土が存在していて、その名はウォルビスベイ。ナミビアが独立しても、ここは南アフリカの飛び地として残されたが、結局4年後にナミビアへ割譲されて消滅した。一体なぜウォルビスベイだけが南アフリカの正式な領土だったかというと、かつてナミビアはドイツの植民地だったのに、ウォルビスベイはイギリス領だったから。

ナミビアに最初にやって来た白人はポルトガル人だった。喜《き》望峰《ぼうほう》回りでインドへの航路を探っている途中

で1487年に寄ってみたが、海岸一帯は不毛な砂漠が広がっていたため、すぐに立ち去った。次にナミビアへやって来たのはイギリス人で、不毛な砂漠なら流刑地にすればいいと1786年に調査に来たが、あまりに不毛すぎて囚人を送り込むのにも適さないと撤退（流刑地はオーストラリアに決定）。その次に来たのは当時南アフリカのケープタウンを中心に植民地を築いていたオランダ人で、天然の良港としてナミビアで唯一利用価値がありそうなウォルビスベイを1793年に占領し、オランダ領だと宣言した。「ウォルビス」というのはオランダ語で鯨のこと。

しかし南アフリカを狙っていたイギリスは1795年にケープ植民地を占領、同時にウォルビスベイも占領した。イギリスが再びウォルビスベイに来たのは、利用目的があったためではなく、そこにオランダ人がいたから占領しただけのこと。だからウォルビスベイを取り巻く広大な砂漠まで支配するつもりはなかった。

19世紀後半になると、列強諸国の間で「アフリカ大陸をすべて分割してしまおう」と陣取り合戦が熾烈になった。なかでもアフリカ南部で俄然はりきり出したのがポルトガルで、西海岸のアンゴラと東海岸のモザンビークを結ぶ一大植民地を建設するという「バラ色地図」計画の実現を目指し、ケープタウンからカイロまでアフリカを南北に縦貫する大植民地を築こうとしていたイギリスと対立した。このようなポルトガルの動きを警戒したイギリスは、アンゴラの拡大を抑えるために先手を打ってナミビア沿岸のアイチャボ島やペンギン島を1861年に併合したのに続き、78年にはウォルビスベイの領有を正式に宣言して、ケープ植民地の一部とした。

しかしナミビアへ実際に進出して来たのは植民地獲得競争に出遅れたドイツで、「どこかに空いている土地はないか」と目を付けたのがナミビアだった。83年にハンブルクの商人リューデリッツが南部のアングラ・ベケナの首長から土地を購入したのに続いて、翌84年にドイツ政府はナミビア一帯をドイツ領南西アフリカとして領有を宣言したが、イギリスが先に確保していたウォルビスベイは除外するしかなかった。

第一次世界大戦が勃発すると、ナミビアはたちまち南アフリカ軍とイギリス軍が占領し、大戦後は新たに発足した国際連盟によって、南アフリカに統治が委任されることになった。委任統治領はA式（「文明」化が進んでおり自立可能な地域）、B式（自立は当面不可能な地域）、C式（「文明社会」から遠く離れ、自立は不可能な地域）の3種類に分かれていたが、ナミビアはC式にランクされ、南アは自国の領土（というより植民地）と同様に統治できることになった。南アフリカは1910年にイギリスの自治領として独立したが、この時ウォルビスベイも南アフリカ領に移されていたので、ウォルビスベイはナミビアと一緒に統治されて、実質的に飛び地ではなくなった。

さて第二次世界大戦後、国際連盟が国際連合に変わると、委任統治領は信託統治領に移行することになったが、南アはこれを拒否した。信託統治ではABCの区分けはなく、いずれすべてに独立を与えなければならないとされ、実際の統治状況について3年ごとに国連の視察団を受け入れなくてはならなかった。ナミビアは砂漠が大半とはいえ、ダイヤモンドが出るので南アは自国の領土としていつまでも確保しておきたかったし、ナミビアでも本国と同じくアパルトヘイト（人種隔離政策）を導入するのに、国連の視察団など来られては困るからだ。66年に国連総会でナミビアの委任統治終了が決議されても、南アは無視して支配を続けた。

また南アがナミビアを死守しようとした理由の一つは、ナミビアに黒人国家が誕生すると、アパルトヘイトに反対する自国のアフリカ民族会議（ANC）など反政府勢力の拠点となりかねないからだった。そのために南アはナミビアの独立ゲリラ、南西アフリカ人民機構（SWAPO）とそれを支援するキューバ軍との泥沼の戦いを続けるはめになり、ついにナミビア支配を断念。国連の暫定統治を経て、ナミビアは1990年に独立した。

この時、再び問題になったのがウォルビスベイの帰属だった。ウォルビスベイは沿岸唯一の深水港で、ナミビアにとっては自国の玄関口のような存在であり、日本の2倍以上の面積に総人口はたった200万人強のナミビアにとって、人口5万人のウォルビスベイは大都会だった。

しかし南アが不法占領していたナミビアと違って、ウォルビスベイはケープ植民地以来、イギリスから南アへ受け継がれた正当な領土。国連もウォルビスベイについては南アを非難することはできず、安保理で「当事国同士でよく協議すること」と諭すに過ぎなかった。

南アはウォルビスベイに駐屯する兵力を削減すると発表していたが、独立を前にナミビアがウォルビスベイやペンギン島など沿岸の島々を自国領土だとする憲法を制定すると、態度を硬化。むしろ兵力を増強するとまで言い出した。国連が呼びかけたウォルビスベイをめぐる協議も、ナミビア側は「ウォルビスベイの返還交渉」をするつもりだったのに対して、南アはあくまで「港の共同利用についての協議」だと考えていた。こうしてナミビア独立までに折り合いが付かず、ウォルビスベイは再び飛び地になってしまった。

独立後もとりあえず協議は続けられ、返還と港の共同利用を折衷したような「ウォルビスベイの共同統治」案も検討されたが、南ア政府にとって想定外だったのは、それまで味方だと思っていたウォルビスベイの経済界（つまり白人）や、ナミビアの鉱山企業（主に英米や南ア資本）から、「さっさとウォルビスベイをナミビアへ引き渡してほしい」という要求が挙がったことだった。

ウォルビスベイの企業や積み出し港として利用している鉱山にとって、すぐ背後のナミビアが別の国になると、税関などでややこしい手続きが必要になる。それに当時、南アはアパルトヘイトで国際的な非難を浴びて経済制裁をかけられていたが、ナミビアが独立してようやく世界相手に堂々と商売できると思ったら、「ウォルビスベイだけは引き続き南アなので、制裁解除の対象外」ではたまったものではない。

南アの経済制裁は91年にアパルトヘイトを撤廃したため解除されていったが、地元の白人や企業からの圧力は止まずに、南ア政府はウォルビスベイの引き渡しを決断。94年3月にナミビアへ割譲（ナミビアからすれば返還）されることになった。

もっとも、アパルトヘイト撤廃で黒人にも参政権が与えられた南アフリカでは、翌4月の総選挙でANCが圧勝してマンデラ政権が誕生。ANCにとってナミビア政府を率いるSWAPOは、かつて南アの白人政権を相手に共に戦った同志だから、ウォルビスベイの割譲は時間の問題だったようだ。

第3章　飛び地のような植民地

Chapter 3
Colony Enclaves

ワイロで確保した居留地がいつの間にやら植民地に

【旧ポルトガル領】

マカオ

Macau

マカオはいつからポルトガル領になったのかというのは、実はかなり難しい問題だ。「16世紀から」とか「19世紀末」という見方もあるし、「ポルトガル領になったことはない」という人までいる。

例えば香港がいつからイギリス領になったのかは、歴史的にもはっきりしている。アヘン戦争後の南京条約でイギリス植民地になった。具体的にいえば１８４1年に英軍が占領、42年に南京条約で清朝《しんちょう》が香港島をイギリスに割譲、43年に初代総督が着任して行政機構を確立した……というわけで、正式には１８４２年から。ところがマカオの場合、条約が結ばれる何百年も前からポルトガル人の総督がいたし、ポルトガルがど

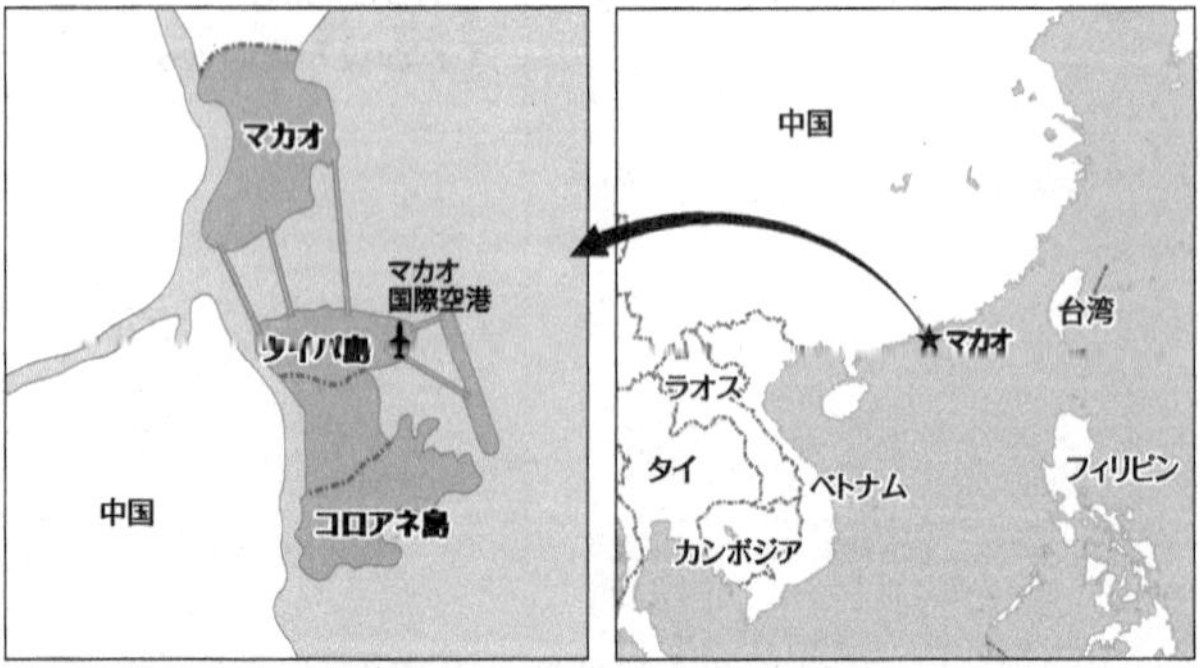

こまで統治していたのかも微妙だ。これは「長崎の出島《でじま》はオランダの植民地だったといえるのか？」と合わせて考えてみると良いかも知れない。

　１４９９年にバスコ・ダ・ガマがインドへ到達して以来、ポルトガルはインド沿岸やマラッカ、香料《こうりょう》諸島（インドネシア東部）などに次々と砦《とりで》を築き、貿易を独占して莫大な利益を上げていたが、中国へも貿易拠点を確保しようとやって来た。ポルトガル人が最初に占領したのは広東《カントン》省の屯門《テュンムン》（香港西部）で、１５１４年から7年間にわたってここを貿易拠点としたが、明《ミン》の皇帝はポルトガル人が中国に朝貢していたマラッカを占領したことに激怒し、ポルトガル人を追放。以後、ポルトガル人は広東省や福建省、寧波《ニンポー》の沿岸などで何度も上陸を試みるが、明朝によってそのつど追い払われてしまう。

　そんなポルトガルにチャンスが訪れたのが１５５３年。汪柏《おうはく》という広東省の役人に賄賂を贈り、「積荷が濡れたので陸で乾かしたい」という口実でマカオ滞在を認めさせたのだ。そして57年以降、ポルトガル人は毎年役人に賄賂を渡しながら本格的にマカオに居座り続けるようになり、明朝は72年から毎年５００両の地代を納めることを条件に、ポルトガル人のマカオ居留を正式に認めるようになった。

　明朝が居留を認めたいきさつは、ポルトガル人が毎年恒例の賄賂として５００両を広東省の役人のもとへ届けたところ、その場にたまたま中央から来た役人が居合わせたので、不正が発覚するのを恐れた広東省の役人が「これは南蛮人が払った地代でして……」と言い訳して、受け取った５００両をやむなく国庫に納入したためらしい。「マカオは明の皇帝が海賊退治の功績を称えてポルトガル人の居住を許した」という説もあるが、これは18世紀にポルトガル人が創作した作り話に過ぎない。

かくしてポルトガル人の居留を公認した明朝だが、その居留地はマカオ半島の南端に限定し、1時間あれば歩いてひと周りできるくらいの面積で、関税・船舶停泊税などの徴収や中国系住民の管理は中国側が行うとして役人を常駐させた。マカオ半島の入口には1574年に門が設置されたが、これは国境のゲートというよりポルトガル人の中国本土立ち入りを防ぐため。門は毎月6回定期的に開かれ、ポルトガル人が必要とする食糧や日用品などが供給された。当時の中国側からすれば、猛獣（南蛮人）は檻（マカオ半島）に閉じ込めておき、月に6回餌をやった……という感覚だったようだ。

一方でマカオ在住のポルトガル人には自治が認められ、ポルトガル人同士の訴訟や犯罪について中国側は干渉せず、自治経費として独自に取引税などを徴収することを認めた。こうしてポルトガル人は自治組織として、1583年に市議会を設置した。

16世紀末から17世紀にかけてのマカオは、ポルトガル本国やインド、マラッカと、長崎や広州、マニラ、ティモールなどとの交易の中継地として最盛期を迎えたが、新たに交易のライバルとして出現したオランダによって、1601年から27年にかけて5回の波状攻撃を受ける。このため市議会ではマカオ防衛のために軍司令官の派遣を要請し、1623年以降ポルトガルから総督が派遣されるようになった。当初のマカオ総督はあくまでも軍事面での権力しか持たず、18世紀になると総督とマカオ市議会がたびたび対立し、内紛が発生した。このためポルトガル国王は1783年に裁定を下してマカオ市議会を非難。軍事・行政での全権限を総督に与えることにした。

総督とマカオ市議会の対立の背景には、マカオと中国との関係に対する見解の相違があったようだ。何代にもわたって現地で暮らしているポルトガル人はマカオを「中国政府から認められた居留地」と見なし、マカオに常駐している中国側役人との協調を重視したが、本国から派遣されて来た総督はマカオを「ポルトガルの植民地」と見なし、中国側役人とは対決姿勢をとった。つまり総督への権力の集中は、ポルトガルがマカオの植民地化へ踏み出したものだった。

しかしポルトガルが植民地化を本格的に進めるのは19世紀に入ってから。アヘン戦争で香港がイギリスの植民地となり、関税を徴収しない自由港を宣言すると、マカオの貿易拠点としての座は奪われて、経済的に大打撃を受ける。このため1845年にマカオも対抗して自由港を宣言し、マカオで関税を徴収していた中国側の役人を追放し、かわって中国系住民から税金を徴収し始めた。49年からは中国政府への地代支払いを停止し、それまでの居留地を越えてマカオ半島全域やタイパ島、コロアネ島などを次々と占領。中国側役人の追放によって、中国系住民に対する司法・行政もマカオ総督の管轄下に入った。

そして1887年、ポルトガルは中国に圧力をかけ「マカオはポルトガルが管理する」という条約を結んだが、香港の場合と違って「領土の割譲」ではなかった。ポルトガルが得たのは統治権だけで、マカオの主権はあくまで中国。だから「マカオはポルトガル領に

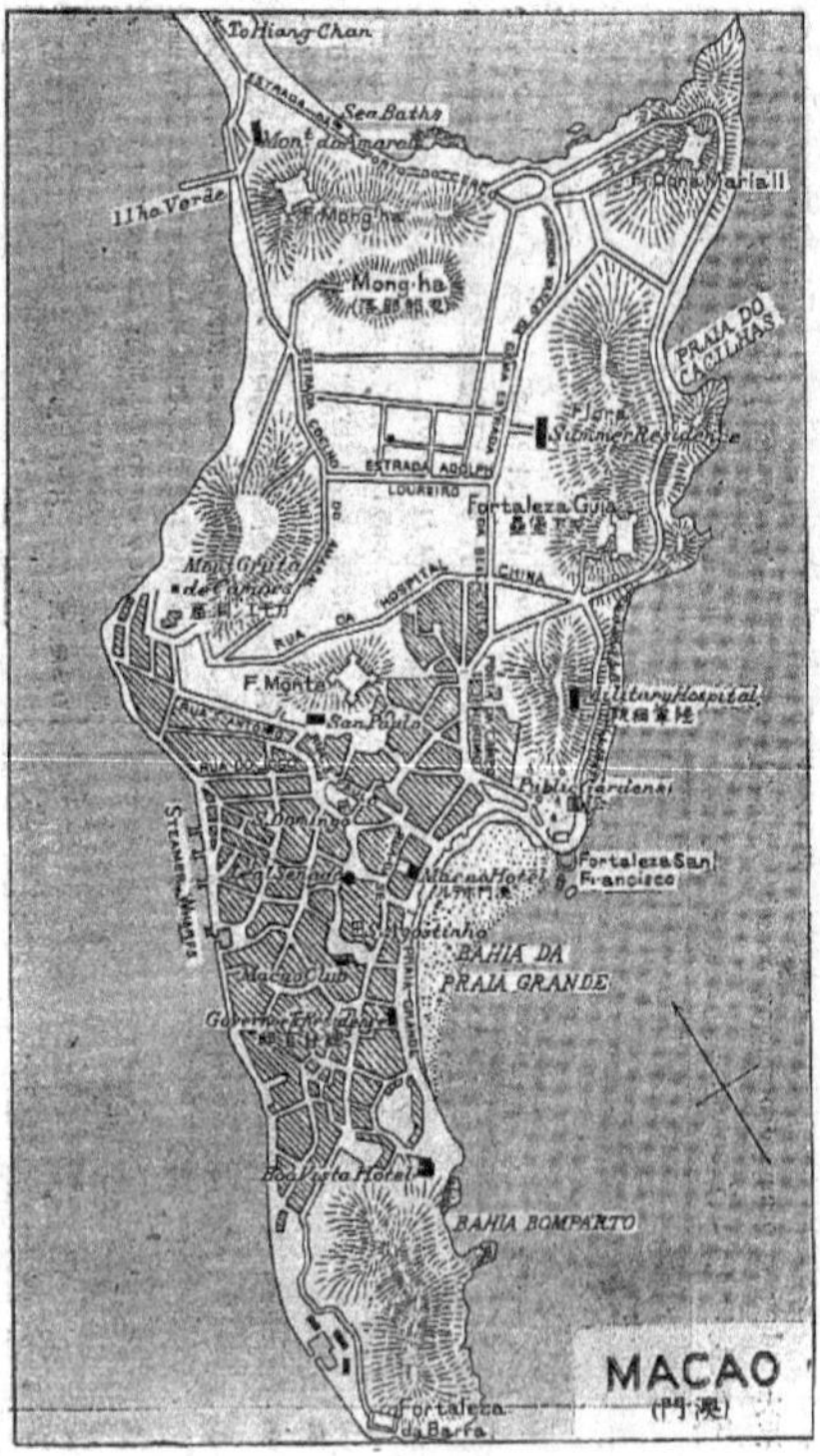

戦前のマカオ半島。左上が中国との国境

なったことはない」とも言えることになる。

こうして清朝の弱体化に乗じてマカオの植民地化を進めたポルトガルだったが、戦後、中国に強力な共産党政権ができるとたちまち立場が逆転してしまった。

ケチの付き始めは１９５２年に国境で起きた銃撃戦で、中国政府に食糧輸出を止めると脅されてポルトガル側は国境線を7m後退。続いて55年に「マカオ開港400年祭」を盛大に開催しようとしたが、『人民日報』に「マカオは中国の領土であり、中国人民は決してマカオを忘れない」という記事が出ると、ビビって中止した。

ポルトガル時代のマカオと中国の国境ゲート

そして66年の「マカオ暴動」で決定的になった。ポルトガルは教育には不熱心で、マカオでは中国返還まで義務教育制度はなく、公立学校もほとんど存在せず、学校の多くはカトリック系団体が経営していた。そこでタイパ島の住民が中国系団体の資金援助で小学校を建設したところ、マカオ政庁が「そんな学校は認めない」と建設中の校舎を取り壊し、総督府へ抗議に押しかけた島民に警官が発砲して多数の死傷者が出たのだ。

この事件でマカオは騒乱状態になり、ポルトガルは最初の数日間は強硬姿勢を見せていたが、マカオの財界は中国側への謝罪を求め、広東省政府がマカオへの水の供給や食糧の輸出をストップすると宣言すると、マカオ総督は9日後に降伏を決意。広東省政府が要求した住民への謝罪、死傷者への賠償、関係者の処分、台湾との断交、マカオ警察が逮捕していた台湾スパイの引き渡しなどの自己批判書（降伏文書）に調印した。

その後のマカオ政庁は中国政府の言いなりとなってしまった。74年にポルトガル本国でクーデターが発生し、新政権は全ての植民地の放棄を決定したが、マカオについては中国政府に返還のお伺いを立てたところ、中国から「いま植民地を返されたら香港人が動揺するので、しばらくそのまま預かるように」と言われ、やむなく植民地統治を継続。そして香港返還が決定した後の87年、マカオについても「じゃ、そろそろ返してもらおうか」ということで、1999年の返還が決まった。

一方でマカオの経済は、イギリス植民地の香港の、そのまた植民地のような状況で、香港では禁止されているカジノとソープランド目当てに来る香港人の消費に支えられていた。

そこでマカオ政庁は空港を作り、企業誘致にも乗り出してみたが、企業からは「法律がみんなポルトガル語じゃ……」とソッポを向かれてあえなく頓挫。中国返還後は特別行政区としてポルトガル時代の法律がほとんどそのまま適用されているが、法律の中国語版もできてやっと企業が進出。経済成長が軌道に乗った。

マカオの人口は60万人で、そのうちポルトガル系は1万人だが、ほとんどは土生葡人《トーサンポウヤン》（土着ポルトガル人）またはマカニーズと呼ばれる人たち。彼らはポルトガルとインド、マレー、中国、そして日本人との混血だ。なぜ日本人が入っているかというと、江戸時代の初めに弾圧されたキリシタンの一部が難民となってマカオへやって来たから。現在のマカニーズはポルトガル人としてのアイデンティティを持ち、ポルトガル語と広東語のバイリンガルだ。

インド独立で密輸の拠点としてつかの間の繁栄

【旧フランス領】ポンディシェリー

Pondicherry

インドといえばイギリスの旧植民地だが、フランスも飛び地のような小さな植民地を持っていた。東海岸のポンディシェリーとカリカル、ヤナム、西海岸のマエ、ベンガル地方のシャンデルナゴル。これらはかつてイギリスとフランスが東インド会社を設立して、互いにインドの覇権を争ったことを伝える歴史的遺物だ。1674年にフランス領になったポンディシェリーは仏領インドの首都で、フランス領有当時の人口は22万人、市内には約4万5000人が住み、運河を境にしてフランス人地区のヴィユ・ブランシュ（白い町）とインド人地区のヴィユ・ノアール（黒い町）とに整然と区画されていた。

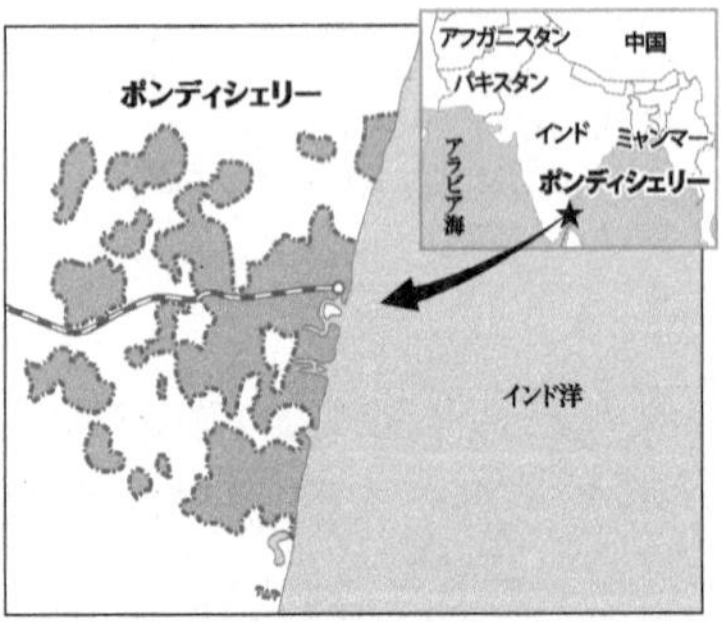

18世紀になるとイギリスは、それまでの貿易拠点の奪い合いから、内陸部の征服に乗り出す。1858年にはムガール皇帝を廃して、ビクトリア女王がインド皇帝を兼任、英領

インド帝国を完成させるが、フランスも一時は中央インドのハイデラバード藩王国（ムガール皇帝の宗主権の下で、ヒンズー系はマハラジャ、ラジャ、イスラム系はニザーム、ナワブなどの王が治めた国で、いわば日本の藩）の内紛に干渉して支配下に置いたし、19世紀初頭にはナポレオンがエジプト遠征に続いてペルシャと結び、インド征服を企てた。しかしナポレオンがヨーロッパ征服に精を出している間にポンディシェリーはイギリスに占領され、ワーテルローの戦いで破れたナポレオンがセントヘレナ島に流された後、イギリスは非武装の貿易港とすることを条件にポンディシェリーなどの植民地をフランスに返還した。

ポンディシェリーは自由貿易港になったが、大型船が直接接岸できないため、帆船から汽船の時代に移ると貿易港としての役割は低下した。しかしインドが１９４７年に独立すると、ポンディシェリーをはじめとする各フランス植民地は関税を逃れるための密貿易の拠点としてにわかに活気づく。

フランスやポルトガルの植民地からインドへ流入した密貿易の外国製品は、当時の金額で年間４５０億円に達したといわれ、インド政府の関税収入に大きな打撃を与えたほか、国産品の保護政策の障害にもなった。インド政府の要求でポンディシェリーとインド国境での検問が強化され、ポンディシェリー駅に発着する列車では乗客全員の厳重な荷物検査が行われたりもしたが、なにしろポンディシェリーは１７０３年から49年にかけて、地元の藩王からさみだれ式に周囲の村々を割譲させて拡大したので、港を中心とした半径20㎞の範囲に、村ごと、集落ごとの細かな飛び地が散在していた状態。厳格な国境管理を実行

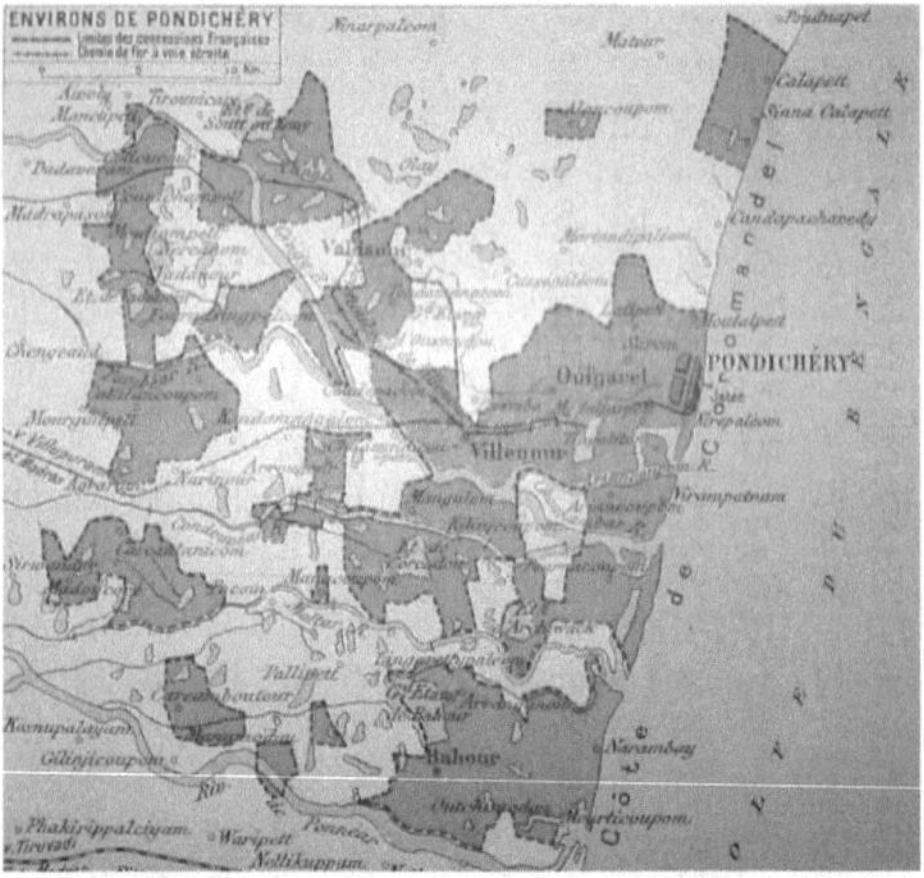

フランス領時代のポンディシェリーの地図

するのは全く不可能だった。

1954年になると、インドに残るフランスとポルトガルの植民地を回収しようという民族主義者の運動が高まり、かつてガンジーがイギリスによる支配に抗議して行った非暴力の反英大行進にあやかって、インド人が集団で押しかけ植民地を占拠するという解放行進（サチャグラハ運動）が繰り返された。

実際のところ、ポンディシェリーはフランスにとって利益の上がる植民地ではなかったが、アフリカやインドシナで熾烈化していた独立運動に与える影響を恐れたので、フランスは当初、障害を引起こしていた関税権だけインド政府に引き渡し、植民地の行政権は保持しようと目論んだ。しかし、5月にベトナムのディエンビエンフーの戦闘で、フランス軍がホー・チミン率いるベトミン軍に大敗北したことに影響されて、インドでも6月から7月にかけてマエやヤナムがインド人に占拠され、ポンディシェリーも周辺部の集落がインド人に包囲されると、フランスはついにインド植民地の返還を決断した。

ポンディシェリーはカリカル、ヤナム、マエとともに連邦直轄地となり、かつて飛び地だった痕跡は、行政区分として現在もそのまま残っている。フランス時代の法律は63年9月末まで適用され、旧フランス領に住んでいた住民にはフランスとインドの国籍選択権が与えられて、現在でも100万人の住民のうち約1万人はフランス国籍を持っている。

インド返還後は輸入品に関税がかけられるようになり、貿易自由港と密輸拠点としての繁栄は失われたが、最近では街に残るフランス色を活かして観光に力を入れているようだ。

一日何千組もの結婚式が開かれた理由

【旧フランス領】

ヤナム

Yanam

ヤナム（またはヤオナン）は、ポンディシェリーから北へ870㎞離れた旧フランス領インドの飛び地。ベンガル湾に注ぐゴウタミ・ゴダバリ川の河口から14㎞内陸へ入った河岸の町で、東西二つの地区とそれをつなぐ細長い土手、川の中洲で構成され、面積は30㎢ほど。フランス領だった1951年の人口はわずか5853人だったが、2011年の人口は約5万6000人。約5000人が漁業に携わるほか、土地も肥沃で米、胡麻、マンゴーなどの農業も盛んという、半農半漁の町だ。

こんな小さな町をフランスは一体なぜ植民地にしたかといえば、貿易のため。フランス人がヤナムに上陸して商館を建てたのは1723年のこと。フランス人は当時この地方を支配していたラジャに商館を建てたいと交渉していたが、なかなか認められず、地代を払

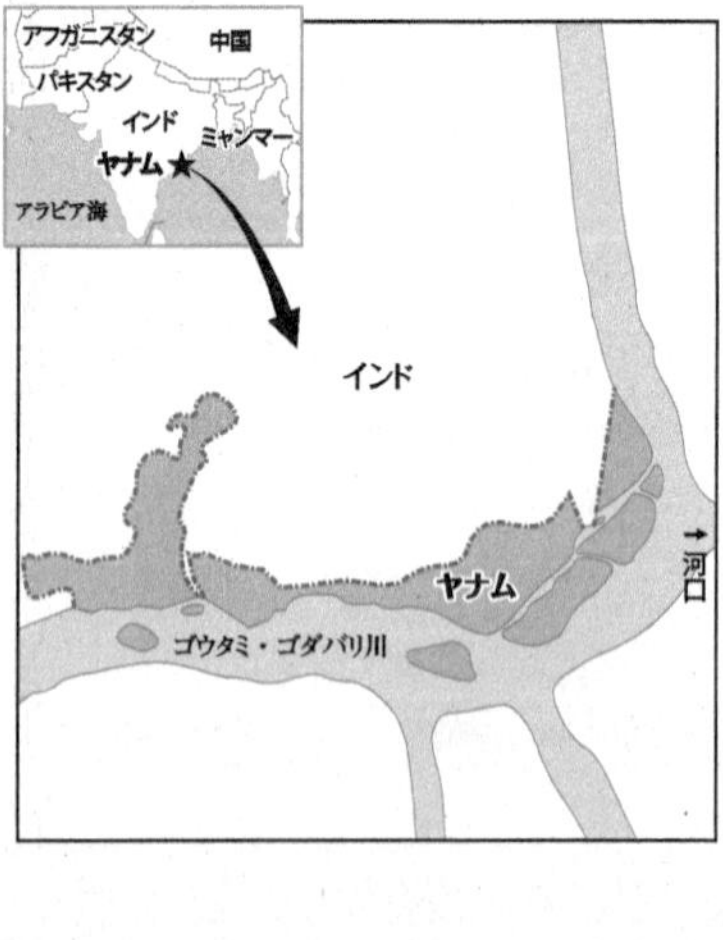

ものだ。

うことを約束してようやく実現した。戦国時代の日本でもヨーロッパ人が長崎や平戸、島原などで地元の大名と交渉して商館を建てたが、インド沿岸に戦後まで存在したフランスやポルトガルの飛び地のような領土は、そういう商館が植民地となり、20世紀まで残ったものだ。

当時ヤナムからヨーロッパへ輸出した商品は主に布で、ベンガル向けに塩も発送された。これらの商品はヤナムで作られるのではなく、周囲の村々の産物だった。そこでフランス人は毎週火曜日に市を開き、インド人から商品を買い集めていた。しかしイギリス人が対抗してわずか3㎞離れたニーラパルル村で毎週火曜日に市を開くようになり、双方激しい客引き合戦の末、イギリスは譲歩して土曜日に市を開くようにした……なんて争いをしているうちはのどかなものだが、18世紀半ばにフランスがイギリスとインドの覇権をめぐって争い、ハイデラバード藩王国の王位継承戦に介入すると、ヤナムは貿易拠点よりも軍事拠点として重要になる。ヤナムを流れるゴダバリ川はハイデラバードへの入口だ。

こうしてヤナムはイギリス軍からしばしば攻撃を受けたが、フランス軍に助けられた王は、防衛の便宜を図るために商館の周囲の土地もフランスへ割譲し、最初は建物一つ分の面積だったヤナムは、1750年までにほぼ現在の大きさへと拡大した。

19世紀に入り、イギリスによるインド全土支配が固まると、軍事拠点や貿易拠点としてのヤナムは役割を終えた。ところがヤナムが歴史上最も繁栄したのは実はこの時期。インドでは幼い女の子を結婚させる風習があった。女性が嫁入りする時に、ダウリー（花嫁持

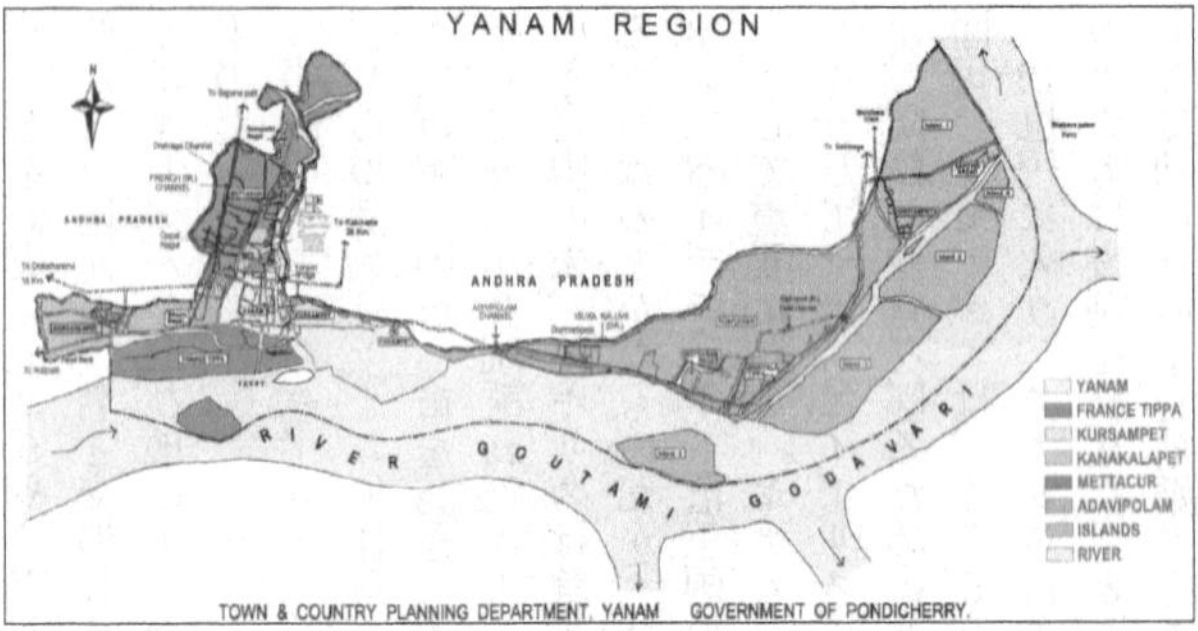

現在のヤナム。堤防でかろうじてつながっているのはフランス領時代と同じ

参金）を相手方に支払うのだが、しばしばとてつもない高額が要求され、女性の年齢が高いほど金額が多くなったため、貧しい家ではまだ幼女のうちに結婚させた。イギリスがこれを「非人道的だ」と禁止したところ、イギリスの法律が及ばないフランス領のヤナムで結婚式を挙げればいいと、中央インド一帯から幼女婚をさせたいインド人が殺到。ヤナムのヒンズー寺院では毎日何千組もの結婚式が行われたという。

フランスやポルトガル領の飛び地は、イギリス時代には法の抜け穴として、反英活動の拠点にもなった。例えば１８５７年に起きたセポイの反乱では、鎮圧されたセポイ（英軍にいたインド人の傭兵）たちはポルトガル領のゴアへ逃げ込み、今度はポルトガル軍の傭兵となって東ティモールの討伐戦争に送られた。反英闘争を指導したガンジーも、しばしばカルカッタ（現コルカタ）に近いシャンデルナゴルを根拠地にして活動した。

さて戦後、英領インドの独立が決まると仏領インドでも独立するインドへの併合を求める運動が始まった。そこでフランスはとりあえず大幅な自治権なら認めるとして、48年に五つあった飛び地ごとに市議会選挙を行った。ところが、シャンデルナゴルを除いていずれもフランス残留派が勝利し、インドへ返還されたのは一つだけだった。これは英領インドがインドとパキスタンに分裂して独立し、ヒンズー教徒とイスラム教徒との間で激しい殺し合いになり、「混乱に巻き込まれるくらいなら、とりあえずフランス植民地のままでいい」と多くの住民が考えたためだった。

しかし、インドの政情が落ちついてくると、それまでフランス派だった住民たちも再びインドへの併合を求めた。1954年春にはポンディシェリーをはじめ各飛び地の市議会でインド併合要求決議が次々と挙がり、ヤナムでは市長や議員をはじめ200人以上がこぞってインドへ亡命した（といっても、隣の村へ行っただけ）。

これに対して、フランスの警察がインド領へ越境してヤナム難民たちを襲うという事件も起きたが、2か月後に市長を先頭に戻ってきた市民たちがヤナムを実力占拠した。これがきっかけとなって、他の飛び地もインド人たちによって占拠され、8月にフランスは植民地のインド返還を決めたのだった。

兵糧攻めに晒《さら》されてフランスがあえなく放棄

マエ

【旧フランス領】

Mahe

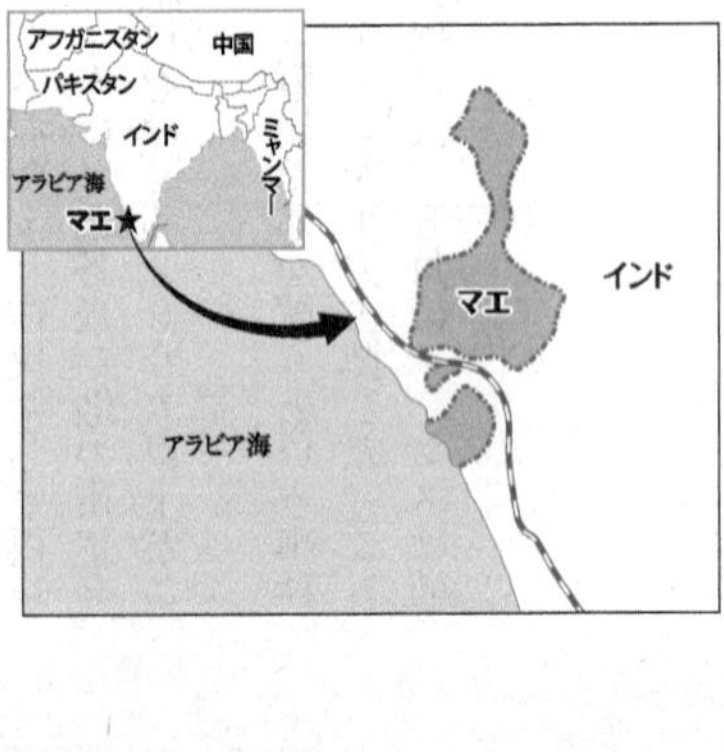

マエ（現マヘ）は面積わずか９㎢。人口は１９５０年代前半で１万８０００人、２０１１年には４万２０００人。ココナツやマンゴー、そして胡椒の積み出し港という小さな町。内陸に山道一本で繋がった飛び地があるという、実に不思議な形をしている。

ポンディシェリーの商館が赤字経営で悩んでいたフランスは、１７２１年に商館を建てたいと地元の王に求めた。王はそれを認めたが、フランスは開拓を進めていたマダガスカルへ奴隷を輸出しようとした。このため王はイギリスの圧力もあって商館設置の認可を撤回すると、フランス海軍のマエ・ド・ラ・ブーンドネ将軍が町を占領。フランスは将軍の功績を称えて町をMaheと命名した。フランス語ではHは発音しないので、フランス領時代は「マエ」だった。

18世紀前半はフランスがインド洋へ積極的に進出し、マダガスカルやセーシェル、モー

1920年代のマエ。港町からイギリス領の川や鉄道を挟んで北に飛び地がある

リシャス、コモロなどを占領していた。インド南部の植民地は、貿易拠点の他にインド洋の軍事拠点としての役割もあった。マエ将軍は後にモーリシャスの総督になり、セーシェルにもマヘ島がある。

　1760年代になるとマエ一帯ではハイダル・アリが率いるマイソール王国が勢力を拡大し、イギリスとのマイソール戦争が勃発した。ハイダルはフランスと手を結びマイソール軍には400人のフランス人傭兵が参加した。このためマエはイギリス軍に占領され、砦と町は徹底的に破壊される。フランスは一時マエの放棄も考えたが、王国の首都に一番近い拠点だったので再建することを決め、いざという時に再びフランス人の応援を得たいハイダルも、フランス人をマエに引き止めようと66年に周辺の村をフランスへ割譲した。こうしてマエは内陸に飛び地を擁することになった。

もっともイギリスとの協定で、1816年以降インドのフランス植民地が非武装化されると、マエの重要性は失われた。そして戦後、1954年にインド併合派がマエの周囲を通行止めにして「兵糧攻め」にすると、フランスはあえなくマエから立ち去っていった。

借金のカタに領土を広げていった植民地

【旧フランス領】
カリカル

Karaikal

カリカル（現カライカル）はポンディシェリーの南132㎞にある海岸の町。インドにあったフランスの植民地は小さな飛び地をいくつか従えたものが多かったが、カリカルは一つのまとまった土地で、面積135・2㎢。「歩いてひと回りできない規模」であり、仏領インドにしては珍しく「広大」な領土だった。1941年の人口は6万人、2012年には17万人。

しかしフランスがそれだけの土地を手に入れたのは10年がかりのこと。1739年にフランスはタンジャブルの王からカリカルの砦と周辺の五つの村を租借した。王はいったん契約した後に租借料を値上げしたが、フランスはこれに応じたので、フランス人の気前の良さを喜んだ王は、ついでに金を貸してくれるように頼んだ。

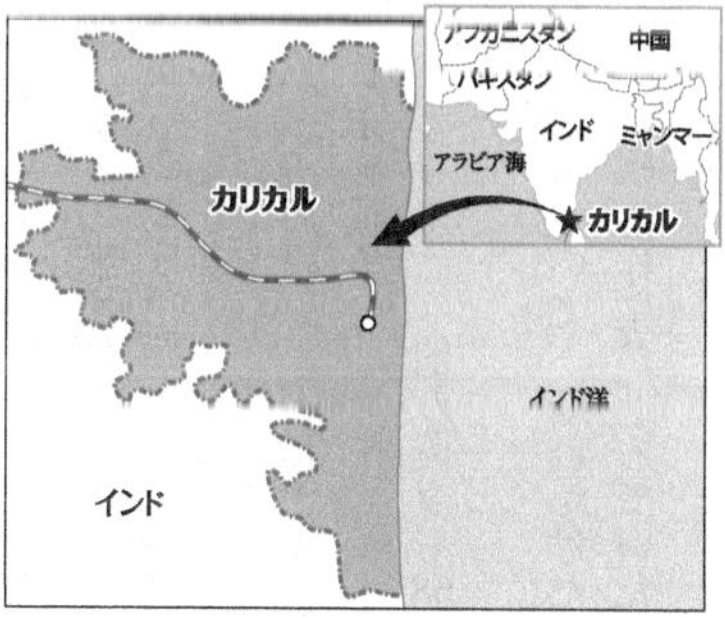

しかし、1年後に王は借金を返せなかったため、いくつかの村をフランス人に担保とし

て与えて租借料は値下げされ、その翌年も借金が返せなかったので村を与えて租借料を値下げし……という繰り返しで、いつしか借金を返す代わりにフランス人へ村を売るようになってしまい、1750年までにフランスは王から81の村々を手に入れたという次第。

愚かな王がフランス人に村を売ったおかげでカリカルはフランスの植民地になってしまったのか、どうせその後インドはすべてイギリスの植民地になったのだから、フランス人から金を取っただけでも王は賢かったのか……。

カリカル周辺は穀倉地帯で、米やピーナッツ、菜種などの産地だったが、ヨーロッパ各国が競って植民地を獲得した場所で、南隣のナガパタム（現ナガパティナム）には当初ポルトガルが進出していたが、1658年から1781年までオランダの植民地となり、8kmほど北のトランケバル（現タランガンバディ）は1620年から225年間にわたってデンマークの植民地だった。

デンマーク東インド会社は紅茶の貿易で莫大な利益を上げたが、そのほとんどはイギリス東インド会社の横流しによる密輸だった。19世紀初めのナポレオン戦争で、コペンハーゲンがイギリス海軍に攻撃されると衰退し、トランケバルは1845年に、他の拠点も68年までにイギリスへ売却されて、アジアやアフリカから撤退した。

トランケバルには現在でもデンマーク時代の砦や城門、教会が残っていて、崩れかけた総督府もある。2002年からデンマークの協力で観光化へ向けた修復作業が進んでいたが、04年のスマトラ沖地震による津波で大きな被害を受けてしまった。

税収が他の町へ流れるのを嫌い一足先にインドへ編入

【旧フランス領】シャンデルナゴル

Chandernagor

かつてインドに存在したフランスの植民地は、海岸沿いか沿岸に近い場所だったが、海岸線から100km近く離れた内陸に、周囲をすべてイギリス領に囲まれポツンと存在していたのがシャンデルナゴル。ただし内陸といってもフーグリ川に面していたので、船でそのまま外洋へ出ることは可能だ。面積9・6km²で、フランス領時代（1941年）の人口は3万8000人、現在の人口は17万人ほど。

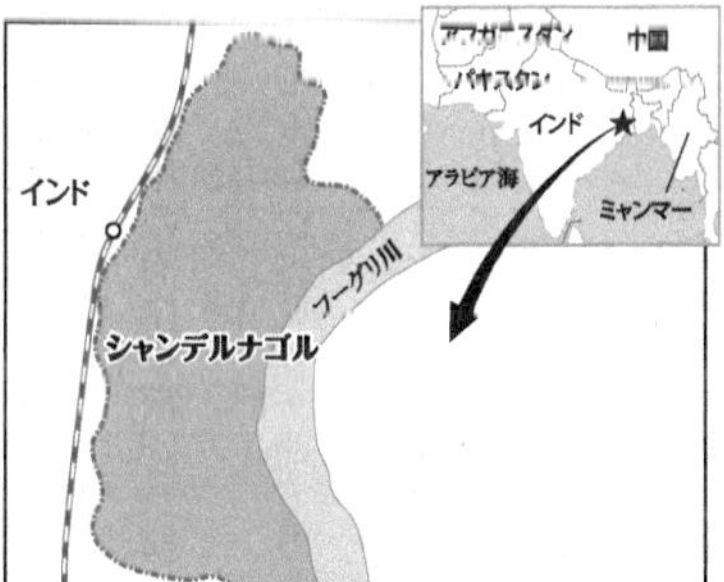

シャンデルナゴルの位置するベンガル地方はインド有数の穀倉地帯で、繊維の原料として輸出されるジュート（黄麻）の産地としても豊かな地域。そのため、フーグリ川の沿岸にはかつてイギリス、フランスのほかポルトガルやオランダ、デンマークが商館を築いていて勢力拡大にしのぎを削っていた。17世紀後半はムガール帝国が弱体化した時期でもあり、それに乗じてベンガルの藩王は土地租借料の支払いを条件に、ヨーロッパ人の商館開設を

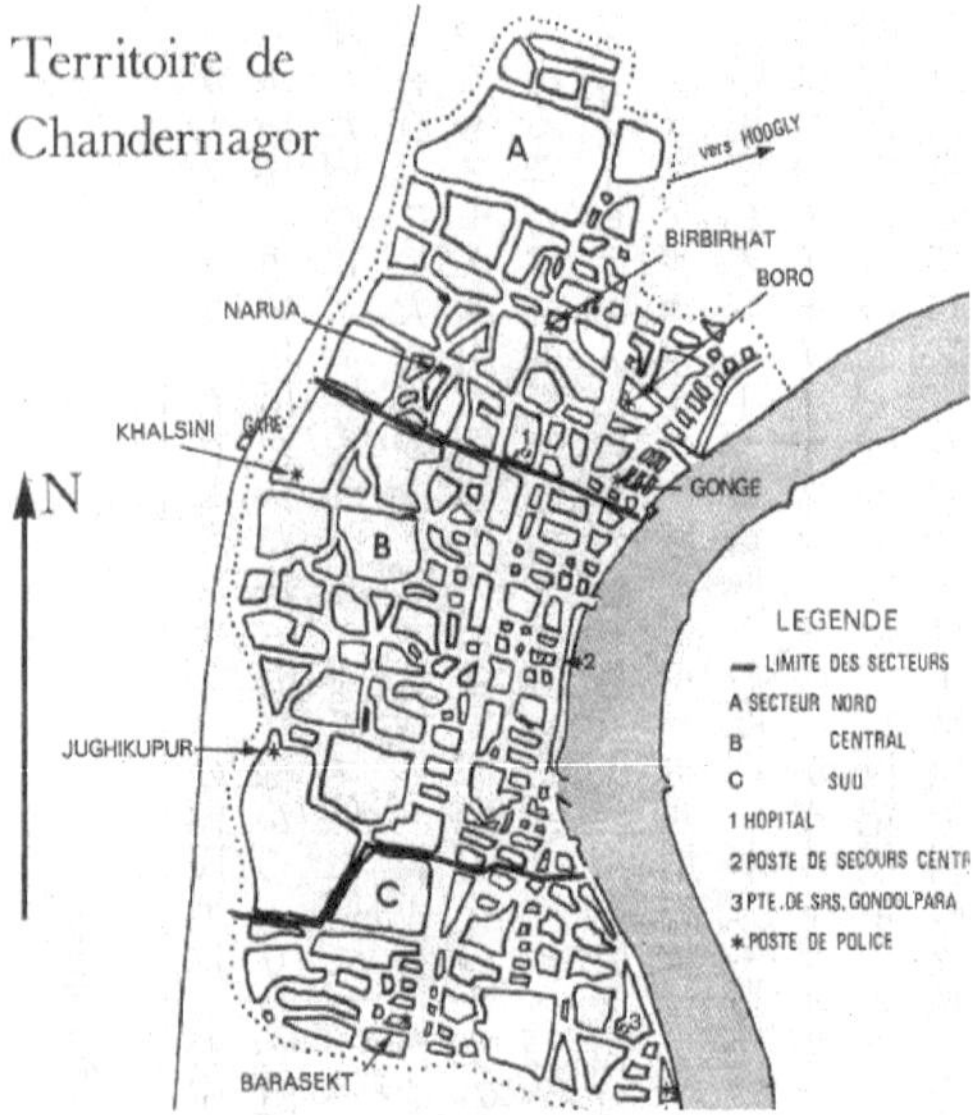

3つの地域に分けられていたシャンデルナゴル

認めていった。フランスが現在のシャンデルナゴルの場所に商館を築いたのは1688年だが、その10年ほど前からフランスの公文書にシャンデルナゴルの名が登場する。つまりシャンデルナゴルと名付けられた商館は、イギリスやオランダとの抗争の中で、フーグリ川の沿岸を何回か移転していたようだ。

こうしたベンガル地方の争覇戦は、やがてイギリスとフランスの二大勢力の対決に絞られるが、1757年のプラッシーの戦いでイギリス軍がフランス・ベンガル連合軍を破ると勝敗は決着。1816年以降、シャンデルナゴルはポンディシェリーなどとともに非武装を条件にフランス領として存続を認められるが、貿易の中心地はイギリスが拠点としたカルカッタ（現コルカタ）に移り、町は衰退していった。

それでも仏領インドの中では、歴史的にポンディシェリーが行政の中心だったのに対し、豊かなシャンデルナゴルは経済の中心だった。例えば1920年代にはシャンデルナゴルの税収のうち、半分以上がポンディシェリーや他の三つの植民地の行政経費に回され、仏領インドの財政はほとんどシャンデルナゴルによって支えられていた。

さて戦後、インドがイギリスから独立するとフランスも各植民地に自治権を与えた。ポンディシェリーなど他の植民地では、市議会選挙でフランス残留派が勝利したが、シャンデルナゴルだけは併合派が圧勝し、1949年6月に行われた住民投票では実に97％の住民がインド併合を支持した。その背景には町の税収を他の植民地へ持っていかれることへの不満があった。また他のフランス植民地は南部でタミール人主体だったが、シャンデルナゴルはベンガル人の町で、より不満を募らせたのかも知れない。

こうしてシャンデルナゴルはポンディシェリーなどより一足早く52年からインド政府へ行政権が移され、54年には正式にインドに併合された。インドへの返還が早かったために連邦直轄地になった他の旧フランス植民地とは別扱いで、シャンデルナゴルは「チャンダンナガル」と改名し、西ベンガル州の一つの町に過ぎない。

場所すらわからなくなった大航海時代の遺物

【旧フランス領】インド商館区

French factory in India

フランスは小さな植民地の他にも、1947年のインド独立まで、さらに治外法権の商館区という、「長崎の出島」のような一角をあちこちに持っていた。

商館はフランス東インド会社が建てたもの。帆船が主役の時代、アジアとヨーロッパを結ぶ船は、貿易風を利用して一年に一往復しかできなかった。商館の役目は、船が出港してから一年の間に、ヨーロッパから運んできた商品を売りさばき、翌年の船に積む商品を購入して保管しておくこと。だから商館員は一年間現地に留まらなければならず、砦のような敷地の中に、商館の事務所や倉庫、宿舎のほか、商館員が自活するための畑や牧場もあった。これは長崎の出島でも似たような構造だった。

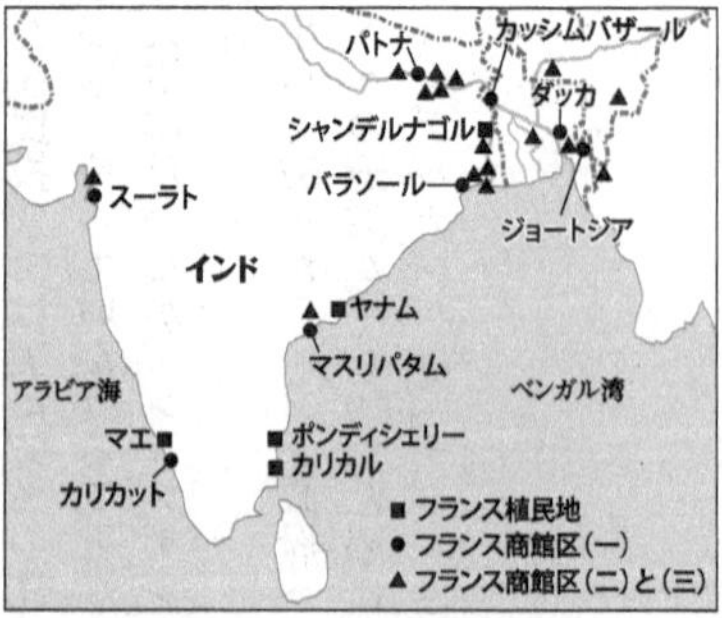

ポンディシェリーなどのフランス植民地も、当初は商館の敷地だけだったが、やがて戦乱で地元の王がフランスの援軍を頼るようになり、その見返りとして周囲の土地がフラン

スへ割譲された結果、拡大していったが、一方で地元の王から援軍を期待されなかった商館は、商館の敷地だけのままで残ったのだ。

フランスの商館区が集中していたのは、インド東部のガンジス川流域で、ベンガル地方(現在の西ベンガル州やバングラデシュ)やその上流のビハール州など。ガンジス川流域はインド有数の穀倉地帯という豊かな場所で、ここで産出される絹や綿、黄麻、砂糖などをヨーロッパへ輸出するために、沿岸には17世紀から18世紀にかけてポルトガルやオランダ、イギリス、そしてデンマークまで競って商館を設置した。なかでもガンジス川に積極的に進出したのがフランスだった。

しかし1757年、ベンガル太守とフランス東インド会社の連合軍が、プラッシーの戦いでイギリス東インド会社に敗北するなど、18世紀後半から19世紀初めにかけて、フランスの商館区はポンディシェリーなどの植民地とともに、イギリスによって繰り返し占領されて衰退した。

1815年の第二次パリ条約で、フランスは1790年時点の領土を回復することになり、これらの商館区はイギリスから返還されたが、フランス東インド会社は1767年に財政難ですでに解散した後。汽船の時代になるとヨーロッパまで一年を通じて随時往復できるようになったので、商館の役目はほとんどなくなり、荒れ果てた建物をフランスは再建しようとせず、商館区は名ばかりの存在になった。

フランスの商館区があったのは、以下の各都市の一角だった。

（一）複数の建物からなる一角があった場所

マスリパタム（現マチュリパトラム　アンドラ・プラデーシュ州）、カリカット（現コジコデ　ケララ州）、スーラト（グジャラート州、飛び地あり）、バラソール（オリッサ州）、カッシムバザール（西ベンガル州　５か所の飛び地あり）、パトナ（ビハール州）、ダッカ（バングラデシュ、飛び地あり）、ジョードジア（現在は水没　バングラデシュ）

（二）建物一つだけだった場所

ゴアルパラ（アッサム州）、チッタゴン（バングラデシュ）、シルヘト（バングラデシュ）

（三）建物がなくなっていた場所

Goorpordha（オリッサ州）、Boincha、Giieyquij、Serempour（以上、西ベンガル州）、Chapra（またはChhapra）、Sorguia、Begomsara、Ponnareck、Sorguia、Fatoua（以上、ビハール州）

他にも、Frencepett、Boro、Iskitipah島、Kirpaye、Copour、Canicola、Monepour、Sola、Malda、Goretty などにも「商館区がある」ということになっていたらしい。

これらの商館区のうち、（一）と（二）を全部合わせても面積４㎢足らずで、約２０００人の住民（ほとんどがインド人）が住んでいた。しかし、フランスが実質的に統治していたのは、ごく僅かな個所に限られていたようだ。

１９４７年にポンディシェリーのイギリス領事が現地調査をしたところ、統治らしきものが実行されていたのは200人が住んでいたマスリパタムで、町外れの一角（バンダル・コタ）にヤナムの管轄下で任命されたコンシェルジュ（管理人）が常駐し、商館にはフランス国旗が翻り、警察署（といっても警官は1人か2人）もあって、事件が起きたら英仏どちらか現場に先に着いた警官が担当する仕組み。カリカットもマへの管轄下でコンシェルジュが常駐していた。しかしフランスはマスリパタムやカリカットでは税を徴収しておらず、商館区は密輸の拠点になっていた。

スーラトはボンベイ（現ムンバイ）のフランス領事館の管轄下となっているものの名目だけで、ダッカとともに過去100年以上フランスが統治した形跡はなく、30～40世帯が住むバラソールはイギリスが賃借しており、さらにパトナの商館区はイギリス領事が現地で探したが見つからず、ジョードジアは海に没していたと報告している。

建物がとっくになくなっていた場所では、フランスもイギリスも果たして商館区が具体的に存在していたのかどうかもわからなくなったものがあった。ヤナム近くにあったゴダバリ川のIskitipah島は無人の砂洲で、1930年代にフランスが領有権の確認を求めて常設国際司法裁判所へ提訴したが、イギリス側が1940年に調査したところ、位置や面積は絶えず変動し、増水すれば水中に没する場所だった。

フランスがもはや何の利益もなく、まったく統治する気のない商館区にこだわりを見せていたのは、わずかな領土でも失えば、他の領土も失うことにつながりかねないと懸念したためだが、47年8月にインドがイギリスから独立することが決まると、フランスは態度

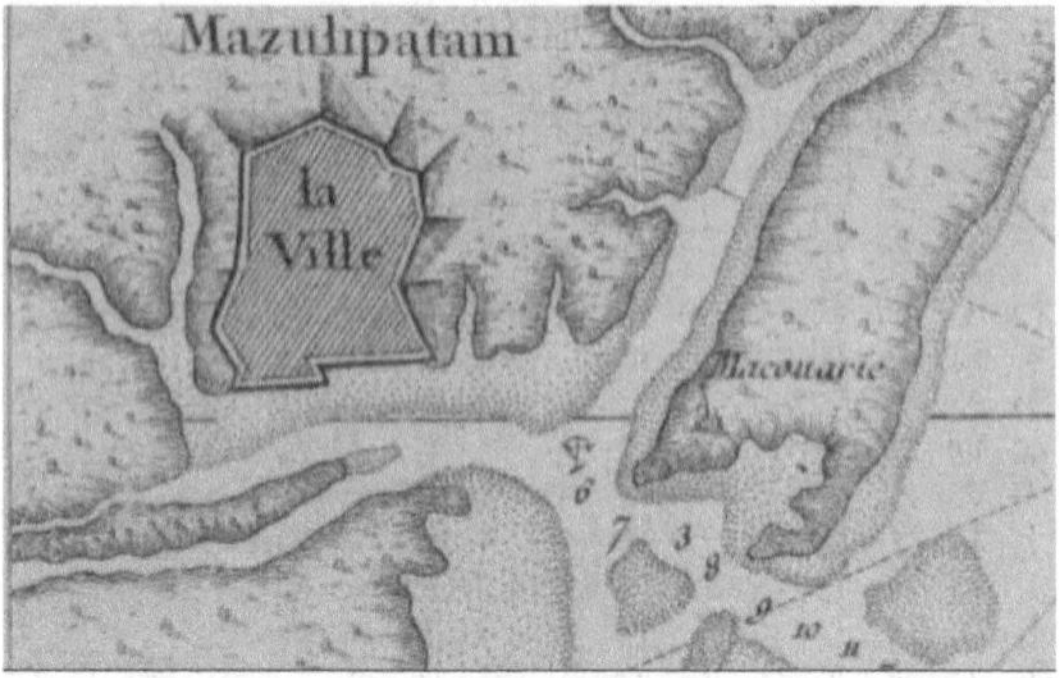

（上）大航海時代のマチリパトナムの商館区
（下）ベンガル州のフーグリ川沿いにかつて存在したオランダの商館区

を一変して、ネルー首相に自ら「商館区をすべてインドへ割譲したい」と申し出た。

フランスとしては実質的に名目だけの存在だった商館区をインドへ譲ることで、インドに恩を売り、ポンディシェリーなどの植民地を残そうという思惑だった。商館区に住んでいた住民にとっては、インド領になればインド政府に税金を払わなければならなくなると反発する声も出て、バラソール住民の一人が「シャンデルナゴルの飛び地ということにして、フランス領のまま残してほしい」と請願を出したが、フランス政府は相手にせず、「領土を割譲する場合は、その地域で住民投票を行うこと」という法律も無視してインド政府と交渉し、47年10月に商館区はインドへ割譲された。

ところで、インドがイギリスから独立する際、イスラム教徒が多かった地域はパキスタンとして分離独立したが、商館区はダッカをはじめ東パキスタン（現在のバングラデシュ）にも数か所存在していた。しかしフランス政府はインド政府とだけ交渉して商館区を割譲

マチリパトナムの市街地（左上）とかつての商館区（右下）（Google map）

し、パキスタン政府とは割譲についての交渉をまったく行わなかった。となると、バングラデシュ領内にある商館は法的には現在もフランス領のはずだと、最近発見したフランスの学者がいるという。

「ガンジー精神」に暴力振るうポルトガルへインド政府の怒りが爆発

【旧ポルトガル領】

ゴア

Goa

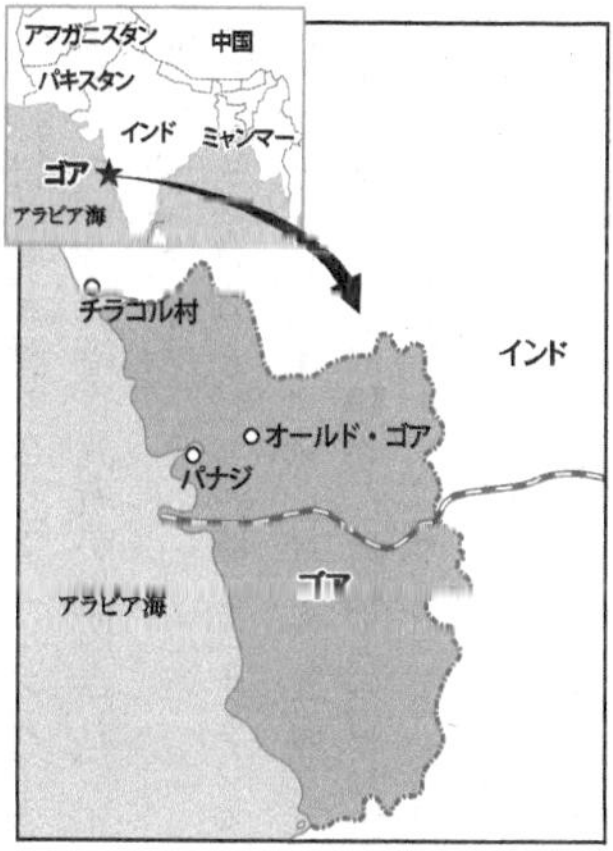

インドは元イギリスの植民地というイメージだが、最初に植民地を築いたのはポルトガルだ。大航海時代にポルトガルのアジアにおける本拠地となったのがゴア。交易のみならずキリスト教布教の拠点でもあり、かのフランシスコ・ザビエルもゴアから船に乗って日本へやって来た。

ゴアは11世紀初めから貿易港として発展し、14世紀からはイスラム系の王国の下で馬や香料の貿易で繁栄していたが、1510年にポルトガルのインド総督アルブケルケの艦隊が占領。アルブケルケは続いて西はホルムズ、東はマラッカまで征服し、30年にはインドにおけるポルトガルの首府をそれまでのコーチンからゴアへ移した。ポルトガルはさらに香料諸島（インドネシア東部）やティモール島、マカオを獲得し、長崎へも進出。ゴアはポルトガルの首都リスボンと同格の都市に昇格し、ポルトガル本国から副王が派遣されて、アジアと東アフリカ（モザンビーク）の植民地を統括した。1563年に副王はポルトガルの議会をゴアで開催するように提案したが、さすがにこれは国王に拒否された。

ポルトガルはアジアとヨーロッパの交易を独占しただけでなく、インド西海岸では沿岸貿易まで支配して、それらによる富が集まるゴアは「黄金のゴア」と賞賛されるほどの繁栄を謳歌した。当時のポルトガルの諺《ことわざ》には「ゴアを見たものはリスボンを見る必要なし」という言葉も生まれたほどだが、繁栄を謳歌したのはあくまでポルトガル人。ゴアに住むインド人はキリスト教への改宗を迫られ、改宗を拒んだ村は焼き討ちされて、ヒンズー寺院やモスクを破壊した跡には教会が建てられた。またゴアには異端審問所が設置され、インド人の伝統を尊重しながらの布教を唱えた宣教師らは罰せられた。

ゴアの繁栄も17世紀に入ると色褪せていった。新たにライバルとして登場したオランダが1603年と39年に攻撃し、ポルトガルはどうにか守り抜いたものの、インド沿岸の大部分の植民地やスリランカ、マラッカ、香料諸島はオランダの手に陥ち、長崎との貿易もオランダ人に奪われてしまった。また18世紀半ばにはコレラやマラリア、チフスなどの伝染病の蔓延で人口が急減し、それまでのゴアの町（オールド・ゴア）は放棄されて、首府は海岸沿いのパンジム（現在のパナジ）へ移転。この頃、ムガール帝国の弱体化に乗じて、南インドではヒンズー教の農民たちを基盤にしたマラータ同盟が勢力を伸ばし、ムガール帝国やイギリスと戦争を起こすが、ゴアもたびたび攻撃を受けた。一時は副王が捕虜になって処刑されたり、貢税を差し出して存続を許されたりと惨めな状態になったが、やがてマラータ同盟の内紛に乗じて反撃に転じ、ゴアの領土はそれまでの4倍にあたる3700㎢へと拡大した。

19世紀初めにポルトガル本国がナポレオン率いるフランス軍によって占領されると、ゴアはフランスの手に陥ることを恐れたイギリスに占領されたが、この時インド人たちを苦しめていた異端審問所は廃止された。インドがイギリスの植民地になると、ゴアを脅かす存在はなくなり安定が訪れたが、1947年にインドが独立するとゴアは再び脅威にさらされることになる。

インドはポルトガル領やフランス領の植民地も引き渡すように交渉を始めたが、拒否された。そこでインド人の間では「ガンジー精神で取り戻すしかない！」とリチャグラハ運動が始まった。サチャグラハ運動とはかつてガンジー翁が唱えた非暴力・不服従運動のことで、イギリスの植民地支配に抵抗し、独立を勝ち取ったのだが、それにあやかってフランスとポルトガルの植民地も取り返そうというわけだ。

具体的にはどうするのかといえば、インド人が集団で押しかけて植民地を占拠してしまう作戦。こうして54年にフランスの植民地は次々とインド人の集団に占拠され、フランスは植民地の返還を発表したが、ポルトガルはあくまで強硬姿勢を貫き、国境に軍や警察を出動させて武力で排除した。

ポルトガルが植民地明け渡しを拒んだのは、インドからの撤退がアフリカなどの植民地での独立闘争に波及して、植民地帝国の崩壊を引き起こすことを恐れたから。イギリスやフランスのような先進国は、直接的な植民地支配から多国籍企業を通じた経済支配へ切り替えつつあったが、後進国のポルトガルは植民地を失ったら何も残らなくなってしまう。また強気の背景には、ポルトガルはNATO（北大西洋条約機構）に加盟していたので、「いざとなればアメリカが助けてくれるだろう」という期待感もあった。

そしてこの時期、ゴアは再び繁栄を謳歌していた。ゴアでは豊富な鉄鉱石が発見されて、戦後日本企業との合弁で採掘が始まっていた。かつての「黄金のゴア」では潤ったのはポルトガル人だけだったが、「鉄のゴア」ではインド人も雇用が増え、インドより高い賃金を得るようになった。50年代末のゴアの人口は60万人だったが、労働者不足のためインドの近隣地区からの移民を受け入れたほど。その一方で自由貿易港のゴアは関税がかからなったので物価は安く、インド政府はゴアを封鎖したが、「敵の敵は味方」と必要な物資はパキスタンから輸入した。またそれまでキリスト教とポルトガル語を広めること以外は無関心だった教育も、インド人の批判を避けるため地元のコンカニー語やマラティ語による学校教育が始められた。

しかし55年にゴアへ入ろうとしたインド人のデモ隊がポルトガルの警察に発砲されて、死者20人以上、負傷者500人近くを出す惨事が起きると、ゴアのインド人の間でもポルトガル統治に対する反感が高まった。その後もサチャグラハ運動では毎年のように流血の事件が繰り返され、非暴力のインド人へ暴力を振るうポルトガルにインド政府の怒りが爆発。61年12月についにインド軍はポルトガル領に侵攻して、わずか26時間の戦闘で占領した。アメリカは「ＮＡＴＯによる共同防衛範囲はあくまでヨーロッパに限定する」とインドによる武力併合に見て見ぬふりをした。そうしなければ植民地から独立したばかりのアジア、アフリカ諸国から信頼を一気に失い、インドによる武力併合を支持したソ連を利することになるのは明白だったからだ。

インド軍による占領後のゴアは、５か月間の軍政を経て連邦直轄地になり、87年からはゴア州になっている。２０１１年には人口１４５万人のうち27％がカトリック信者で、ポルトガル系の混血の人たちを中心にポルトガル語を話す人たちも数万人暮らしている。60年代から70年代にかけてゴアは「ヒッピーの楽園」として有名になったが、現在では荘厳なキリスト教会などを見所にしたリゾート地。自由貿易港ではなくなったものの、特別措置で関税が安く、ショッピング目当てのインド人観光客を集めている。

ゴアの飛び地　チラコル村

ゴアの中心地パナジから北へ42km、河口を挟んだ向こう岸に、チラコルという飛び地が存在した。面積は約５k㎡で、ポルトガルの砦と教会、そして小さな村があった。

この砦は16世紀の初め、進出してきたポルトガル人を監視するために地元の王が建てたものだが、１７４６年にポルトガルが占領。当初はゴア本土から20km近く離れていたが、63年に入り江の手前までゴアの領域が広がった。

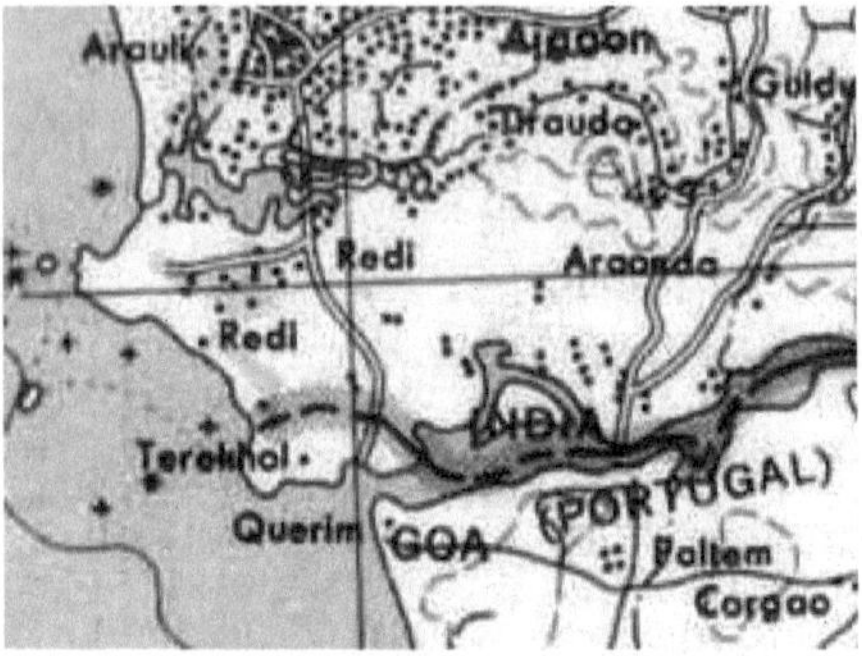

対岸のチラコル村（1955）。中央左、やや下

チラコル村の砦はポルトガルにとってゴアの北の守りを固める存在だったが、川を挟んで本土と隔てられているため、しばしば反乱の拠点になった。1954年にサチャグラハ運動が始まると、砦は真っ先にインド人に占拠されて、ゴア解放運動の前線基地と化した。

チラコル村の砦は現在、リゾートホテルとして生まれ変わっている。

ゴアの飛び地　アンジェディバ島

ゴアの南端から20km近く離れた沿岸にアンジェディバ島というポルトガル領の飛び地が存在していた。アンジェディバ島は面積わずか1・5㎢で、やはりポルトガルの砦と教会があった。この島もチラコル村と同様にゴアを防衛するためにポルトガルが占領したのかといえば、むしろ逆。ポルトガルがゴアを占領したのは1510年だが、アンジェディバ島を占領したのは1500年で、バスコ・ダ・ガマが喜望峰回りでインドへ到達した翌年のこと。アンジェディバ島はゴアに先立つポルトガルの拠点だった。

アンジェディバ島は紀元前2世紀にローマ帝国で作製された地図に存在が記されていたほどの交易地で、それより前からギリシャ人が訪れていた。4～5世紀からはインドへ馬の買い付けにやって来るアラブ商人たちの拠点となり、住民はやがてイスラム教へ改宗した。そういう海外にも名の知れた島だったから、インドへやって来たポルトガル人がまず

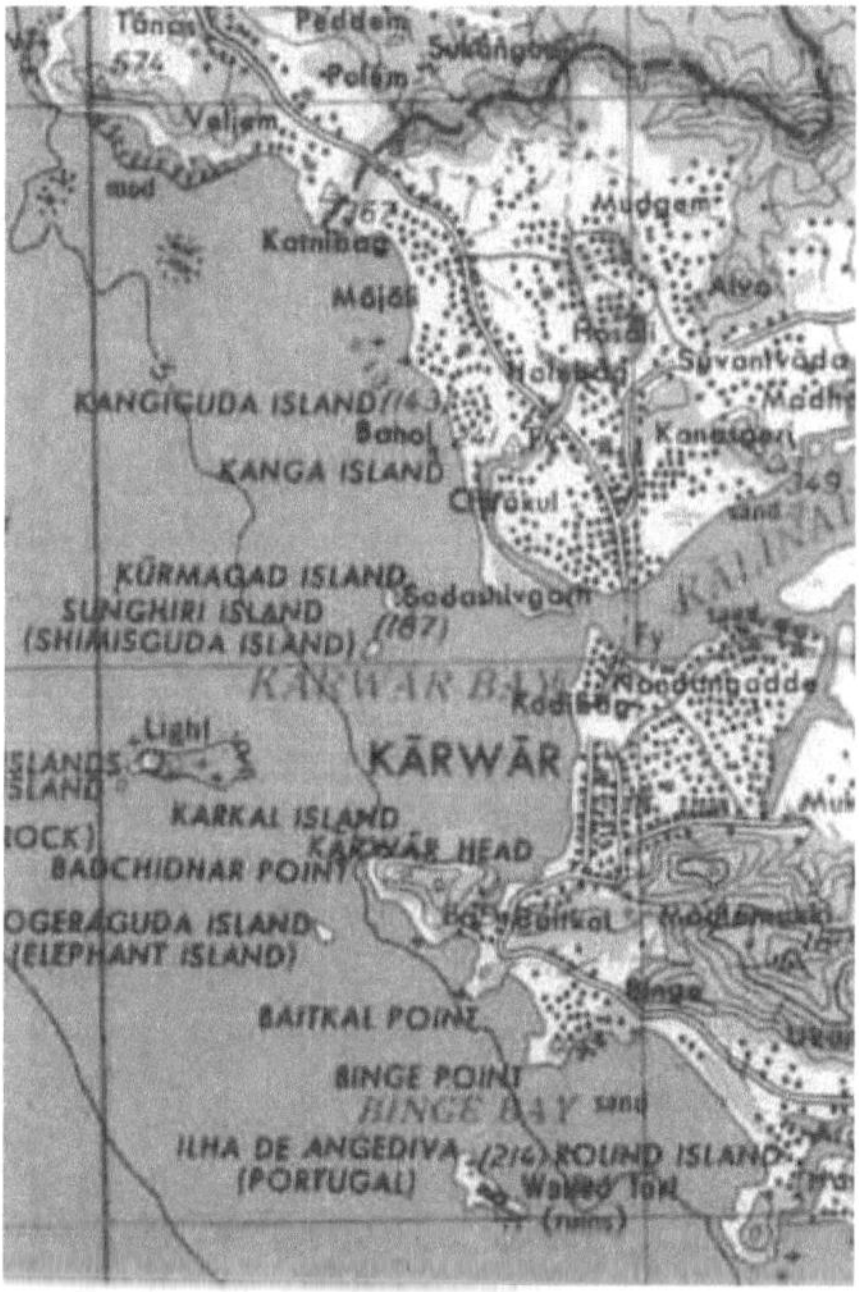

一番下がポルトガル領のアンジェディバ島
(1955)

目に付けたのも、無理からぬこと。

もっともゴアがポルトガル領になってからは、交易の拠点はゴアへ移り、アンジェディバ島の存在は影が薄くなった。伝染病の蔓延もあって19世紀末には島の人口は100人以下となり、戦後インドとポルトガルとの関係が悪化すると、周囲のインド領との行き来が制限された。ポルトガル海軍の船に輸送を頼るようになって、海が荒れれば外部との交通は途絶。1961年にインド軍が占領した時は、30人の島民とポルトガルの守備隊がいただけだったという。

島には1506年にフランシスコ会がインドで最初の教会を建て、現在の建物は1729年に建設されたもの。アジアで最も古いカトリック教会の一つということで、島には巡礼者も訪れていたが、2003年以降はインド海軍の基地となり、民間人の島への立ち入りは禁止され、キリスト教団体から抗議の声が挙がっている。

インドの西の入口に当たるアラビア海の要衝

【旧ポルトガル領】

ディウ

Diu

ディウはインド西部のアラビア海に突き出た長さ13㎞、幅3㎞の島で、面積38・5㎢、ポルトガル植民地末期の1961年の人口は1万4280人、現在の人口は約2万3000人。61年にインド政府によって武力併合された後は、周囲のグジャラート州には編入されず、ダマンとともに連邦政府直轄地となっている。ディウ島と本土は現在では二つの橋で結ばれるようになった。

ディウはインドの西の入口に当たるアラビア海の要衝で、14世紀からはオスマントルコが支配していたが、そこに乗り込んできたのがポルトガルだった。1509年のアルメイダ副王率いるポルトガル艦隊はディウ沖海戦でマルムーク朝（エジプト）の艦隊を打ち破り、インド洋の制海権を手にした。この海戦でポルトガル人はヨーロッパとインドの間の貿易を、アラブ人やトルコ人などイスラム教徒の手から奪うことになる。

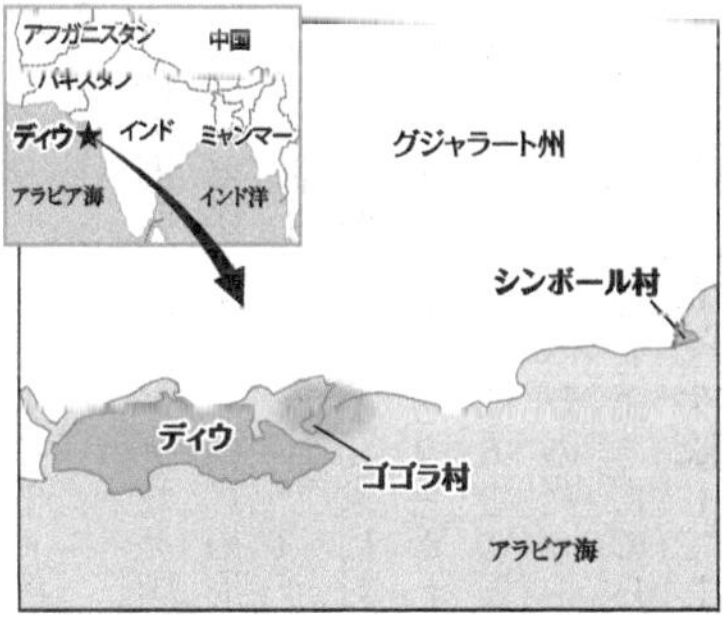

こうしてヨーロッパとアジアとの貿易を独占したポルトガルが次に目指したのは、沿岸貿易を含む全ての海上貿易を支配下に置くことだった。ポルトガルは1510年、ゴアに本格的な拠点を築いたのをはじめ、16世紀初頭にインド西南部からペルシャのホルムズにかけて主要な港に要塞を築き、それ以外の港を攻撃して焼き払ったりした。

ポルトガルの支配下に置かれた港では、関税を徴収し、さらに沿岸貿易も含めてアラビア海を航行する船は、すべてポルトガルからカルタス（通行手形）を購入しなくてはならなかった。ポルトガルの船はアラビア海を常時哨戒し、カルタスを取得していない船を発見すれば乗組員を捕らえ、積荷を没収した。ポルトガルにとってアラビア海を効率的に哨戒するためにはディウに砦を築くことはぜひとも必要だった。

しかしディウにはなかなか砦が築けなかった。アルメイダの跡を継いだアルブケルケ副王自らが交渉に訪れたり、何回も艦隊を繰り出してディウを攻撃したが、ディウは島の形自体が天然の要塞で難攻不落。ディウは当時、グジャラート王国の領土だったが、ディウ総督のマリク・アヤースはポルトガル人との貿易を歓迎しながらも、要塞建設の要求に対しては「国王の許可が出ていないから、なんとも返事ができない」とのらりくらりとかわし続けた。彼はディウでの関税徴収で大きな財産を築いていたため、ポルトガル人との貿易は利益になるが、要塞建設を認めたら関税収入も奪われることがわかっていたのだ。

マリク・アヤースが1522年に死んだ後、ディウ総督を継いだ息子も同じようにのらりくらりとポルトガル人の要求をかわしていたが、宮廷の内紛に巻き込まれて失脚してしまう。そして35年、ムガール帝国に攻撃されたグジャラートの国王バハードゥルは、ポルトガルの援軍を期待してディウに要塞を築くことを認めた。しかし、間もなくムガール帝国は攻撃の矛先を新たに台頭してきたビハールのシェール・シャーに切り替えて、グジャラートから立ち去った。このためバハードゥルはディウにポルトガルの砦を築かせたことを後悔し、ポルトガル船まで出向いて要塞の取り壊しを乞うが、陸へ戻る際に海に落ちて溺死してしまった。

もっともこの時点ではポルトガルは島の先端に砦を築いただけで、ディウの町へ取引に出ても夜には必ず砦へ戻らなければならなかった。それでもいまいましく思ったグジャラート王国はポルトガル人を追い出そうと何度も攻撃を仕掛けるが後の祭り。攻防が入れ替わって難航不落の要塞は容易に陥せず、結局グジャラート王国の内紛に付けこんで、ポルトガルは１５５４年にディウ島全てを占領してしまった。

その後17世紀に入るとオランダやイギリスの進出で、ポルトガルの海上支配は崩れて、カルタス発行や関税の収入は減り、19世紀にイギリスがインド支配を確立すると、ディウは貿易港としての歴史も失われた。それでもイギリスはポルトガルの記念碑のような飛び地を放置してくれたが、戦後独立したインドはわずかな植民地支配の残滓でも見逃すわけにはいかなかった。

１９５４年、インド人の民族主義グループが飛び地状に散らばっていた植民地に押しかけて、ディウでも本土側の飛び地が一部占拠されたが、61年12月にインドが政府軍を繰り

ディウ島とその入口のゴゴラ村、右側に飛び地のシンボール村とパニコタ島（1955）

出して攻撃するとポルトガル軍はひとたまりもなく降伏。

かつて難攻不落を誇ったディウはわずか数時間で陥落した。

ディウの飛び地　ゴゴラ村とシンボール村

ディウには飛び地のさらに飛び地のような形で、本土側にゴゴラ村（Ghogla）とシンボール村（Sinbor）があった。ゴゴラ村はディウ島の東北端と干潟で繋がっていて島の入口といえる場所。

シンボール村はディウから東へ20㎞離れた海岸で面積わずか0・91㎢。古代からの港だったが、1772年にポルトガルが占領。海岸の要塞（シマルコタ）や沖合のパニコタ砦（別名聖アントニオ砦。海岸から海底トンネルでつながっていたらしい）、灯台などがあり、インド軍が占領した時にはわずか12人のポルトガル守備隊がいただけだった。

むかし関所の町、いま酒が飲める町

【旧ポルトガル領】

ダマン

Daman

ダマンは歴史のある町で、ダマンガンガ川の河口の港として紀元前後から存在していたらしい。しかしポルトガルがここを占領したのは16世紀半ばすぎになってからで、当時インド西岸にたくさんあったポルトガル植民地の中ではかなり遅いほうだ。

それというのも、ポルトガルがダマンを占領したのは、ここで貿易を行うためというより、あくまで哨戒《しょうかい》基地にするためだったから。当時、インド西部の大国だったグジャラートの貿易中心地はガンベイ湾。ディウに続いてダマンを占領すれば、ガンベイ湾の封鎖線が完成して、グジャラートに出入りする船にポルトガルが発行するカルタス（通行手形）の購入を強要することができた。

ポルトガルはダマンを獲得するために攻撃をしかけたり、はたまた王に使節を送ったりと、手を替え品を替えて働きかけていたが、1557年にグジャラート王国の内紛に付け

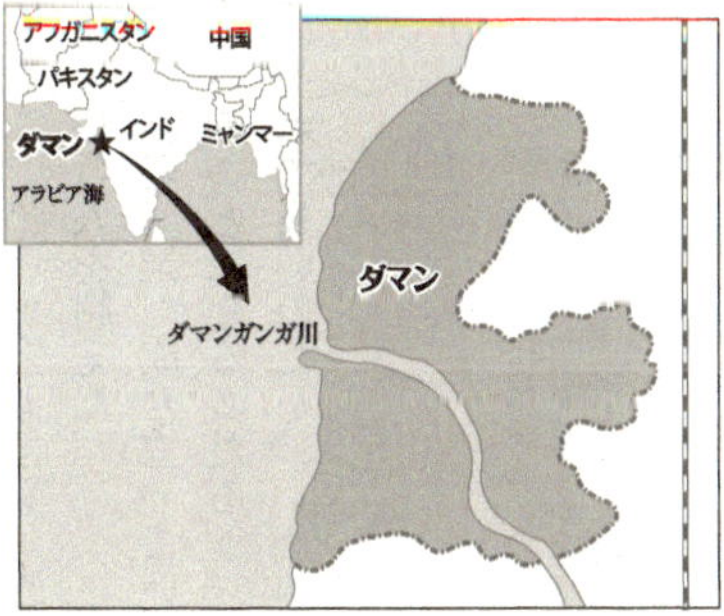

込んで地元の貴族に割譲させ、2年がかりでエチオピア人の守備兵を追い払い占領した。

ポルトガルの海上覇権は、オランダの進出によって17世紀には早くも崩れるが、18世紀後半にはダマンの内陸部にあるダドラとナガルハベリが飛び地として加わり、この一帯で産出する木材の積み出し港となった。ダマンは面積72㎢、1930年代の人口は1万7500人ほどの小さな港町だったが、61年にインドに併合された後は、ダマンとディウは地元のグジャラート州には編入されず、連邦直轄地として別個の行政区分となり、ダマンは「空前の繁栄」をしているらしい。グジャラート州は法律で酒の販売を禁止しているが、ダマンはグジャラート州ではないので禁酒法が適用されない。そこでディウともども「酒が飲める町」として地元では有名になり、人口も2011年には19万人を超えた。

そういえば中国返還後のマカオも、特別行政区としてカジノと風俗産業で成り立っている。宗主国が産業を育成するという意欲に欠けていると、こういうことになるのだろう。結果的に「不健全な産業」でも潤っているわけだから、それはそれで良いのだが。

インド政府が「通せんぼ」してあえなく消滅

【旧ポルトガル領】ダドラ＆ナガルハベリ

Dadra & Nagar Haveli

ダドラとナガルハベリは、内陸に孤立していた。ダドラは三つの村、ナガルハベリは68の村からなり、ダマンから英領インドを挟んで10㎞くらい離れていた。面積は491㎢、人口はポルトガル時代の1930年代は3万5000人だったが、2011年には34万人。金やダイヤモンドの鉱山があるわけでもなければ、戦略上重要な高地でもなく、宗教上重要な聖地があるわけでもない。森と田んぼと湖が広がるだけの農村だ。

ダドラとナガルハベリがポルトガル領になったのは、1779年に一帯を支配していたマハーラーシュトラの王が、ポルトガルとの友好のお返しとしてプレゼントしたから。

当時のポルトガル植民地は領土といっても海岸に砦を築くだけで、地元の伝統的な王と同盟関係を結んで貿易を独占するスタイルだったので、王が領土をプレゼントすることも

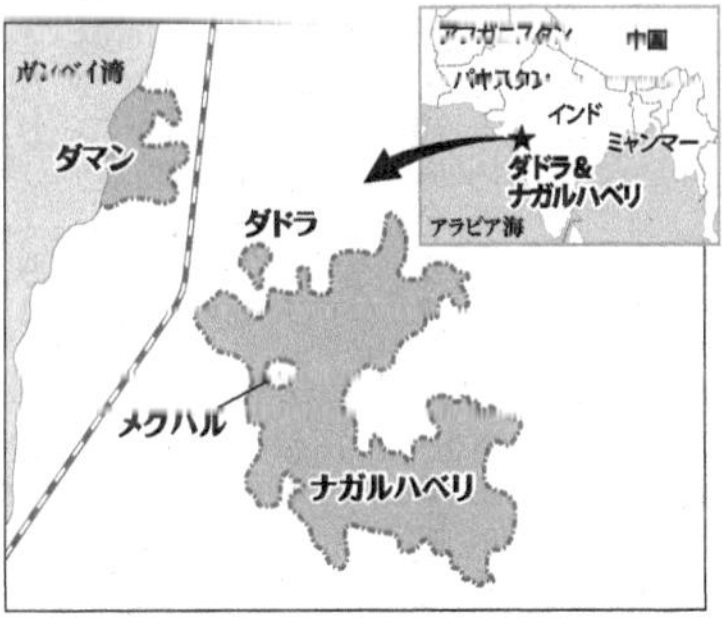

あった。当時マラータ族はいくつもの王国に分裂して抗争を続けていたから、マハーラーシュトラの王はポルトガルにプレゼントをしておいて、いざという時加勢してもらおうと考えたようだ。日本でも戦国時代に、長崎をイエズス会に所領として寄進してしまったキリシタン大名（大村純忠《おおむらすみただ》）がいたのと同じだ。

森と田んぼと湖が広がるだけといっても、インド貿易の独占が崩れて関税収入が減っていた当時のポルトガルにとっては慈雨のような存在で、ナガルハベリから産出されるチーク材は、一時期ゴアを中心とするポルトガル領インドの最大の収入源になっていた。

その後、ダドラとナガルハベリの周囲はイギリスの植民地となり、1947年、イギリスからインドが独立すると「昔の王がプレゼントした領土も返せ」と主張するのは当然のこと。フランスとポルトガルの植民地でも返還要求が始まり、54年にはインド人の民族主義者が実力占拠に乗り出して、四つのフランスの植民地はインド返還が決定した。

一方でポルトガルは民族主義者を武力で追い返したが、内陸にあるダドラとナガルハベリでは、民族主義者を追い返すために軍や警官を派遣するにはインド領内を通過しなくてはならず、ポルトガルが「インド人を撃退しに行くので、軍隊を通らせてほしい」と頼んだところ、インド政府は当然のごとく拒否。かくしてダドラとナガルハベリではポルトガル人を追い出した後に「自由ダドラ・ナガルハベリ」という政府ができた。インドへの返還を主張していたのに、なぜインドは併合しなかったのかというと、インド政府はこの時点では話し合いによる平和的な植民地返還を掲げていたので、インド人が実力占拠した村々をそのまま受け取るわけにはいかなかった。

ポルトガルはその後、「インド政府が飛び地へ向かうポルトガル軍や警官の領内通過を認めなかったのは不当だ」と国際司法裁判所に訴えたが、インド政府に無視された。61年には残るゴア、ディウ、ダマンもインドに武力併合され、判決自体の意味もなくなった。ダドラとナガルハベリはこの年に正式にインドに併合され、その歴史的経緯から周囲の州とは切り離されて、単独の連邦政府直轄地となっている。

旧ポルトガル領に囲まれた旧イギリス領→インド領　メグバル

マハーラーシュトラの王がナガルハベリをポルトガルにプレゼントした際、メグバル村だけは除外され、王の支配地のまま残った。「イギリス植民地の中に残された中国領」だった九龍城砦《ガウロンセンチャイ》では、清朝の軍隊や役人が駐在する重要拠点として残されたのだが、メグバル村の場合はむしろ逆だった。

インドのカーストは、細かなものまで加えると３０００～３５００に分類できるといわれているが、現在メグバル村があるグジャラート州政府が制定した指定カースト・リスト（政策的に優遇措置を与えるべき最下層の不可触民のカースト一覧表）には、皮革や製靴、機織を生業とするメグバル（meghval）というカーストが記載されている。つまりメグバルの人たちが住むメグバル村は、プレゼントにふさわしくないと敢えて外されたらしい。その代わりにメグバル村とほぼ同じ面積のダドラ村がポルトガルに贈られたようだ。

文字通り英仏が角を突き合わせたアフリカの角

【旧フランス領】

シェイクサイド

Scheikh Said

「アフリカの角」と称される紅海《こうかい》の出口に、フランス領ソマリランドという小さな植民地があった。1977年にジブチとして独立したが、海峡を挟んだアラビア半島にもシェイクサイドというもっと小さなフランスの植民地があった。当時の世界地図を見てもほとんど載っていないシェイクサイドは、戦前のアジア主義右翼の黒龍会《こくりゅうかい》が1931年に発行した『最新亜細亜大観』によれば、こんな場所だったとか。

——亜刺比亜《アラビア》の西南端バベルマンデブ海峡に臨んだ面積一千六百平方粁の猫額大の地で、人口約一千に過ぎない。一八七〇年頃仏国が占領して、土耳古《トルコ》との条約により獲得した地であるが、英国が右の仏土条約を承認せぬため、仏国は事実上の占有により仏領たることを主張して今日に及んでいる——

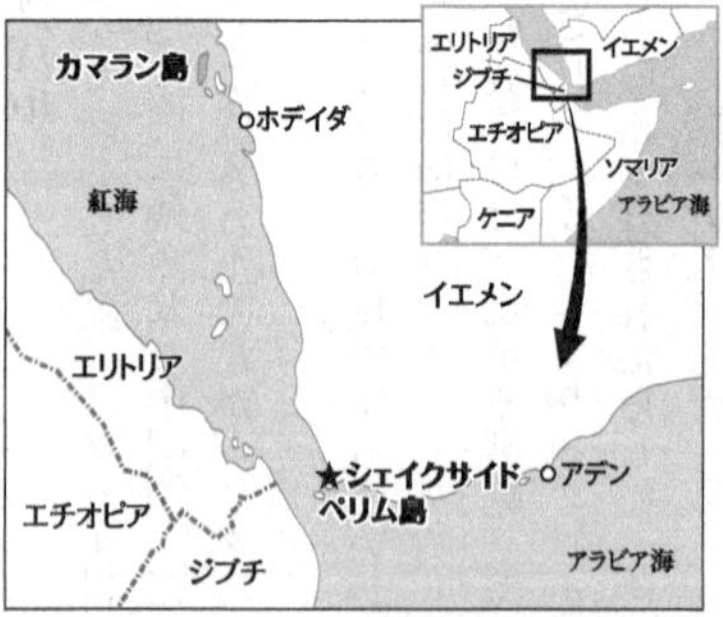

シェイクサイドは1868年にマルセイユのラボー・バザンという会社が、アリ・タバト・ドーレインという地元部族の首長から5万フランで購入した入り江だった。

1868年といえば、スエズ運河が完成する前年のこと。スエズ運河はフランスとエジプトが出資し合って建設したものだが、開通すると紅海はヨーロッパとアジア、アフリカ東岸をつなぐ重要ルートになることから、フランスはこの時期、紅海出口に船の燃料を補充する給炭港や貿易拠点を確保しようとしていた。しかし肝心のスエズ運河は、資金繰りに苦しんだエジプト政府が持ち株をイギリスへ売却し、イギリスの手に半分渡ってしまう。

シェイクサイドに最初に目を付けたのは、英領アデンのフランス領事をしていたマスという人で、彼はソマリア海岸の首長たちと関係を結びながら、フランスの拠点となり得る場所を探していたが、シェイクサイドの入り江は淡水が豊富でうってつけだと、スエズ運河会社の社員だったポイライというフランス人に、「シェイクサイドは掘り出し物だよ！」と買収するように持ちかけた。ポイライは武器商人で当時イギリスと戦っていたエチオピアの皇帝テオドロス二世に武器を供給して稼いでいたが、1868年にテオドロス二世が自殺してしまったために大損害を蒙り、マルセイユのバザン家に投資を仰ぐことにした。

フランス商人のシェイクサイド買収に異議を唱えたのがトルコとイギリスだ。トルコは当時イエメンの宗主権を持ち、シェイクサイド北方の港町ホテイダに総督を派遣していた。一方でイギリスは1839年にアデン港を占領して植民地とした後、周辺の各部族と保護

村川堅固『世界時局地図』(1936)

条約を結び、毎年補助金を与えて支配下に置いていた。つまりシェイクサイド一帯の土地はトルコが、住民はイギリスが「俺のものだ」と主張して、フランスの進出に抗議してきたのだ。

フランスはトルコに、シェイクサイドはあくまで会社の所有地でフランスの公式な植民地ではないと釈明した。一方でイギリスはアデン周辺の部族をけしかけて、フランス人にシェイクサイドを売ったアリの部族を討伐させた。驚いたアリは売却キャンセルを申し出るが、後の祭り。1870年にフランスとトルコは条約を結び、シェイクサイドはラボー・バザン社のものになったが、イギリスはあくまでこれを認めなかった。しかし実際にはシェイクサイドの入り江は浅く、大型船が入れなかった。またフランスは海峡を挟んだ対岸のアフリカ側にも植民地を築き、1862年にオボック地方を獲得して仏領ソマリ海岸としたのを皮切りに、1884年には仏領ソマリランド（ジブチ）を成立させて、ここを紅海出口の拠点とした。

ラボー・バザン社はジブチの発展に対抗するために、フランス政府にシェイクサイドを公式の植民地として宣言するように求めた。しかしトルコが反発してイギリスと手を結ぶことを恐れたフランス政府は曖昧にし続けたため、シェイクサイドの開発はまったく進まず、ほとんど見捨てられた状態になった。

シェイクサイド購入に投じた資金が水の泡となりかねないラボー・バザン社は、1883年にスペインに共同開発を持ちかけた。ラボー・バザン社の狙いは、フランス政府に入り江がスペインに渡ることを懸念させて、シェイクサイドの領有宣言をしてもらうことだったが、フランスが考えあぐねている間の85年に、トルコがシェイクサイドを占領してしまい、翌年ラボー・バザン社は所有権をフランス政府へ譲渡するはめになった。

その後もフランスは、シェイクサイドに軍隊を駐屯させても駐軍費用がかさんで採算が取れないと、本格的な領有は行わず、フランスの商館がコーヒー豆の輸出を細々と続けるくらいだった。第一次世界大戦でトルコが敗れると、フランスは戦勝国としてシェイクサイドを正式にトルコから割譲させることも検討したが、戦時中にシェイクサイドを再占領したトルコ軍を追い払ったのは実はアデンのイギリス軍だったので、またもややむやに。

1918年にトルコからイエメン王国（北イエメン）が独立した後も、シェイクサイドはフランスが小さな貿易拠点として実効支配し続け、フランスが北イエメンの主権を認め

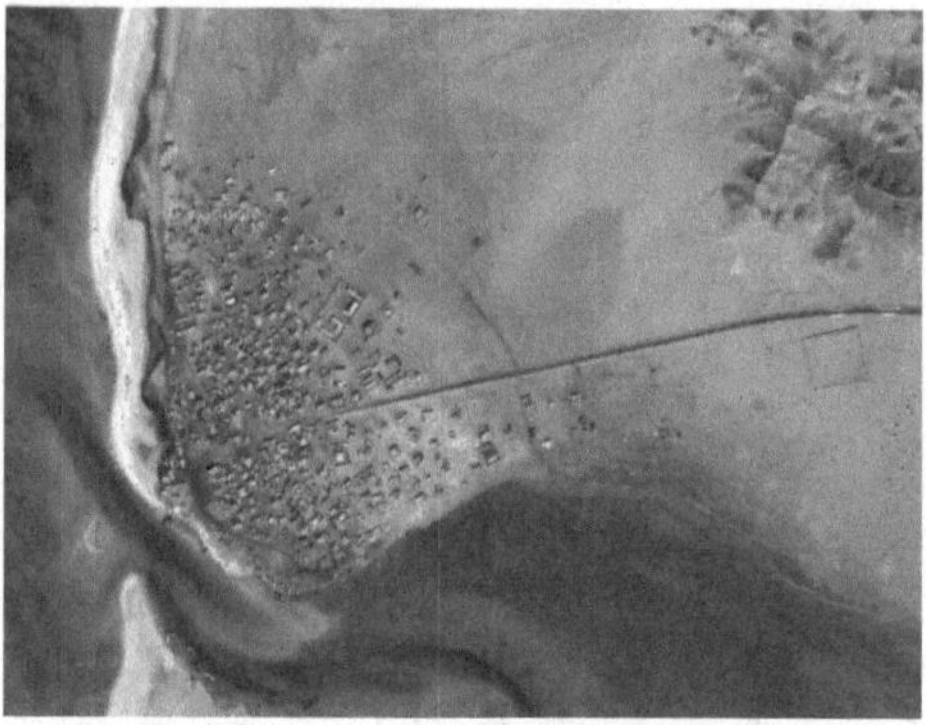
現在のシェイクサイド。下の部分が浅すぎて使い物にならなかった入り江（Google map）

たのは１９３９年だった。

北イエメン沖合にあった南イエメンの飛び地　カマラン島

北イエメンと南イエメンは１９９０年に統一して現在のイエメンになったが、それ以前の地図を見ると、北イエメン随一の港町ホデイダの北の沖合に、カマラン島という南イエメンの飛び地が存在していた。

旧トルコ属領→北イエメン、旧イギリス植民地→南イエメンだから、１９６７年に南イエメンが独立するまでカマラン島はイギリス領だった。それならシェイクサイドのように、スエズ運河開通の時代に英仏が紅海の拠点を押さえようと争奪戦を繰り広げてイギリスが獲得したのかといえば、そうではない。

カマラン島を最初に支配したのはポルトガルで、大航海時代の16世紀に島に砦を築いたが、間もなく放棄。19世紀に入ってトルコが占領し、島に検疫所を建てた。当時は蒸気船が実用化し始めた時代で、全世界から船でメッカ巡礼にやって来るイスラム教徒が急増していた。トルコ政府はそれらの船をカマラン島に停泊させ、巡礼者と荷物を消毒し、巡礼で伝染病がイスラム圏全体へ拡散することを防ごうとした。

第一次世界大戦が勃発すると島はイギリス軍が占領し、１９２３年のローザンヌ条約では「カマラン島の帰属は将来決定する」と曖昧にされ、トルコから独立した北イエメンは領有権を主張したが、イギリスは無視して占領し続けた。イギリス支配下で検疫所は拡張され、発電所や海水淡水化工場が建てられ、鉄道も敷かれた。イギリスはカマラン島を押さえることで、メッカへの巡礼者の多くをチェックすることができたのだ。

しかしカマラン島の繁栄は永くは続かなかった。アラビア半島で新たに成立したネジド王国（現在のサウジアラビア）が１９２６年までにヘジャズ王国を征服し、メッカを支配下に収めると、自国の港に検疫所を作ったので、カマラン島に寄る船はなくなった。

戦後、カマラン島は帰属がはっきりしないままアデンのイギリス政庁が支配し続け、島は軍事基地として使用された。イギリスから南イエメンが独立すると、島は南イエメン領になったが、72年に北イエメンが占領して実質的に支配してしまった。当時南イエメンはソ連寄りの社会主義国だったので、紅海へのソ連の進出を警戒したアメリカやイギリスもそれを黙認した。

現在のカマラン島は漁民が暮らすのどかな島で、最近ではダイビングのスポットとして売り出し中とか。

基地の町からショッピングと節税対策の町へ

【イギリス領】ジブラルタル

Gibraltar

20世紀半ばまで世界にはたくさんの植民地が存在していたが、ヨーロッパにあった数少ない植民地がジブラルタル。アメリカ大陸を中心に広大な植民地を持っていたはずのスペインが、自らの喉元ともいえる場所に他国の植民地を築かれてしまったまま、現在に至っているわけで、かなり異色な存在だ。

ジブラルタルはアフリカ大陸と向き合うスペイン最南端の岬で、面積6・8㎢。山手線の内側の10分の1ほどの広さだが、南北5㎞、東西1㎞の巨大な石灰石の岩山が大半を占めている。この岩山はジブラルタル海峡を挟んでアフリカ側にあるセウタの岩山とともに、あたかも地中海の出口に聳え立つ門柱のようだということで、古代ギリシャ神話にも「ヘラクレスの柱」として登場するほど古くから知られ、ジブラルタルの象徴だ。約3万人のジブラルタルっ子たちは、自分たちの町を愛着を込めて「ロック」と呼んでいる。

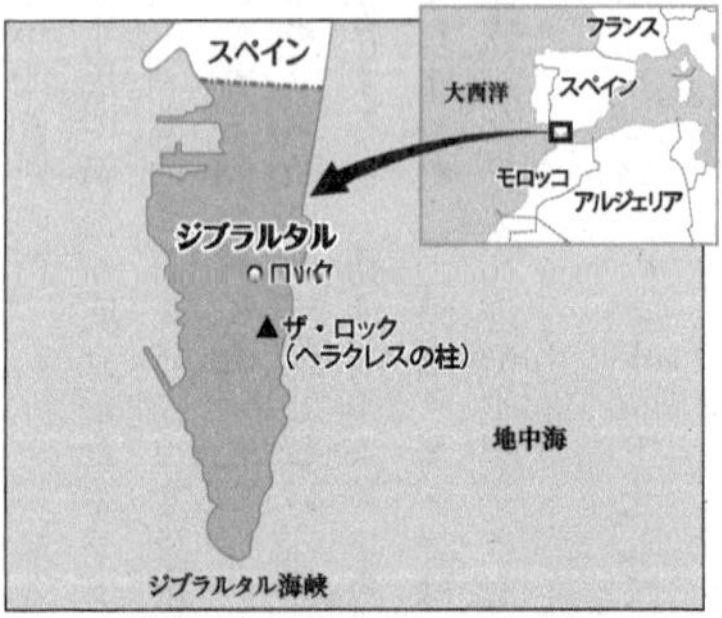

ジブラルタル海峡は、地中海から大西洋へ向かう船が必ず通らなければならない要衝だから、フェニキア人の時代から地中海で覇を競ったさまざまな勢力が争奪を繰り広げた。

中世にはスペイン本土とともにイスラム勢力が支配していたが、１４６２年にキリスト教徒が占領してメディナ・シドニア公爵の領地となり、イスパニア王国が１５０１年に併合した。イベリア半島からイスラム勢力を駆逐したスペインは、ポルトガルとともに大航海時代を築き、16世紀後半から17世紀にかけてはポルトガルをも併合して最盛期を迎える。しかし１５８８年に無敵艦隊がイギリス海軍に敗れてからはケチがつき始め、17世紀後半には「太陽の沈まない国」の代名詞は、イギリスに取って代わられてしまった。

そして１７０４年、スペイン継承戦争に介入したイギリスによってジブラルタルを占領され、13年のユトレヒト条約で正式にイギリス領として割譲。スペインはかつてジブラルタルを２００年間支配したが、イギリスはその後現在に至るまで３００年間支配していることになる。

とはいってもスペインはこの３００年間、喉元に突き刺さった棘のジブラルタルを放棄したつもりはない。「イギリスによる軍事使用は認めても、領土としての主権は手放していない」と、一貫して領有権を主張し、あの手この手で奪還に挑み続けている。

18世紀にはフランスと手を組んで幾度となく軍事包囲を試み、１７７９年からは４年間にわたって猛攻を加えたが奪還は果たせず失敗。かえってイギリスによる「難攻不落のジブラルタル」という名声を高めてしまった。第二次世界大戦ではフランコ総統がヒトラー

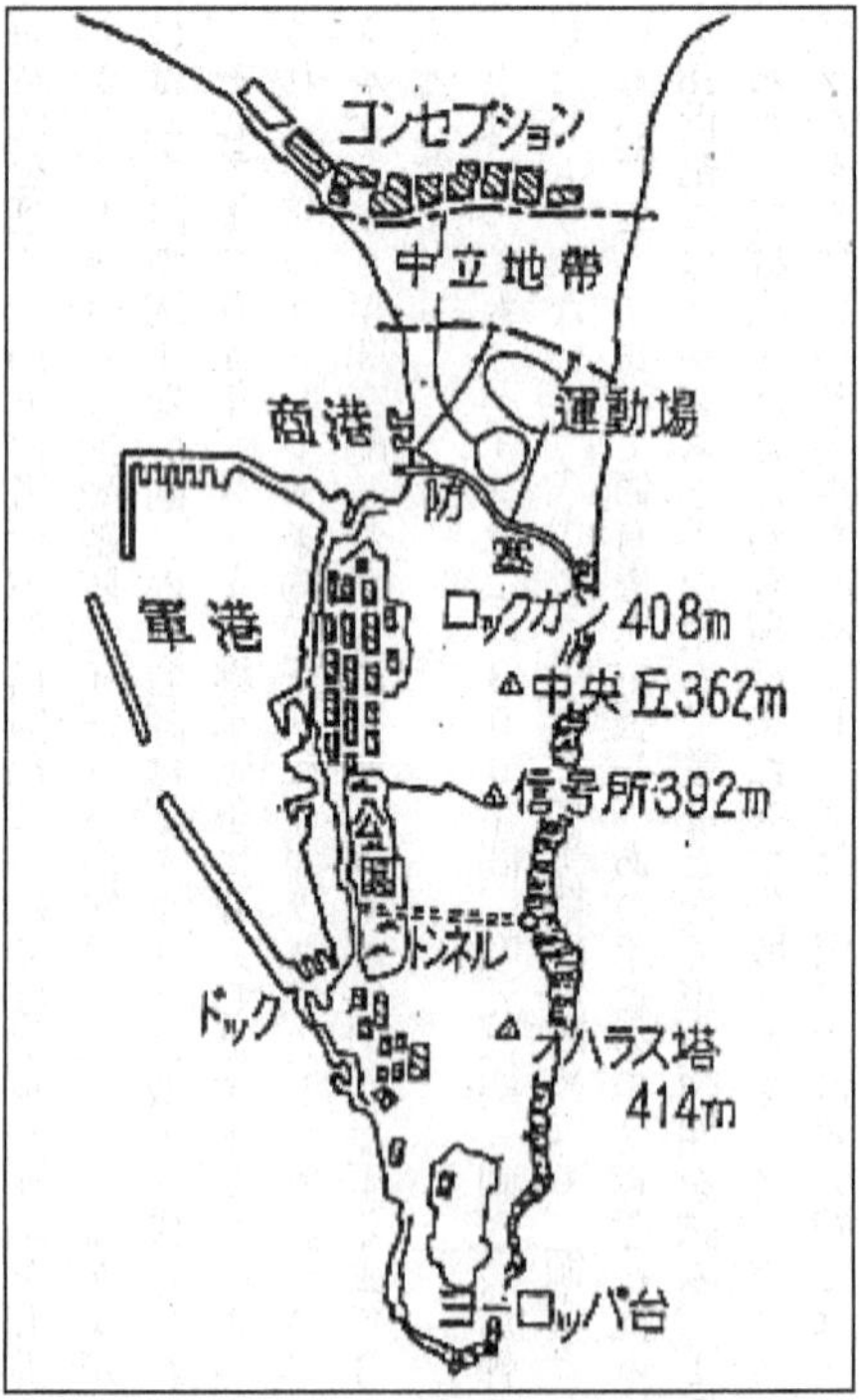

戦前のジブラルタル。中立地帯の北側はスペイン領

と手を組んでジブラルタル占領作戦を立てたが、そうこうしている間にドイツ軍の戦況が不利になって来たので、「ジブラルタルを一時的に取り戻しても、負け組の仲間入りをしたらすべてを失いかねない」と中立を宣言して断念した。

戦後は手段を変えて、平和的に国際世論へ訴えることで奪還を試みた。国連でイギリスの「不法占領」を訴えてひとまず成功をおさめ、1967年の国連総会ではジブラルタルのスペイン返還を求める決議が採択された。しかしイギリスも平和的手段で対抗して住民投票を実施。結果はイギリス統治の継続に賛成が1万2138票に対して、スペイン返還に賛成はたった44票で、イギリスは「ジブラルタル統治は住民の意思に基づいている」という錦の御旗を手に入れてしまい、スペイン以外の国はイギリスを非難しなくなった。

ジブラルタルの住民のほとんどはスペイン系だが、なぜまた「イギリス植民地のままがいい」と主張したのかといえば、当時のスペインはポルトガルとともに西欧の最貧国だったのに対して、ジブラルタルは英軍基地の町として潤い、自由貿易港で税金が安かったから。またスペインはフランコ独裁政権で、政治的自由や言論の自由がなく、国会議員のほとんどは総統の任命や翼賛団体からの選出で決められていたが、ジブラルタルは69年から自治植民地になり、議員内閣制の政府に大きな権限が与えられた。植民地の方が自由で民主的で豊かなのだから、住民がスペイン返還を望まなかったのは当然だ。

投票結果に怒ったスペインは、「イギリスが国連決議を守ろうとしない」ことを理由に、69年からジブラルタルとの国境を封鎖してしまった。しかし経済が英軍基地に依存していたジブラルタルはあまり打撃を受けず、かえって住民の結束を固めて、スペインに対する反発を強める結果になった。むしろ打撃という面では、ジブラルタルへ通勤していた1万2500人のスペイン人が職を失い、周辺のスペイン領の町の方が深刻だった。

スペインの民主化やEC（ヨーロッパ共同体＝EUの前身）加盟と前後して、スペイン

現在のジブラルタル。かつての運動場を潰してできた滑走路が、半島を横断（Google map）

とイギリスの関係は改善に向かい、ジブラルタルの封鎖が85年に解除されると、スペインからの免税品目当ての観光客がどっと押し寄せて、活況を呈するようになった。例えばタバコの消費量でジブラルタルは世界でトップクラスだが、これはスペイン人観光客が買っていくため。モーターボートでスペインへ密輸されるタバコも、年間1億箱以上と見られている。

またタックスヘイブン（租税回避地）としてジブラルタルを利用することも盛んになった。例えばスペイン人が国内で土地を買いたい場合、ジブラルタルでペーパーカンパニーを設立して資金を移してからスペインの土地を買えば、「外国投資家」としての優遇を受けられる。こうしてジブラルタルには人口の倍以上もの数の企業が設立され、マネー・ロンダリングの拠点になっているともいわれている。

ジブラルタルに駐屯するイギリス軍は91年に大幅縮小されたが、観光とオフショア金融が急成長したことで大きな影響はなく、1984年にジブラルタル経済の6割を占めていた基地関連収入は、現在では7％に過ぎない。

2002年にはジブラルタルの将来について再び住民投票が行われて、「イギリス女王とスペイン国王による共同主権下で、ジブラルタルに独立国に近い自治を与える」という提案が問われたが、住民の99％が反対して否決。スペインの中の小さなイギリス領という美味しい現状を少しも変えたくないのが住民の強い意思のようだ。

武力でも民主的手段でも、スペインにとってジブラルタルは難攻不落なのだ。

鉄条網で囲まれたアフリカの中のヨーロッパ

【スペイン領】
セウタ
Ceuta

ジブラルタル海峡を挟んだモロッコの北岸にスペイン領の小さな飛び地の町が二つある。一つはセウタ、もう一つはメリリャ。そのうちセウタは面積19㎢（新宿区とほぼ同じ）で、人口は約8万2000人。スペイン本土とフェリーで結ばれ、北アフリカの玄関口として、また関税が安いショッピングの町として世界中から観光客を集めている。

セウタは地中海の出口を制する要衝だから、対岸のジブラルタルとともにフェニキア人に始まって、ローマ人、ビザンティン帝国、ベルベル人、アラブ人などが砦と港を築いて支配してきた。大航海時代に世界の海を制覇したポルトガルも、その手始めに占領したのはセウタだった。

14世紀末のポルトガルはカスティーリャ（後のスペイン）との戦争や民衆の反乱などで

混乱が続いていた。こういう時は対外侵略を行って、国内の不満を外に向けさせようとするのは古今東西を問わず為政者の常套手段。

そこで当時イベリア半島の南端に残っていたイスラム教徒のグラナダ王国を攻めようとしたが、カスティーリャが猛反発したため断念。目標を海の向こうのモロッコに定め、1415年にセウタを攻撃した。

セウタ攻略は思いのほか簡単に成功し、味をしめたポルトガルはエンリケ航海王子の指揮のもと、タンジールを始めモロッコの沿岸を次々と占領していった。モロッコ征服に熱中したのはサトウキビを入手することと、サハラ砂漠の南に大きな金脈があると信じていたから。しかし16世紀半ばになるとポルトガルの関心はアジアやアフリカ、ブラジルへ移り、手が回らなくなったモロッコの拠点はセウタなど数か所を残して放棄された。

そして1580年、全盛期にあったポルトガルは突然スペインに併合されてしまう。ポルトガル最後の王となったセバスチャン王はわずか3歳で即位し、14歳になった1568年から親政を行った。幼い王は世界各地に延びていた商船隊と要塞のネットワークを維持し発展させることよりも、再びモロッコを征服してキリスト教を北アフリカへ拡大する夢に没頭した。

そして78年、モロッコ宮廷の内紛に介入して出兵したが、ポルトガル軍は壊滅的な敗北を喫してセバスチャン王はあえなく戦死。王の後継者には何人かの候補者が挙がったが、2年後にポルトガル王家の血筋を引くスペイン国王のフェリペ二世がポルトガル国王を兼任することになった。モロッコ出兵で軍の精鋭が壊滅したうえに財政損失を蒙ったポルトガルは、スペインの軍事力と経済援助に頼らざるを得なくなったのだ。

やがてポルトガルではスペインの支配に対する反発が高まり、1640年にジョアン四世がポルトガル国王への即位を発表して独立を宣言する。ポルトガル本国と各植民地はジョアン四世の即位を支持したが、セウタはポルトガルの独立に反対してスペイン王室への忠誠を表明した。

こうして68年にスペインがポルトガルの独立を承認して条約が結ばれた際、旧ポルトガル植民地のうちセウタだけがスペインに引き継がれた。

さて1912年にフランスがモロッコを植民地化すると、スペインもこれに乗じて支配地を拡大。「非武装・永世中立の国際管理地域」としてかつての上海の共同租界のようになったタンジールを除くモロッコ北岸を北部保護領、スペイン領サハラに隣接した部分を南部保護領として確保し、モロッコ中部の大西洋岸のイフニも領有した。

そして、1956年にモロッコがフランスから独立するとスペインも北部保護領を返還し、58年には南部保護領を、69年にはイフニを返還したが、セウタとメリリャについては「歴史的にスペイン固有の領土だ」としてモロッコの返還要求を拒否し続けている。確かに現在のモロッコ王国に続くアラウィー朝が成立したのは17世紀半ばで、それ以前からセウタはスペインが領有しているのだが……。

しかしスペインにとってセウタやメリリャの維持は重荷でもある。たいした産業がない小さな飛び地なので労働者の4割近くが政府関連で働き、人口の1割に相当するスペイン軍の駐留が経済を支え、さらにスペイン政府から多額の補助金が支給されている。二つの町の豊かさは、スペイン政府からの支出によって成り立っているのだ。

また1990年代になるとアフリカ各地からモロッコ経由でセウタに密入国しようとする者が激増し、その数は96年から99年にかけて年間30万人にも及んだ。EUが誕生しシェンゲン協定によってヨーロッパ各国の移動が自由化されると、スペインの一角であるセウタに潜り込めば、フランスでもドイツでも働けるだろうとアフリカ人は狙った。

大量の密入国者にセウタはネをあげて、2000年3月にはEUからの補助で、中立地帯を挟んだモロッコとの国境線8㎞に高さ3・1mの二重の鉄条網が完成した。夜中でも何者かが近づけば、センサーが体温を感知して警報を鳴らすという仕組み。しかし陸上での警戒が厳しくなっても、ボートや泳いでセウタに潜入する密航者が増えるだけのこと。

捕まえた密入国者も、モロッコ人ならすぐモロッコへ強制送還すれば済むが、アフリカの遠い国からだと送還費用がかさむし、なかにはスペインと国交がない国もあって、送還しようにも送還できず、長期間の拘留で待遇が悪いと人権団体からは批判を受けるはめに。

水は高いところから低いところへ、人は貧しいところから豊かなところへ流れるのは世の常。香港やマカオでも同じような現象で深刻な問題になっていたが、アフリカにヨーロッパの飛び地があったら、こうなるのも宿命だ。

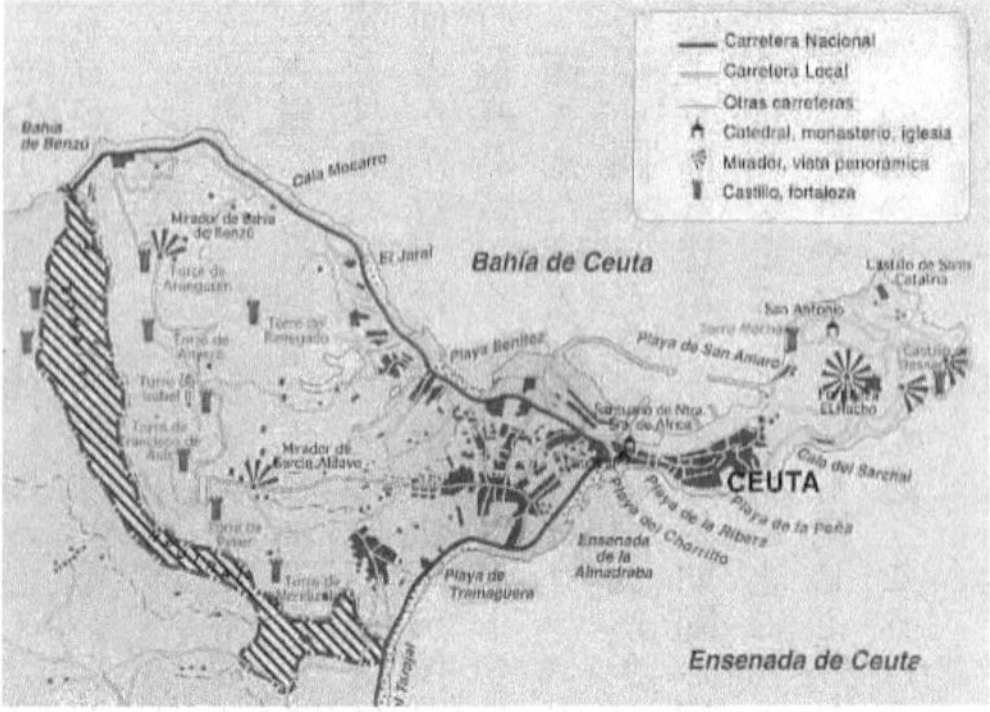

現在のセウタ。左側の斜線部分は中立地帯

セウタの飛び地　ペレジル島

セウタの西5㎞にある無人島で、面積15ha（0・15㎢）。モロッコの海岸からは200mで、目と鼻の先だ。この島の領有権はほとんど意識されていなかったが、2002年7月に密航船を監視しようとモロッコが警備兵を上陸させたところ、怒ったスペイン軍がヘリコプターで急襲する事件が発生、EUやアラブ諸国を巻き込んだ国際問題になった。

　モロッコはペレジル島の返還を要求しようにも、「セウタはいいから、とりあえずペレジル島だけ返して」というわけにもいかず、ジレンマを抱えた状態だ。

レコンキスタの勢いに乗りスペインが占領した町

【スペイン領】メリリャ

Melilla

スペインはレコンキスタ（国土回復運動）の中で誕生した国だ。8世紀以来イベリア半島を支配していたイスラム教徒に戦いを挑んでいたキリスト教国のうち、カスティーリャ王国とアラゴン王国が1479年に合併して成立したのがスペインの始まり。

そして1492年、イベリア半島でイスラム教徒の最後の拠点だったグラナダを陥落させ、勢いに乗ったスペインはジブラルタル海峡を越えて北アフリカに上陸する。97年にまずメリリャを攻略したが、西側はポルトガルが進出していたので東側のアルジェリア方面に進み、マグレブ、オラン、ベジャイヤと地中海沿岸の都市を次々と占領。1511年にはアルジェを陥落させるが、やがてオスマントルコの介入で押し戻され、結局メリリャだけが残った。17世紀に入ってセウタがポルトガルからスペインへ移ったことで、スペインは北アフリカに二つの町を確保した。

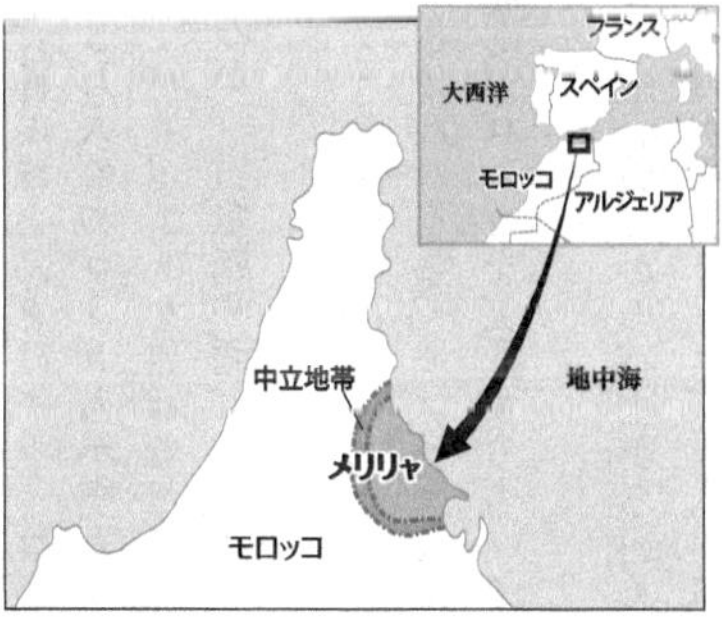

メリリャはセウタ同様にフェニキア人が建設した歴史の古い町で、カルタゴやローマの植民地にもなった。もともとは砦を中心とした狭い一角だったが、19世紀後半にモロッコと4回にわたって条約を結び、現在の範囲に拡大した。とはいっても面積わずか12㎢（千代田区とほぼ同じ）だから、歩いてまわれる程度。周囲を取り囲むモロッコ領との間は、幅500mの中立地帯になっている。

スペイン本土のすぐ対岸にあるセウタが「ヨーロッパのショウウインドウ」なのに対し、本土からフェリーで6時間かかるメリリャは、モロッコとの結びつきが強い。旧市街はアラブ風の町並みで、モロッコの鉱山の積み出し港でもある。食糧のほとんどはモロッコから運ばれ、ヨーロッパ製品を安く買うために、毎日のべ2～3万人のモロッコ人が出入りしている。セウタやメリリャに隣接する地域のモロッコ人は、パスポートを見せるだけで24時間滞在できるので、「担ぎ屋」が一日に何往復もしているが、貴金属や酒、タバコ、盗難車やドラッグなどの密輸も盛んらしい。

モロッコ北部がスペインの植民地だった20世紀前半、メリリャの住民のほとんどはスペイン人とユダヤ人だった。例えば1950年の人口8万1182人のうち、モロッコ人は6277人で1割にも満たず、メリリャはセウタとともに北部モロッコを支配するスペインの人の中心拠点として繁栄していた。

しかし56年にモロッコが独立すると、メリリャはそれまでの中心拠点から本土から遠く離れた辺境の飛び地に過ぎなくなって衰退。スペイン人の多くは町を去り、ユダヤ人もほとんどがイスラエルへ移住して、30年後の86年にはメリリャの人口は5万2388人にまで減少した。

入れ替わりに増えているのがモロッコ人で、86年には住民の3分の1、現在ではメリリャの人口7万9000人のうち半数以上を占めている（セウタでは約3割）。セウタやメリリャのモロッコ人は、10年以上暮らせば永住権が取得でき、スペイン国籍も申請できることになっているが、実際には永住権は取れても国籍の取得は難しく、3分の1のモロッコ系住民が無国籍だ。

スペイン政府が国籍を与えることを渋っているのは、スペイン国籍を取得したらフランスやドイツにも合法的に住めるようになり、せっかく増えてきた人口が流出しかねないし、新たな密入国者を招きかねないこと。そしてメリリャの人口の半分以上がモロッコ系の国民になったら、単なる植民地だと見られかねなくなることだ。

セウタとメリリャを植民地だと見なして返還を要求し続けるモロッコに対して、スペインは固有の領土だと拒み続けているが、その根拠の一つが「住民のほとんどがスペイン人」だった。しかし住民の多くがモロッコ系になれば、この言い訳は通用しなくなる。

一方でスペインは、国際社会に対しては「セウタやメリリャの住民は、スペイン本土の住民と同等の権利を有しているので、植民地ではなく本土の一部」だと釈明している。ジブラルタルの住民はイギリス国会の選挙に参加できないから、不当な植民地支配でスペインに返還すべきだが、セウタやメリリャの住民はスペインの国会の選挙にも参加できるか

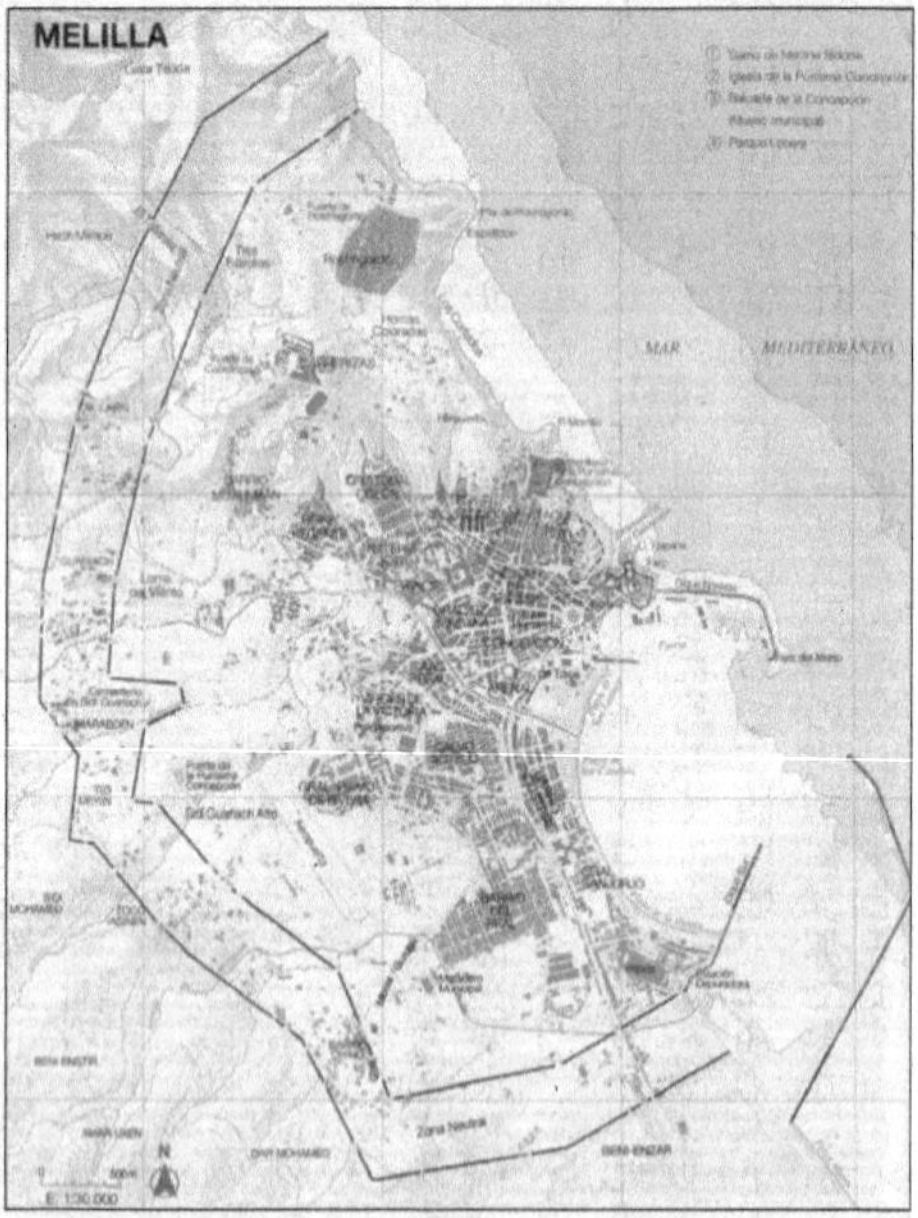

現在のメリリャ。町を取り囲む二重線の内側は中立地帯

ら、植民地ではなくモロッコに渡す必要はないという論理だが、それならモロッコ系住民にも同等の国籍を与えなくてはならなくなる。

そこでモロッコ系住民にはとりあえず永住権を与え、国籍は様子を見ながら少しずつ与えるという、現在の中途半端な政策になったようだ。

セウタやメリリャに住むモロッコ系の住民は、モロッコへの返還を望んでいるかといえばまったく逆。せっかく豊かで近代的な「ヨーロッパの飛び地」の永住権を手に入れたのに、「アフリカの町の住民」には戻りたくない。特に現地生まれのモロッコ系住民の間では、「イスラム教徒のスペイン人」という意識が生まれている。モロッコ系住民は彼らの言葉であるタマズィグト（ベルベル語）が学校教育で教えられないことに不満を募らせ、市議会にはイスラム教徒の権利拡大を主張する政党が進出しているが、彼らもメリリャのモロッコ返還は「住民は誰も望んでいない」と否定している。

1980年代にスペイン政府がジブラルタルとの国境封鎖を解くと、セウタとメリリャでは自治権を求める運動が盛んになった。これはスペイン政府がジブラルタルの獲得と引き換えに、セウタとメリリャをモロッコへ引き渡してしまう懸念が広がったためで、スペイン系もモロッコ系も住民の頭ごしに町の将来が決められることを恐れた。

その結果、95年からセウタとメリリャはスペイン本土の州から切り離されて、現在では「自治市」になっている。

ほとんど意地で領有し続けている、地図にも載らない岩礁の飛び地

【スペイン領】
ペニョン・デ・ベレス・デ・ラ・ゴメラ
ペニョン・デ・アルウセイマス
チャファリナス諸島

Penon de Velez de la Gomera, Penon de Alhucaimas Melila, Islas Chafarinas

　モロッコの北岸にあるスペインの飛び地といえばセウタとメリリャだが、実はこの他にも超ミニ飛び地がいくつか存在している。ペニョン・デ・ベレス・デ・ラ・ゴメラとペニョン・デ・アルウセイマス、そしてチャファリナス諸島だ。いずれも民間人が住める場所ではなく、軍隊だけが駐屯している。

　ペニョン・デ・ベレス・デ・

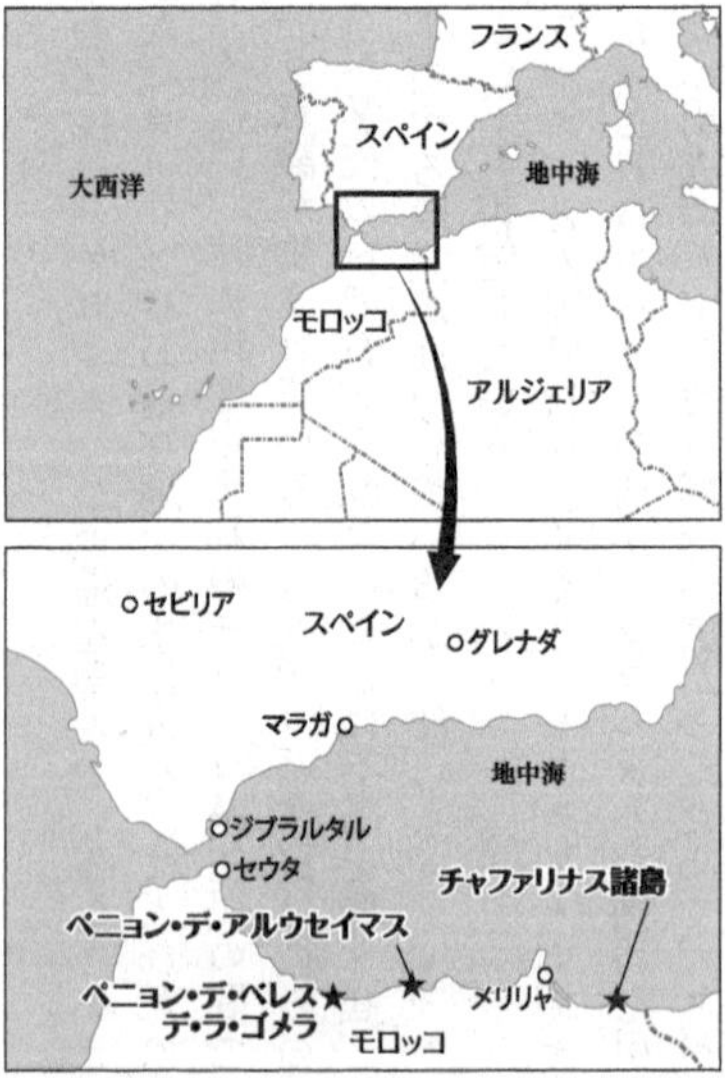

ラ・ゴメラはセウタの南東117㎞の地点にある岩礁で、面積4ha（0・04㎢）。1508年にスペイン南岸を荒らしていた海賊を撃退するためスペイン軍が占拠し、モロッコ側が占領したり、スペインが領有を放棄しようとしたこともあったが、現在も60人の守備兵が駐屯している。もとは島だったが、今はモロッコ本土とは85mの砂洲でつながり、世界で最も短い国境線でもある。

ペニョン・デ・アルウセイマスはセウタの南東155㎞、メリリャからは西へ約100㎞の地点にあり、モロッコのリゾート地・アルホセイマの沖合300mに浮かぶ三つの岩礁で、面積は合わせてたったの1ha。1559年にモロッコのスルタンが、オスマントルコからの防衛協力と引き換えにスペインへ割譲した。現在でも30人のスペイン兵が駐屯している岩礁は、海面から高さ27mの絶壁がそそり立ち、70m×50mほどの広さの場所に兵舎や監視塔として使われている時計台、そして16世紀に建てられた教会などがびっしり並ぶ軍艦島だ。

一方で、チャファリナス諸島はメリリャの東48㎞にあり、モロッコの沖合3・5㎞にある三つの島で、面積は0・61㎢。他の2か所に比べればまだ「島らしい場所」で、1847年にスペインが占領。かつては修道士が住んだり、政治犯の流刑地に使われたりしたが、現在では190人のスペイン兵が駐屯し、自然保護区にもなっている。

石油が出るわけでもないし、こんな小さな岩礁を占領し続けて駐軍費用がかかるだけ損だと思うが、どれか一つでもモロッコへの返還に応じれば、セウタとメリリャも返還せざ

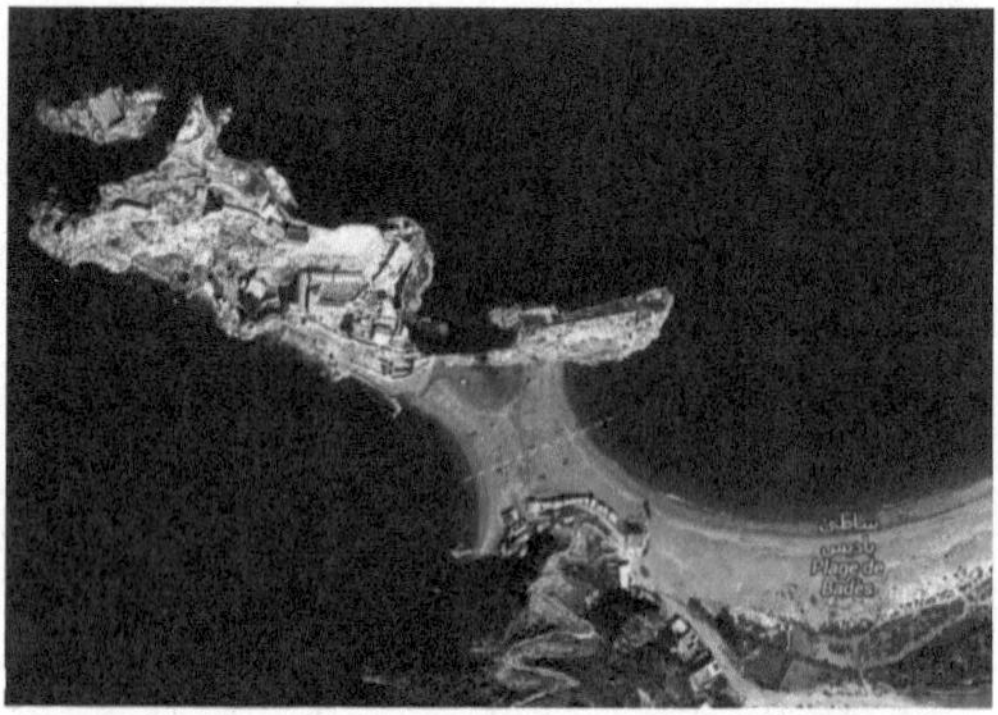

ペニョン・デ・ベレス・デ・ラ・ゴメラ。砂州の点線が国境線（Google map）

るを得なくなりかねないので、スペインにとってはは価値があろうとなかろうと、放棄するわけにはいかない状態だ。

１９１２年にスペインとフランスがモロッコを分割して植民地にした際、アブド・エル・クリムに率いられたベルベル人が反乱を起こし、「リフ部族連合共和国」の建国を宣言しながら14年間にもわたって戦い続けた（リフ戦争）。21年にはスペイン軍が大敗し、一時はメリリャの放棄寸前にまで追い込まれたが、25年にフランスとスペインの連合軍が上陸して一気に形勢を逆転させた場所がペニョン・デ・アルウセイマス。そういった歴史からも、モロッコ人にとっては余計いまいましい存在だ。

他人に取られる前に確保しておきたかった砂漠

【旧スペイン領】イフニ

Ifni

モロッコの中部にあったスペイン領の飛び地で、面積は１５０２㎢（仙台市の約2倍）。大半が砂漠で、産業といえば海岸沿いの漁業かナツメヤシの栽培、そして遊牧民の放牧ぐらい。人口は少なくほとんど価値がないような土地で、１４７６年にスペインがカナリア諸島のサトウキビ農場へ送り込む奴隷の中継地として砦を築いたが、50年足らずで放棄。１８６０年に改めてモロッコから獲得したものの、その後は長い間放置状態が続いていた。

ではなぜ改めて確保したのかというと、１００㎞沖合にはスペイン領のカナリア諸島があり、他の国に取られたくなかったから。15世紀からスペイン（カスティーリャ王国）が支配したカナリア諸島は農業が盛んで、スペインから中南米へ向かう船の補給基地だった。つまりイフニ自体に価値はなくても、イフニが他の列強の手に渡り、対岸のカナリア諸島

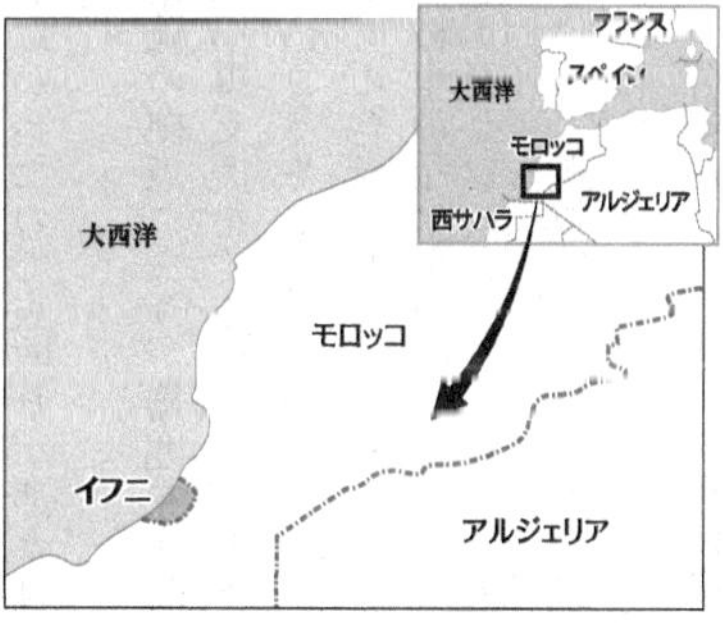

が脅かされたら困る。実際に1830年代にはイギリスやフランスが相次いでイフニの部族と商取引を始めていた。イフニは1880年代の列強各国によるアフリカ分割でスペイン領として確認され、1912年にフランスとの間でモロッコを分割した時にも、モロッコ中部を獲得したフランスに、イフニは面積を2割縮小する代わりにフランス領から除外することを認めさせた。

しかしスペインのイフニ領有は、あくまで「他の国に取られたくない」が目的だったから、他の国がスペイン領だと認めてくれたら、それだけで良かった。1910年代にスペインは一応イフニを占領しようと試みるが、あまりやる気がなかったので失敗し、あとは野となれ山となれ……いや砂漠になれの状態。

こうして実質的に統治する国がないイフニは、ゲリラや密輸の拠点になり、周囲を支配していたフランスにとっては迷惑だった。そこでフランスは軍事支援をするからと、スペインに半ば強引にイフニ占領を迫り、スペインは1934年にようやく軍政府を設置、イフニを本格統治するようになるのは、フランコ将軍がスペインの総統になってからだ。

戦後はスペイン人の入植が進み、漁業や牛の放牧のほか、わずかな水を利用して大麦や果物の栽培が行われた。人口は1950年に3万8000人、64年に5万1000人と増え、その60%がスペイン人だった。もっとも少なからぬベルベル人遊牧民たちは住民登録をしなかったので、実際の人口や民族比率はわからずじまいだったが。

一方で、56年に独立したモロッコはイフニの返還を要求し、57年から61年にかけて何度か武力併合を試みるが失敗する。スペインは南部保護領を58年に返還する一方で、それまでスペイン領サハラ（現在はモロッコが占領中の西サハラ）と一括していた行政を切り離し、イフニに知事を置いてスペイン本土の一部として取り扱い、死守する構えを見せた。

なぜまた急にスペインがイフニにこだわるようになったのかと言うと、セウタとメリリャの返還を拒否するためだった。スペインは1912年にフランスとのモロッコ分割で獲得した南北の保護領は植民地なので放棄したが、セウタとメリリャは「それ以前からのスペインの固有の領土」だからモロッコに返す必要はないと突っぱねていた。イフニも一応15世紀にスペインが支配し、19世紀にも改めてスペイン領だと認められていた。イフニは返してセウタは返さないでは、スペインなりの論

スペイン領時代のイフニ

理が矛盾してしまいかねない。

しかしモロッコが陸上交通を遮断して封鎖したため、セウタやメリリャと違って本土から離れ、砂漠が海に面していて大型船の入れる港がないイフニは大打撃を受けた。国連からの勧告もあって、スペインは63年から交渉に応じ、69年にイフニをモロッコへ返還したが、この時にスペインはイフニを返還するかわりに、モロッコがセウタやメリリャを武力併合しないことを裏で約束させたと言う。重要な飛び地を守るために見捨てられた飛び地だった。

イフニには現在もスペイン時代に建設された教会や町並みが残っている。しかしスペイン人が去って人口は1万5000人に減り、町は時間が止まったように寂れたままだ。

記念式典の余興で消滅させられた超ミニ飛び地

【旧ポルトガル領】サン・ジョアン・バプティスタ・デ・アジュダ

São João Baptista de Ajudá

アフリカの西海岸にあった面積たった2ha、つまり100m×200mしかないポルトガル領の飛び地。こんな狭い場所に果たして人が住んでいたのかと思えば、砦と教会があってポルトガル人が住んでいた。といっても、1921年の時点で5人、最後はたったの2人だけだ。

大航海時代も終盤の17世紀、ポルトガルはギニア湾一帯に十数か所の砦や商館を築いて貿易を行い、教会も建ててカトリックの布教をした。1680年に建設したサン・ジョアン・バプティスタ・デ・アジュダもそんな砦の一つで、主な収入源は奴隷貿易。ポルトガル人が来た当時、一帯を支配していたダオメー王国は、「死んだ王に新たな召使を届ける」と称して定期的に生け贄を捧げ、一年で4000人も殺すこともあった。しかし王は「どうせ生け贄を殺すなら売り飛ばして稼いだほうがいい」と奴隷貿易に協力し、ブラジルへ送られた黒人奴隷のうち、3分の1以上がこの砦を

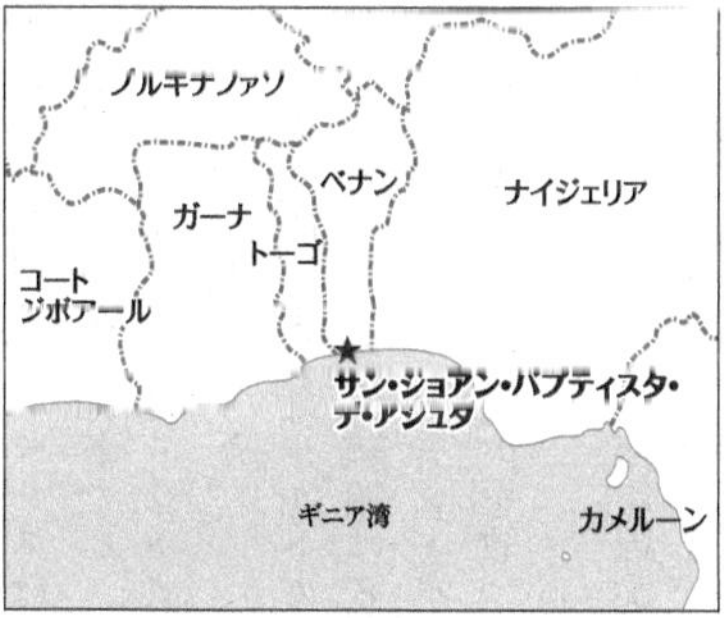

経由して「輸出」されたという。

19世紀になると、イギリスやフランスが植民地獲得のために本格的に西アフリカへ進出し、ポルトガルの砦は次々と奪われていく。しかし、ダオメー地方を征服したフランスはなぜかサン・ジョアン・バプティスタ・デ・アジュダの砦には本気で手を出そうとせず、この部分だけがポルトガル領として残された。一体なぜこんなことになったのか。

奴隷貿易は「人間の平等」を謳ったフランス革命を契機に批判が高まった。しかしポルトガルはそんな批判をよそに19世紀になっても奴隷貿易を続けていた。実際にはイギリスやフランスの植民地では奴隷制の廃止によって労働者不足に悩んでいたので、フランスは奴隷貿易の拠点だったポルトガルの小さな砦を敢えてそのまま放置したのかも知れない。もっとも奴隷貿易はポルトガルでも1868年に禁止せざるを得なくなり、サン・ジョアン・バプティスタ・デ・アジュダは経済的に全く価値のない存在になってしまった。

さて1960年、ダオメー共和国がフランスから独立すると、猫の額のようなポルトガルの飛び地も存在し続けるわけにはいかなくなった。翌61年、ダオメーのマガ大統領は8月1日の独立一周年記念式典を「劇的に盛り上げる」ことを狙って、サン・ジョアン・バプティスタ・デ・アジュダの実力接収を強行。対する2人のポルトガル人も砦に火を放って抵抗し、これまた「劇的に盛り上げて」追放されていった。

サン・ジョアン・バプティスタ・デ・アジュダは海沿いにあるわけではなく、海岸線から10㎞近く離れた内陸の砦だった。ポルトガル人にさっさと出ていってもらいたければ、水や食糧の供給を止めれば簡単なのだが、それだと独立一周年の当日にタイミング良く出ていってくれるとは限らないし、国民向けの宣伝効果もいま一つだ。一方のポルトガル側にしても同じで、砦を引き渡せと言われてあっさり出ていったのでは体面が悪い。立派に

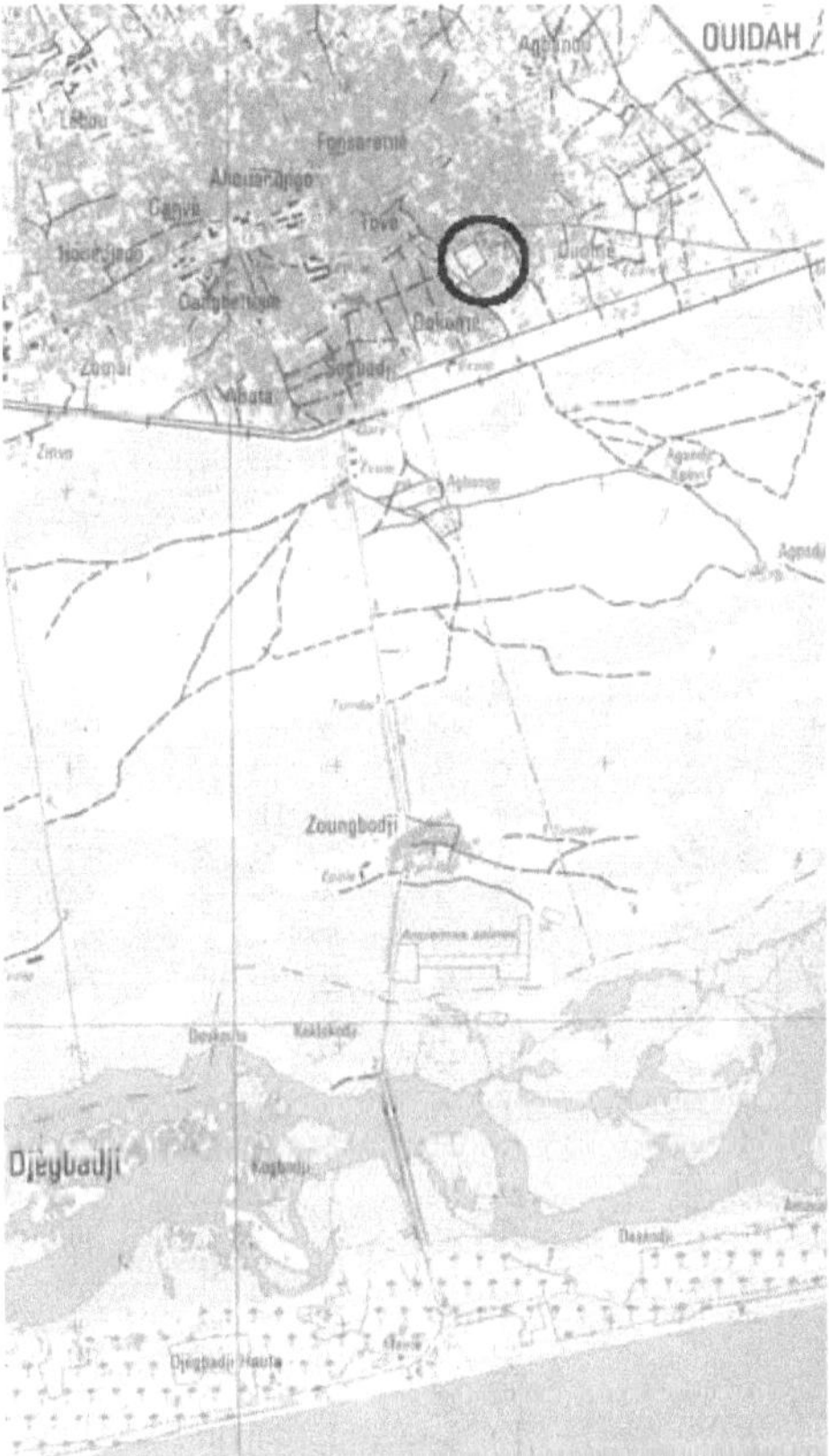

丸印がリン・ジョアン・バプティスタ・デ・アジュダ

抵抗して砦を守ろうとしたことにしないと国民は納得してくれない。ポルトガルの歴史教科書では、この事件について「司令官は英雄的な行為の後、降伏前に建物に火を放った」と書いている。

侵略者の追放で独立一周年の気炎を上げたダオメーだったが、12年間で5回のクーデターが発生して政治は混乱が続き、75年には国名をベナン人民共和国に変えて社会主義路線を始めたがこれも失敗。現在ではマルクス主義を放棄して、ベナン共和国として地道にやっている。

ポルトガルも85年にサン・ジョアン・バプティスタ・デ・アジュダの返還を公式に認め、自らが放火した砦の修復に協力し、現在では奴隷貿易の様子を伝える歴史博物館として観光地になっているとか。

「サン・ジョアン・バプティスタ・デ・アジュダ」の地名が長いわけ

スペイン領のペニョン・デ・ベレス・デ・ラ・ゴメラもそうだが、ポルトガルやスペインの超ミニ飛び地はどうして長ったらしい地名なのだろう。

大航海時代のポルトガルやスペインは、上陸や占領した場所に片っ端から「キリスト教的にありがたい地名」を付けるのが好きで、サン・ジョアン・バプティスタ・デ・アジュダは「御助けの聖なるジョアン・バプティスタ」という意味。

日本にやって来たポルトガル人も、戦国大名の大村純忠から寄進された横瀬浦《よこせうら》（長崎県西海市）を「御助けの聖母の港」と命名したし（ポルトガル語ではポルト・デ・サンタマリア・デ・アジュダ？）、またポルトガル時代のマカオの正式名称は、シダデ・ド・ノメ・デ・デウス・デ・マカオ・ナン・ハ・オウトラ・マイス・レアル（最も忠貞なる主の名の都市マカオ）というものだった。

ただし、そこに住民が住んでいればそんな舌を嚙みそうな地名は使わなくなるわけで、数haの砦しかなく、一般住民の住んでいない超ミニ飛び地だけが、昔からの正式名称を使い続けているようだ。

敵国の中に堂々と居座る米軍基地

【アメリカ領】グアンタナモ湾

Guantanamo Bay

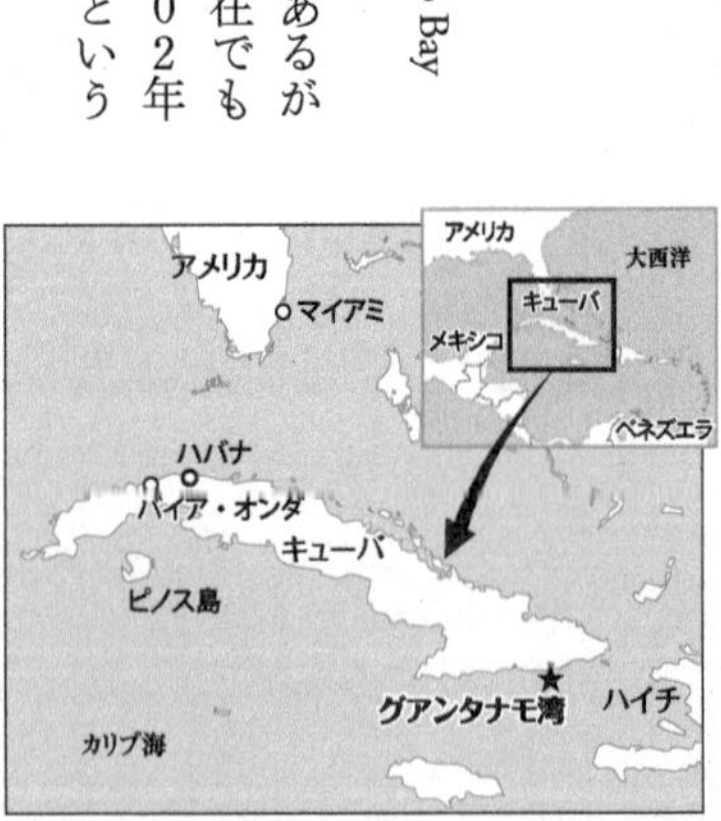

キューバといえば、アメリカとは目と鼻の先にあるが犬猿の仲。かつてはソ連の同盟国で、ソ連なき現在でもバリバリの社会主義路線をひた走っている。２００２年にはいまさらと言う感じで「社会主義は不可侵」という条文を入れた新憲法を制定したほど。

東西冷戦たけなわの頃、世界各地の毛沢東主義以外の共産ゲリラには、ソ連が武器を援助してキューバは兵士を派遣（金は出せないため）というパターンが多く、１９６２年にはソ連がキューバに核ミサイルを配備しようとして、キレかけたアメリカとあわや核戦争になった事件（キューバ危機）もあった……と書くと、なんだかキューバだけが悪玉みたいだが、キューバをそこまで追い込んだのはアメリカだった。

経済制裁は序の口で、61年にはキューバ軍の反乱を装って空軍基地を爆撃したり、キューバ人亡命者に武装訓練を施して上陸作戦を行わせたり（ピッグス湾事件）、さらにCIAがカストロの暗殺を企てたことも数知れず。カストロ行きつけのレストランの店員を買収して、好物のアイスクリームに毒薬を混入する計画を立てたが、毒薬の入ったカプセルをアイスと一緒に冷凍庫で保存していたため、いざカストロがアイスを注文した時、カプセルも凍りついていて失敗したなんて、マヌケな事件まで明るみになっている。

さて、そのキューバにはなぜか米軍基地が存在する。キューバ南端のグアンタナモ湾にある海軍基地がそれ。しかも日本の米軍基地のように条約によって治外法権を認めている（主権や統治権はあくまで日本）のとは違って、グアンタナモベイ基地の116㎢はアメリカが租借しているれっきとしたアメリカの領土。一体なぜアメリカは敵国の中に領土を持つことができたのか？

キューバはもともとスペインの植民地だった。しかしアメリカ本土に近いため、米国資本が大挙して進出し、世界随一のサトウキビ生産地となっていた。19世紀後半になるとキューバでは前近代的なスペイン統治に対して独立を求める反乱が相次ぎ、米国資本の農場や製糖工場が脅かされたため、1898年にアメリカが介入。この米西戦争でアメリカはスペインからフィリピン、グアム島、プエルトリコを獲得し、キューバの独立を認めさせ、ドサクサ紛れにハワイも併合し、カリブ海と太平洋に勢力圏を確立した。

キューバは米軍の占領下で1902年に独立するが、憲法制定では米国議会で承認済のプラット修正条項を盛り込むように強要された。この修正条項では、キューバは外交・防衛ばかりか、内政にまでアメリカの干渉権を認め、実質的にアメリカの保護国となってしまった。そして憲法の付帯条項には「キューバの独立を維持するために、アメリカが防衛や石炭補給（当時の軍艦は石炭が燃料）のために陸軍や海軍基地を購入もしくは貸借するのを認めること」が盛り込まれた。

この条項に基づいて、03年に結ばれた恒久条約では、アメリカは海軍基地としてグアンタナモ湾とバイア・オンダを年間2000ドルで租借することになった。このうちバイア・オンダは、キューバの首都・ハバナの西60kmにある入り江。マイアミ半島とは目と鼻の先だったからあえて租借する意義は薄かったのか、アメリカ軍が1912年まで占領したが、基地は建設せずに放棄された。

条約によれば、租借地の最終的な主権はキューバにあるが、租借期間中はキューバの主権は停止され、アメリカは統治権を行使することができる。ただし租借地で民間企業の設立は認めない、キューバ本土への密輸取り締まりを行う、租借地へ逃げ込んだキューバ人犯罪者はキューバ側へ引き渡す、商業目的のキューバの船の湾内航行を認めるなどの条件がついた。

こうしてせっかく独立したはずのキューバはアメリカの内政干渉に晒され、1906〜09年と1917〜22年には「選挙で内政が混乱した」などを理由に、グアンタナモベイ基地から出動した海兵隊にキューバは占領され、軍政下に置かれるありさま。

1930年代に入ってルーズベルトが大統領になると、それまでの露骨な干渉から傀儡

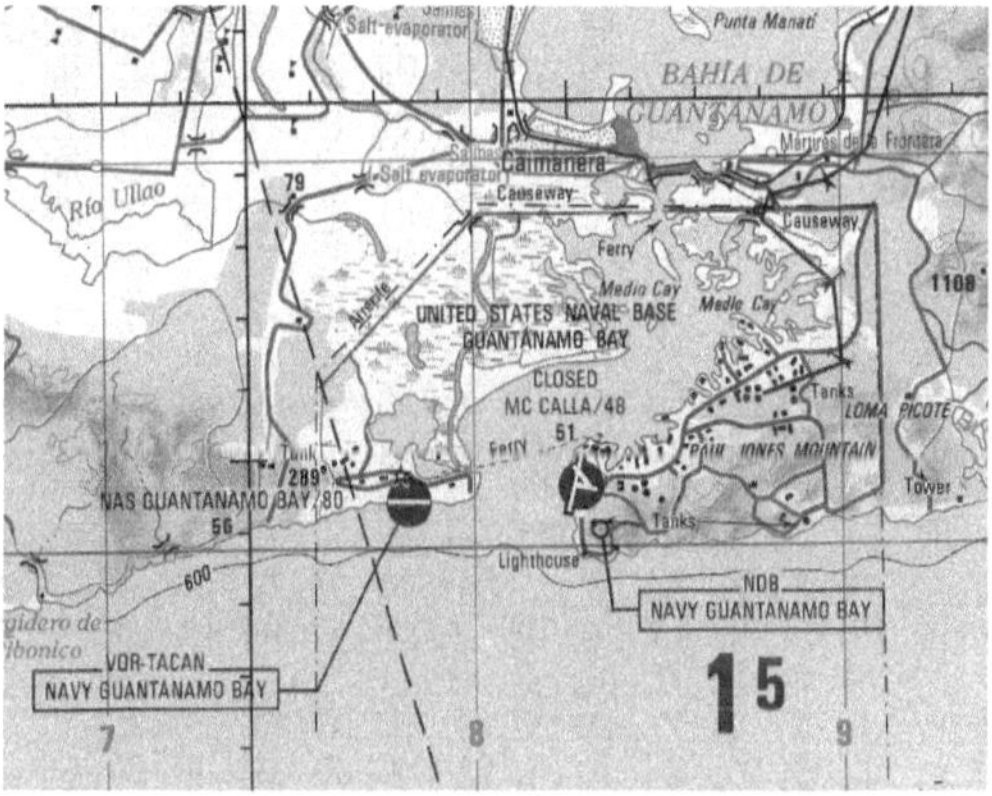

グアンタナモ湾と米軍基地（—·—で囲われた部分）

政権を通じた間接支配に路線転換し、クーデターで実権を握った軍総司令官バチスタと34年に新たな条約を結ぶ。新条約ではプラット修正条項は放棄され、バイア・オンダの租借も盛り込まれなかったが、グアンタナモベイ基地は両国が変更に同意するか、アメリカが一方的に放棄するかしない限り永久に租借することが認められた。つまりその後、キューバが基地の返還を求めても、アメリカは同意せず放棄もしてないので、現在に至っているというわけ。租借料はこの時、年間4085ドルへ値上げされている。

52年に再度のクーデターで首相に就任したバチスタは、独裁政治の下でアメリカへの経済的従属を強めていくが、これに反旗を翻したのがカストロだった。カストロはメキシコ亡命中にアルゼンチン人の革命家チェ・ゲバラと知り合い、ゲリラ部隊を組織して56年にヨットでキューバへ上陸。82人のゲリラ兵士は政府軍の待ち伏せ攻撃で12人に減るが、あれよあれよという間に勢力を拡大して、58年の大晦日にバチスタはドミニカへ亡命、独裁政権を崩壊させてしまう。

こうして誕生したカストロ政権だが、当初は反米社会主義路線というわけではなかった。新政府を真っ先に承認したのはアメリカだったし、アメリカを訪問したカストロはセントラルパークで3万人の聴衆を前に演説してニューヨーク市民の大歓迎を受けたこともある。しかし農地改革で全土の4分の3もの耕作地を所有していた米国企業の土地を没収したり、米国資本の電力・通信会社を国有化するに及んで、アメリカ政府と全面対決。アメリカがキューバ産砂糖の輸入割当を減らすと、これに反発してソ連に急接近したのだった。

グアンタナモベイ基地は、世界でも稀に見る「敵国の中の軍事基地」となり、キューバ危機の時には軍人の家族は2年間にわたってアメリカ本土へ疎開した。キューバ政府も黙って指をくわえていただけではなく、64年には基地への水供給をストップ。この時アメリカはハイチから船で水を運んで急場をしのぎ、後に海水淡水化工場を作って対抗した。

キューバ政府は61年に「亡命者が基地へ逃げ込んでいる」と基地の周りを鉄条網で囲ったが、その後双方が境界線の周囲に地雷を設置した。アメリカ側の地雷は96年に撤去されて、侵入感知センサーに取り替えられたが、キューバ側の地雷はそのままだ。

アメリカとキューバが核戦争寸前になるまで対立しても、基地では3000人以上のキューバ人労働者が働いていた。キューバ人にとって米軍基地は金払いの良い職場だったのだが、水供給ストップの報復措置で約半数の労働者がリストラされ、アメリカは代わりに中米の親米諸国からの外国人労働者を雇い入れた。

アメリカは現在もキューバ政府へ毎年4085ドルの租借料の小切手を送り続けているが、カストロ政権になってからは受け取りを拒否。もっとも現在のレートでは50万円にも満たない額だ。

アメリカが支配した帰属未定地　ピノス島（松島）

1903年の恒久条約では、軍事基地の租借のほかにピノス島をキューバ領から除外することも盛り込まれていた。キューバ領でなければどこの領土なのかといえば、「帰属は将来の条約で決定される」ということで、とりあえず未定。未定なら島を支配する国はないのかと思いきや、米西戦争で占領したアメリカが引き続き支配するということ。

ピノス島はキューバ島に次ぐ大きな島で、面積は2419㎢と、沖縄本島の約2倍。冒険小説『宝島』の舞台として想定された島でもある。サトウキビのプランテーションが発展していたキューバ本土に比べ、ピノス島は未開発の土地が多く、帰属未定になるとアメリカ人がどっと進出し、土地を買い占めて果物や野菜の農場を開いた。

農業労働者や小作人としてキューバ本土や中南米各地、ヨーロッパからの移民が集まり、中南米の日系人移民も「新天地」に夢を抱いてピノス島にやって来た。現地の日系人はピノス島を「松島」と名付けた。ピノスは「松」という意味だから、直訳すればそうなるのだが、故郷に思いを馳せるネーミングだったのだろう。

しかし、肥沃なキューバ本土と違ってピノス島は土地が痩せていて、特に南部はまったくの不毛の地だった。アメリカ最高裁は１９０７年に「ピノス島はアメリカ領ではない」という判断を下していたが、思っていたほど価値のない島だとわかって25年にキューバへ返還。アメリカ人の多くは返還と前後して引き揚げたが、一時は１２０人を数えた島の日系人も、その後は島を出る者が相次いだ。

ピノス島はその歴史的経緯と産業の違いから、住民の間にキューバ本土とは別だという意識が強く、現在では特別自治区になっている。１９７8年にフベントゥ島と改称されたが、残った島の日系人はこれを訳して「青年の島」と呼んでいる。

首都のすぐ横を貫くアメリカの「植民地」

【旧アメリカ領】パナマ運河地帯

Panama Canal Zone

パナマ運河は太平洋と大西洋を結ぶ海の要衝だが、パナマにあったわけではなく、アメリカにあった、でも今ではパナマにある……。さて、一体どういうことか。

全長80kmのパナマ運河は、パナマの国土を二分しているが、この運河がその名の通りパナマ領になったのは1999年末のこと。それまで100年間近くにわたって、運河の両岸それぞれ5マイル（約8km）の範囲は「パナマ運河地帯」としてアメリカの租借地、要するにアメリカの領土だった。

パナマ一帯は南北アメリカ大陸で最も陸地が狭く、太平洋岸と大西洋岸が接近している場所。そのため運河開通前から、太平洋と大西洋を行き交う人や貨物は、パナマでいったん上陸して荷馬車や河運で地峡を横断し、反対側から再び船に乗っていた。かなり面倒臭そうだが、船で南米大陸の南の端マゼラン海峡を回るよりよほど速いし、帆船の時代なら

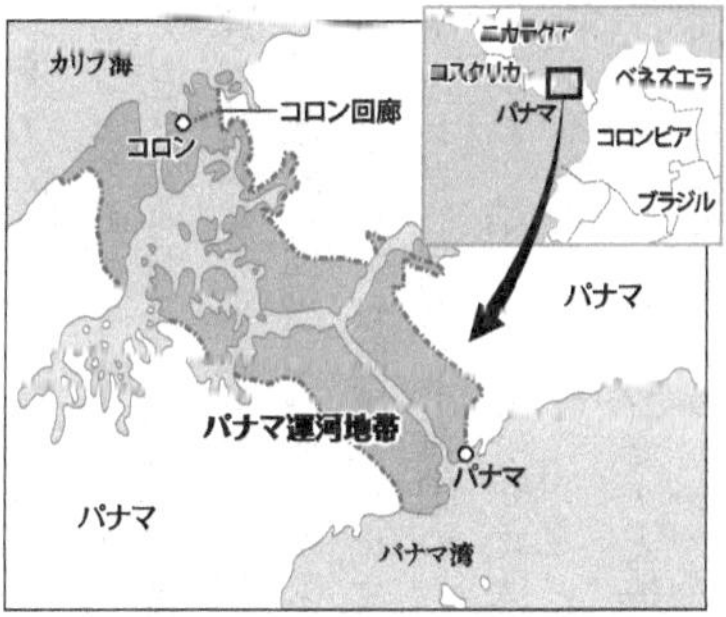

なおさらのこと。

パナマ横断ルートの最大の利用者はアメリカだった。米墨戦争に勝利したアメリカは、1848年にメキシコからカリフォルニアを取得して西部開拓を本格化させた。東海岸からカリフォルニアへ向かうには駅馬車で揺られて行くイメージがあるが、実際には大量輸送に適したパナマ経由がメインルートだった。1855年にはアメリカ資本によってパナマ横断鉄道が開通し、ゴールドラッシュでは一攫千金を夢見た多くの男たちがパナマを通って西海岸へと押し寄せた。

そこでいっそのことパナマ地峡に運河を掘れば、船と鉄道を乗り継がないで済むからもっと便利なはずだ。アメリカは当時パナマを統治していたコロンビア政府と交渉し、運河の建設権を取得した。実はアメリカは1835年ビドル陸軍大佐を現地調査に派遣し、蚊が大量発生するジャングルを4日間さまよった大佐から、「運河建設は非現実的」との報告を受けていた。そのため距離は長くなってもニカラグアの方が運河を建設しやすいかもと考えて、パナマ運河の建設には一向に着手せず、その一方でコロンビア政府に「パナマ横断鉄道はアメリカの東西を結ぶ大動脈だから、沿線一帯をアメリカに割譲して自国の一部のように支配させろ」と要求し、コロンビア側を憤慨させていた。結局1868年に大陸横断鉄道が開通したことで、アメリカはパナマ運河建設に対する興味を失った。

かわってパナマ運河建設に名乗りを挙げたのがフランスだ。フランスはコロンビアと協定を結び、10年の歳月をかけて1869年にスエズ運河を開通させた実績を持つレセップスを派遣した。レセップスは自信満々でパナマ入りし、1881年に着工。しかし地形や地盤の違いからスエズでの経験はさほど役に立たず、工事は難航し、マラリアや黄熱病で労働者2万2000人以上が死亡するという事態に見舞われる。

もっともスエズ運河の建設はもっと凄惨で、工事に駆り出された12万以上のエジプト人農民が死亡したのだが、パナマ運河の建設で致命的だったのは資金不足で、運河予定地の4割を掘ったところでレセップスの会社は1889年に破産。レセップスは詐欺容疑などで訴えられてしまった。

そこへ再び現れたのがアメリカだった。アメリカは1898年にキューバの支配権を奪おうとスペインと米西戦争を起こしたが、カリブ海での戦いのカギを握るべく戦艦オレゴンをサンフランシスコからキューバへ、マゼラン海峡経由で派遣したところ、67日間もかかり、カリブ海に到着した時には戦闘はほぼ終わっていた。苛立ったアメリカ国民の間では「国防のために運河建設を急ぐべき」との世論が高まった。またこの戦争でカリブ海とフィリピン、グアム島などの太平洋に植民地を手に入れたアメリカにとって、太平洋と大西洋を結ぶ運河は早急に必要なものになった。

そこでアメリカはレセップスの会社を買収して運河の建設権を再び獲得し、コロンビア政府との間で1903年に、運河地帯の永久租借を含む条約を結んだ。

しかしコロンビア国会が「屈辱的な内容だ」と条約の批准を拒むと、その3日後にパナマでは独立を求める反乱が勃発。反乱鎮圧に向かったコロンビア軍はパナマ両岸で待機していたアメリカの軍艦に上陸を阻まれ、パナマは独立を達成した。２週間後にアメリカは新たに誕生したパナマ政府と運河条約を結び、パナマ運河地帯の永久租借権を手に入れて工事を再開。第一次世界大戦直前の１９１４年に開通させた。つまりパナマという国は、アメリカが運河地帯を手に入れるために独立させた国だったとも言える。

運河条約ではアメリカは運河地帯を「あたかも主権者として」永久に租借すると定められた。運河地帯ではアメリカが行政、司法の権限を持つだけでなく、パナマ人の居住まで禁止され、住民はすべて立ち退かされた。またパナマ領として残されたパナマ市とコロン市では、疫病が運河地帯へ蔓延するのを防ぐためと称してアメリカは衛生行政を握り、必要と認めれば治安活動を行う権利も得た。

運河地帯以外でも、パナマ憲法では公安や秩序が乱された場合にアメリカがいつでも干渉できる権利が明記され、選挙のたびに「混乱が予想される」と理由をつけて、アメリカ軍は運河地帯の外へ進駐して圧力をかけた。またパナマの通貨は米ドルとされ、経済的にも支配された。

パナマはスペインやコロンビアから独立したと思ったら、アメリカの実質的な植民地になってしまい、独立以降のパナマの歴史はアメリカから主権を取り戻す戦いの連続だった。パナマ側の粘り強い要求で、１９３６年の条約では運河地帯の最終的な主権はパナマにあることを認めさせ、アメリカによるパナマの保護国規定や干渉権は撤廃されて、運河地帯の租借料も年間25万ドルから45万ドルへ引き上げられた。55年の条約では運河地帯で働くパナマ人への徴税権や運河を横切る道路建設権を認めさせたり、パナマ市とコロン市への行政介入をやめさせて、租借料も年間193万ドルへと引き上げられた。

しかし56年、エジプトのナセル大統領が英仏に支配されていたスエズ運河を国有化すると、パナマでも運河返還を求める声が高まり、運河地帯にパナマ人が乱入してパナマ国旗を振りかざす「主権運動」が盛んになった。

こうした動きに「ゾーニアン」と呼ばれる運河地帯のアメリカ人たちは不満だった。彼らは「パナマ運河はアメリカが資金を出して建設したもの」「パナマ運河は国際的に重要な交通路で、パナマ政府にうまく管理できるはずはない」と、アメリカによる運河地帯の支配は当然だという意識が強かった。

60年にアメリカ政府が運河地帯でのパナマ国旗掲揚を認め、星条旗を掲げる時は必ずパナマ国旗も一緒に掲げなくてはならないという規則を発表するとゾーニアンは猛反発し、64年には「国旗事件」を起こした。事件の発端は運河地帯のアメリカンスクールが星条旗だけを掲げて、パナマ人を挑発したこと。これを発見したパナマ人学生がパナマ国旗に取り替えようとしたところ乱闘となり、出動したアメリカ軍が発砲して死傷者が続出。パナマ市内では暴動が起きて米国系の企業や商店が襲われ、パナマ政府は一時アメリカと国交を断絶した。その後3年がかりで米パ両国は運河を共同管理にする新条約をまとめたが、両国の議会が強く反発して批准には至らなかった。

パナマ運河返還を実現したのは、68年にクーデターで権力を握ったトリホス将軍だった。

トリホスはアメリカ資本が支配していた電力、通信会社やバナナ農園を国有化し、キューバに急接近してアメリカに圧力をかけた。また73年には国連総長に安保理をパナマで開催して「植民地主義の問題とラテンアメリカにおける平和への危機」について話し合うように要望し、パナマ運河の返還を国際問題化させた。

こうして開かれた安保理で、トリホスは「われわれは絶対に星条旗のもうひとつの星にはならない」とアメリカを断罪する演説を行い、運河条約の改定を促す「パナマ運河地帯に関する決議案」を賛成13、反対1（米）、棄権1（英）で可決させた。この決議案はアメリカの拒否権発動で葬り去られたが、アメリカは運河地帯返還の交渉のテーブルにつかざるを得なくなり、77年にカーター大統領は99年末までの運河地帯からの撤退と、返還までの間は運河を米パ両国で共同管理する新運河条約を締結した。

1999年12月31日の正午にパナマ運河地帯はパナマへ返還され、アメリカ軍も撤退した。この日がパナマにとって本当の意味で独立した日だとも言えそうだ。

運河地帯内のパナマの飛び地　コロン

パナマ運河地帯のアメリカ租借地から、パナマ市とコロン市は除外されていて、コロン市は周囲をアメリカに囲まれたパナマ領の飛び地になっていた。パナマ市とコロン市が運河地帯から除外されたのは、そうしなければパナマという国が成り立たないから。なにしろパナマ市はパナマの首都だし、コロン市もパナマ第四の都市。条約で運河地帯はパナマ人が住めないことになっていたが、パナマ総人口の4割以上が両市に住んでいるから、ここを除外しないわけにはいかない。

パナマの心臓部といえるような場所によくも運河を掘ったものだと思うが、それはパナマ市とコロン市を結ぶ場所が地峡の最も狭い地点だったから。両市とも運河が開通するずっと前から太平洋と大西洋を結ぶ物流拠点として栄えた町だった。

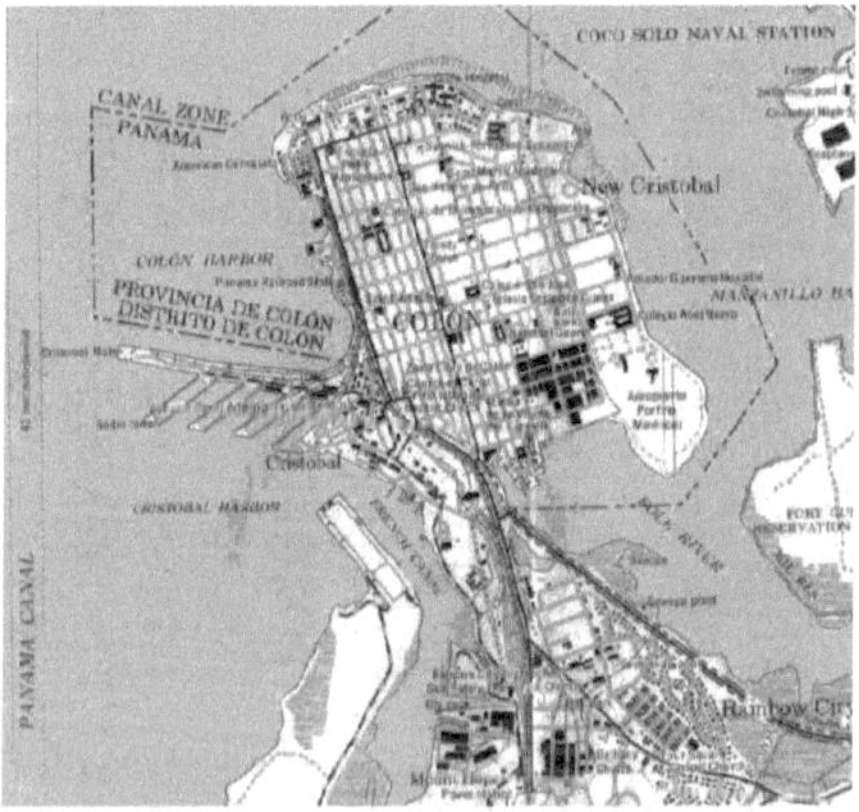

アメリカ領のパナマ運河地帯に囲まれて飛び地になっていたコロン市

運河開通当初はパナマ市もくさび形の飛び地になっていて、なんとパナマは首都が飛び地という有様だったが、1955年に市街地の拡大が認められてパナマ本土と直結するようになった。

一方でコロン市には、運河の出入口で、かつ他の地域から隔絶された飛び地という地の利を生かして、1953年からフリーゾーン（免税地区）が開設された。現在では香港に次ぐ世界第2位の規模を誇る免税地区となり、中南米の貿易拠点や金融センターとして発展しているが、フリーゾーンの周囲にはパナマ各地はもちろんカリブ海諸国から職を求めて貧困層が集まり、治安の悪さも中南米随一といわれる。

ちなみにコロン市という名はコロンブスにちなんで命名された地名だ。

コロン回廊と領土の立体交差

アメリカ領に浮かんだ飛び地のコロン市だが、1950年にアメリカとパナマが結んだ条約で、パナマ本土とはコロン回廊で結ばれることになった。コロン回廊は幅30〜60mの道路で、パナマの領土としてパナマの法律が適用されたが、アメリカ人が回廊で車を運転する場合、アメリカの自動車免許でも走ることができた。またアメリカは回廊を横切って道路や鉄道を建設したり、上下水道や電話線などを敷設する権利を得たが、すでに存在していたランドルフ・ロードとの交差点はアメリカ領として残された（ただしパナマ国民にはパナマの法律を適用）。後にこの交差点は立体交差になり、陸橋の下はアメリカ領、陸橋の上はパナマ領と、世にも珍しい「領土の立体交差」が出現した。

後に運河を跨いで高速道路が建設された時も、同じように橋の上の道路はパナマ領、橋の下の運河はアメリカ領になっている。

第二パナマ運河建設のための租借地　コーン諸島

パナマ運河は閘門《こうもん》式と呼ばれる運河で、途中3か所のゲートで水位を上げ下げしながら、船は峠を越えるように地峡を横断する仕組み。だから注水に時間がかかるし、2001年に拡張されるまでは対面航行が不可能で、長い待ち時間も必要だった。

そこでアメリカはパナマ運河が開通した時から、ニカラグアにもう一本運河を建設することを計画。1914年にニカラグアとブライアン・チャモロ条約を結び、(一)運河建設の独占権、(二)大西洋側出口にある大小コーン島の99年間租借権、(三)太平洋側出口にあたるフォンセカ湾での海軍基地設置などの権利を獲得した。

R20道路の両わきの部分がパナマ領コロン回廊で、この交差点が「領土の立体交差」

この条約にはホンジュラス、コスタリカ、サンサルバドルなどの中米諸国が「アメリカの介入によって自国の安全が脅かされる」と猛反発し、ニカラグア国内でも反米ゲリラ闘争が盛んになったが、条約は16年に批准され、コーン諸島はアメリカの租借地となった。

しかし第二運河の建設は一向に進まず、アメリカもコーン諸島を放置。1970年にはブライアン・チャモロ条約は破棄されて、島は翌年ニカラグアへ返還され、現在ではダイビング・スポットとして注目されている。ただし小コーン島はいまだに電気も水道もろくにない状態だとか。人口は大コーン島が6200人で、小コーン島は1200

0人。住民のほとんどはインディオと黒人の混血で、英語を話している。これはアメリカ租借地だったからではなく、イギリス人が島を支配した歴史があるから。17世紀から18世紀にかけて、中米大陸を支配するスペインに対抗して、カリブ海ではイギリス人やフランス人、オランダ人の海賊たちが暴れまわったが、コーン諸島はイギリス海賊の根拠地だったのだ。

北米に残されたフランスの漁業基地

【フランス領】サンピエール島&ミクロン島

Saint Pierre Island & Miquelon Island

カナダ東海岸のケベック州といえば、かつてはアメリカにおけるフランス植民地の中心地。現在でもフランス系の住民が多数を占め、フランス語を公用語にしたり、カナダから

独立するか否かでたびたび住民投票が行われているが、ケベック州の東、ニューファンドサンランド島の沖合にサンピエール島とミクロン島という、今もフランス領の島がある。サンピエール島は面積25㎢で人口5500人、ミクロン島は面積205㎢で600人が暮らす。住民の多くはバスク系フランス人で、「ミクロン」という島名もバスク語起源らしい。

今でこそ北米の大部分は英語圏だが、17世紀から18世紀半ばにかけてはフランスも大きな勢力を持ち、ケベックを中心としたカナダから五大湖沿岸、ミシシッピー川一帯にかけて、イギリスより広大な地域を支配していた。ただし、入植者の数はイギリス人よりずっと少なく、インディアンと同盟を結んでイギリスと対抗していた。農場を作ってインディアンの土地を収奪していったイギリス人に対し、フランス人は毛皮取引や漁業が中心で、インディアンたちの恨みをかうことが少なく、「反英」で手を携えることができた。

しかし、スペイン継承戦争後のユトレヒト条約（1713年）で、カナダのハドソン湾沿岸やカルディア、ニューファンドランド島がイギリス領となり、1754年から始まったフレンチ＝インディアン戦争で北米のイギリス支配は決定的なものになった。フランスとインディアンの同盟軍は緒戦ではイギリスを圧倒したものの、イギリス軍にケベックを奇襲されて降伏。63年に結ばれたパリ講和条約では、フランスは北米の植民地のうちミシシッピー川以西とニューオーリンズを除いてイギリスに割譲。また戦争に加わったスペインがイギリスにフロリダを割譲させられた代償として、残りの植民地はスペインへ譲渡され、北米におけるフランスの植民地は消滅した……と思いきや、この条約で逆にイギリスからフランスへ割譲されたのがサンピエール島とミクロン島だった。

割譲された理由はフランス漁民の避難港としてで、島には50人の警官以外に兵力を置いてはならず、漁業用の建物以外は建ててはならないという条件付き。この地域一帯はフランス漁民の漁場だったが、先のユトレヒト条約でニューファンドランド島とともにイギリス領になった。ただしこの時、フランス漁民の漁業権は認められ、セントローレンス湾（ケベック州とニューファンドランド島との間の海）の領海権やニューファンドランド島の北岸で魚を干すために上陸する権利は認められていた。

パリ講和条約ではフランスはケベックとともにセントローレンス湾を失い、沿岸漁業も禁止されて、小さな島二つだけ与えられたわけだから、フランスにとってはやはり大損だ。

イギリスはケベックなどに住むフランス人に対し、カトリックなどの信仰の自由やフランス民法の適用などを保障して残留するように呼びかけたが、「イギリスの国王に忠誠を尽くして暮らすなどまっぴらだ」というフランス人も少なくなかった。サンピエール島へも一時は難民が押し寄せたがさすがに定住した者はほとんどいなくて、「イギリスよりはスペインの方がまし」だと、ミシシッピー川を下ってスペイン領になったルイジアナへ移住した。ルイジアナは１８００年にナポレオンがスペインから取り戻したが、ヨーロッパでの戦費調達のため１８０３年にアメリカへ売却した。しかし現在でもルイジアナ州ではナポレオン法典が民法として使われ、アメリカには１６０万人のフランス語人口がいる。

その後、アメリカ独立戦争をフランスが支援したり、ナポレオンが欧州を席捲するたびに、イギリスは報復措置としてポンディシェリーなどインドのフランス植民地とともに、二つの島を占領している。イギリスが北米とインドでわざと小さなフランス領を残したのは、「ルイ一四世の面子を立てたため」とも言われるが、いつでもフランスへの外交圧力として使えるからで、さすが狡猾な「腹黒紳士」ことイギリス人のやりそうなこと。第二次世界大戦中では、ナチスドイツの占領下で成立したフランスのビシー政権に対抗して、英米が支援したド・ゴール将軍率いる自由フランス政府の基地になった。

サンピエール島とミクロン島の産業は、アメリカの禁酒法時代にアルコール密輸の拠点として一時的に栄えたことを除けば、何百年にもわたってタラ漁を中心とした漁業がほとんど。しかし1994年から発効した国連海洋法条約で沿岸から200海里の排他的経済水域（天然資源や漁業資源を独占できる水域）が公認されるようになると、フランスとカナダで争いになった。

フランス政府はサンピエール島とミクロン島から200海里の経済水域を主張したが、その大部分はカナダの経済水域とダブってしまうので、カナダ政府はフランスの領海12海里しか認めないと反論。枯渇しつつある漁業資源や将来有望な石油資源の確保を狙ってお互い一歩も譲らず、国際司法裁判所に持ち込まれることになった。

結局フランスは、12海里の領海（領土と同じように扱える水域）と24海里の接続水域（密輸や密入国の取り締まりができる水域）、そして島から南へ幅20㎞、長さ375㎞の細長い回廊のような経済水域を確保している。

ほとんど南極にある北欧の領土

【ノルウェー領】

ブーベ島

Bouvet Island, (Bouvetøya)

　ノルウェーといえば北欧の国、北の方は北極圏に入っているし、もっと北の北緯80度ぐらいの場所にスバールバル諸島を領有しているが、なぜか南極にも領土を持っている。厳密に言えば南緯54度なので南極圏ではないが、ほとんどそれに近い場所。一年中氷河に閉ざされているブーベ島だ。

　ブーベ島は大西洋の南の果ての無人島で、１７３９年にブーベ氏によって発見された。ブーベはフ

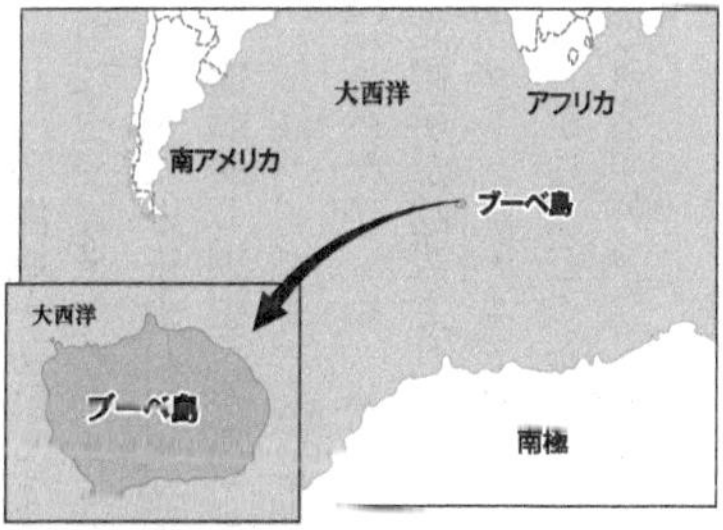

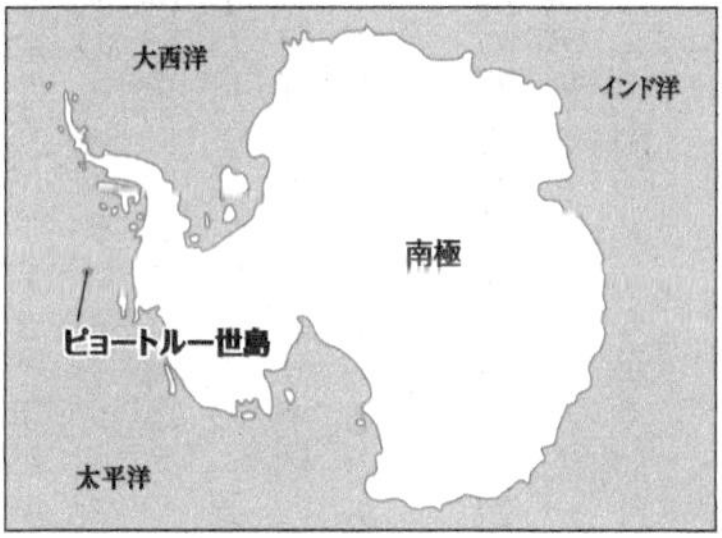

ランス人で、この時点では島を眺望しただけで、島なのか南極大陸の一部なのかも確かめなかった。19世紀になると各国の捕鯨船が周辺海域を訪れるようになり、１８２２年にキャプテン・モーレルが初めて上陸。25年にやって来たイギリス人のキャプテン・モノリスはここをリバプール島と名づけ、イギリス領だと主張した。19世紀末にはドイツ海軍もやって来たが、１９２７年にノルウェーの捕鯨船の乗組員が島で1か月生活。結局この「実績」によってノルウェーの領有権が認められ、イギリスも翌年領有権の主張を取り下げた。

ブーベ島は71年から鳥類保護区に指定されたが、いったいどんな鳥が生息しているのかと思えばペンギン。77年には無人気象測候所が建設されている。

79年9月にはブーベ島と南アフリカ領プリンス・エドワード島の間で大規模な爆発が観測され、島に放射性物質が降り注いだことから、どこかの国が核実験をしたと見られているが、「私がやりました」と名乗り出た国はなかった。でもたぶん、南アフリカがやったに違いないと言われている。

ノルウェーはもう一つ、南極圏内の南緯68度の場所にも領土がある。こちらは太平洋の南の果て、チリの東南にあるピョートル一世島で、95%が氷に覆われた火山島だ。

ピョートル一世島を発見したのはロシア人で、１８２１年のこと。ロシア皇帝の名前にちなんで命名されたが、１９２９年にノルウェー人が初上陸して領有を宣言した時も、島名は引き継いだ。１９６１年の南極条約で南極圏の領土主張は凍結されることになり、ノルウェーの領有宣言も凍結中。だから現在のところ「自称ノルウェー領」に過ぎない。

第4章　対岸の飛び地

Chapter 4
Coastal Enclaves

シリアが周囲を囲むリゾート飛び地

【イスラエル領】

エンゲブ

'En Gev

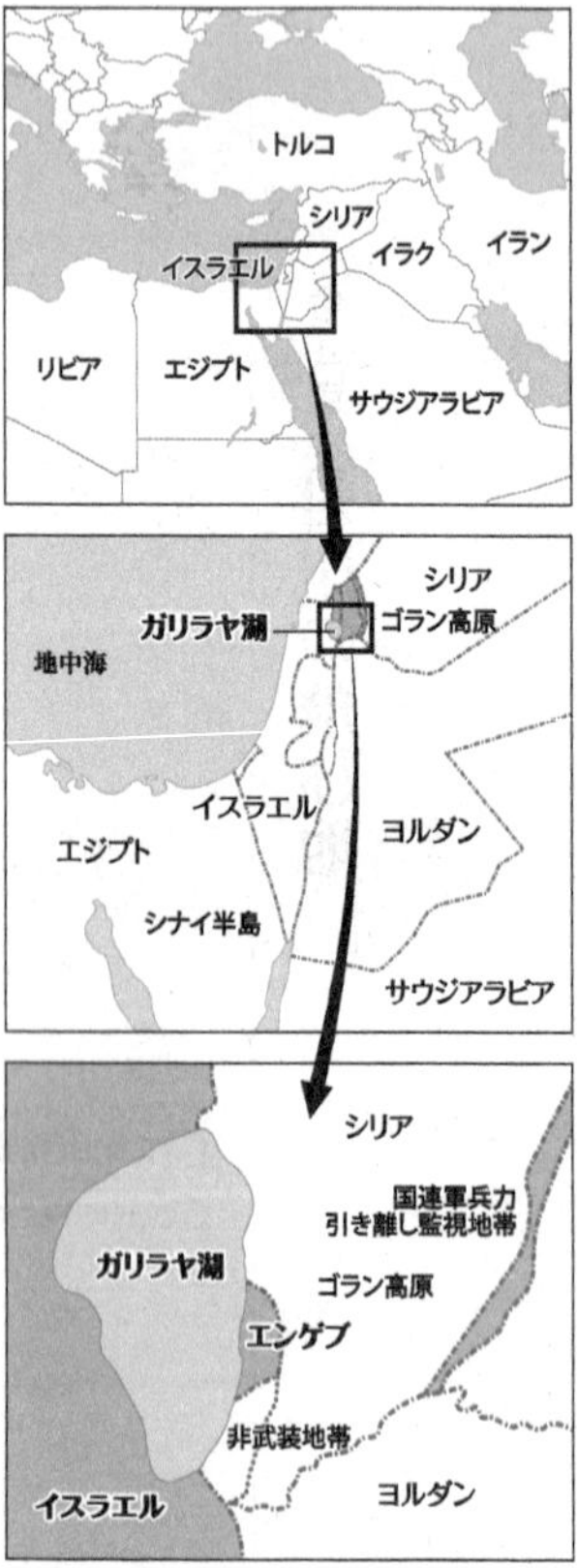

1967年第三次中東戦争で激戦地の一つとなったのがゴラン高原だ。ゴラン高原はシリア領だが、その麓はイスラエル領なので、シリアはここからバンバン大砲をぶっ放した。

またゴラン高原には雪が降り、イスラエルの貴重な水源にもなっていた。

そこで第三次中東戦争でイスラエルは真っ先にゴラン高原を占領した。後に中東和平の気運が高まって、イスラエルは同時に占領したシナイ半島を82年にエジプトへ返還、ガザとヨルダン川西岸ではパレスチナ自治政府の設置を認めたが、ゴラン高原だけは返還を拒んでいる。ゴラン高原とシリア本土との間の停戦ラインには、国連兵力引き離し監視隊（UNDOF）が常駐し、日本から自衛隊の輸送隊も派遣されていた。

さて、そのゴラン高原の麓にガリラヤ湖がある。イエス・キリストが伝道した場所として様々なエピソードが伝わっている一帯だが、その西岸で周囲をシリア領で囲まれたイスラエルの飛び地がエンゲブ。エンゲブには20世紀前半のシオニズム運動でキブツ（ユダヤ人の農業共同体）が作られ、ユダヤ人が入植していたことから、1948年のイスラエル独立にあたってイスラエル領になった。第一次中東戦争の後、エンゲブはその南側のシリア領と共に非武装地帯に指定されていたが、第三次中東戦争の際、イスラエル軍はここを出撃拠点にしてゴラン高原を一挙に占領してしまった。

現在のエンゲブは周囲もイスラエルに占領されて紛争の最前線ではなくなり、キブツが経営するのどかなリゾート地になっている。人口は520人。キブツで栽培しているバナナと、「イエス様がパン五つとこの魚2匹で5000人の胃袋を満たした」という聖ペトロの魚が名物だとか。

国境問題で線路まで引き直されることに

【トルコ領】

エディルネ

Edirne

エディルネを知っている人は少ないと思うが、アドリアノープルなら世界史の授業で習ったはず。13世紀末に小アジアで勃興したオスマントルコ帝国は黒海を渡ってバルカン半島にも領土を広げ、1362年にアドリアノープルへ首都を移転。ビザンティン帝国（東ローマ帝国）を両側から挟み込み、1453年には難攻不落のコンスタンティノープルを陥落させた。コンスタンティノープルは現在の

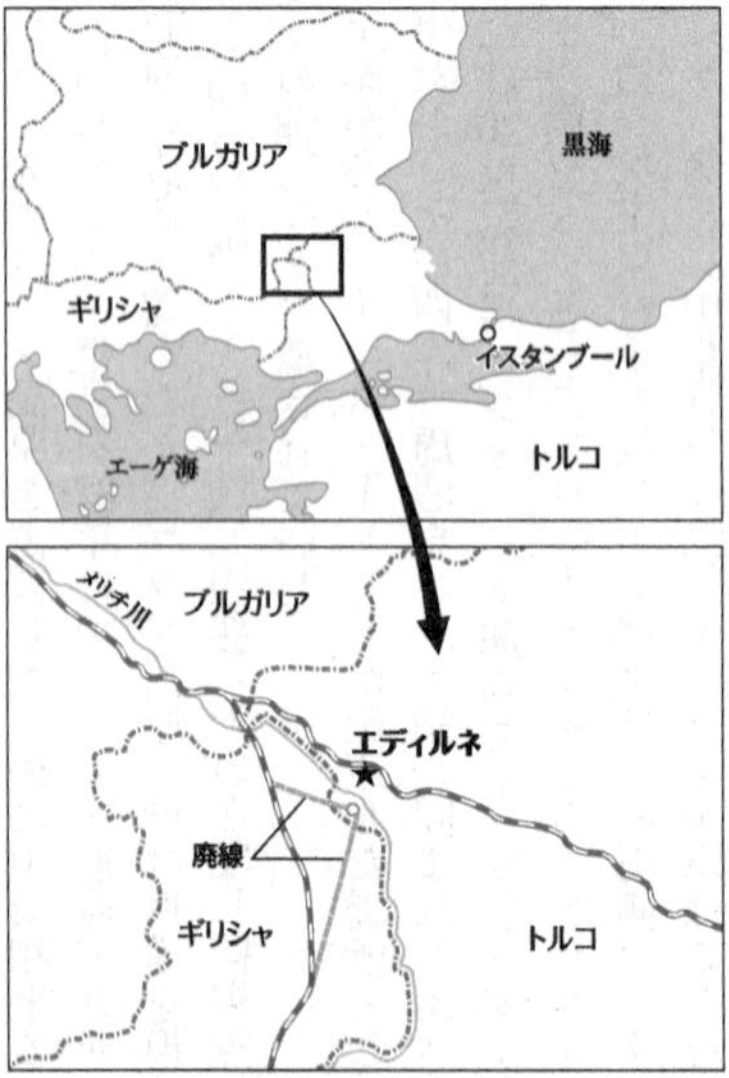

イスタンブールで、かつてのアドリアノープルが現在のエディルネだ。

イスタンブールは首都でなくなってもトルコを代表する都市だが、エディルネはどうにか今もトルコ領といった感じだ。「どうにか」というのは、トルコの中ですっかり辺境の町になってしまったから。エディルネから北へ20km行けばブルガリア領だし、すぐ西はギリシャ領。そしてメリチ川を挟んだ対岸に、周囲をギリシャに囲まれた幅6kmほどの一角もある。

20世紀に入りバルカン諸国が独立すると、エディルネ一帯のトルコ領は各国の争奪戦となり、一時はロシアやブルガリアに占領され、ギリシャも領土を広げた。現在の国境線は1923年のローザンヌ条約で決められたもの。ギリシャとトルコの国境はメリチ川と決められたが、エディルネの旧宮殿やモスクはギリシャ側（西岸）にあったので、対岸もトルコ領になった。帝国時代のエディルネの住民は、イスラム教徒とキリスト教徒が半々で、ユダヤ人も多かったが、ギリシャと住民交換が行われて現在はすべてトルコ人だ。

メリチ川には橋が架かっているからトルコ本土との行き来には支障はないが、ややこしいことになったのが鉄道だ。エディルネを走る鉄道は、パリやロンドン、ミュンヘン、モスクワなど、ヨーロッパ各都市とイスタンブールを結ぶオリエント急行が走っていた主要幹線だが、エディルネ駅は西岸にあり、前後の線路はギリシャ領。つまりヨーロッパからイスタンブールへ向かう列車は、ブルガリア↓ギリシャ↓トルコ（エディルネ駅）↓ギリシャ↓トルコと国境を何度も越えねばならなかった。もっともこれらの列車は回廊列車という扱いで、ギリシャ領内は通過し、出入国手続きも不要だった。

ギリシャとトルコは犬猿の仲だが、トルコがメリチ川東岸に新しい路線を建設して、ギリシャ領を通らずに直接ブルガリアと結ぶようになったのは1971年。一方、ギリシャもエディルネ駅を通らずにブルガリアと結ぶ迂回線を建設し、西岸のエディルネ駅は廃駅になっている。

エストニアと湖が取り囲む飛び地

【ロシア領】ドゥブキ

Dubki

ロシアとエストニアの国境線は、北側はペイプス湖の中央に引かれているが、南側はプスコブ湖（エストニア名はピヒクヴァ湖）の西岸に食い込んでいて、ドゥブキと呼ばれる一角がロシア領の飛び地になっている。

もともと１９２０年にエストニアがロシアから独立した際には、プスコブ湖でも国境線は中央に引かれていた。しかし40年にソ連がエストニアを併合した後、45年に

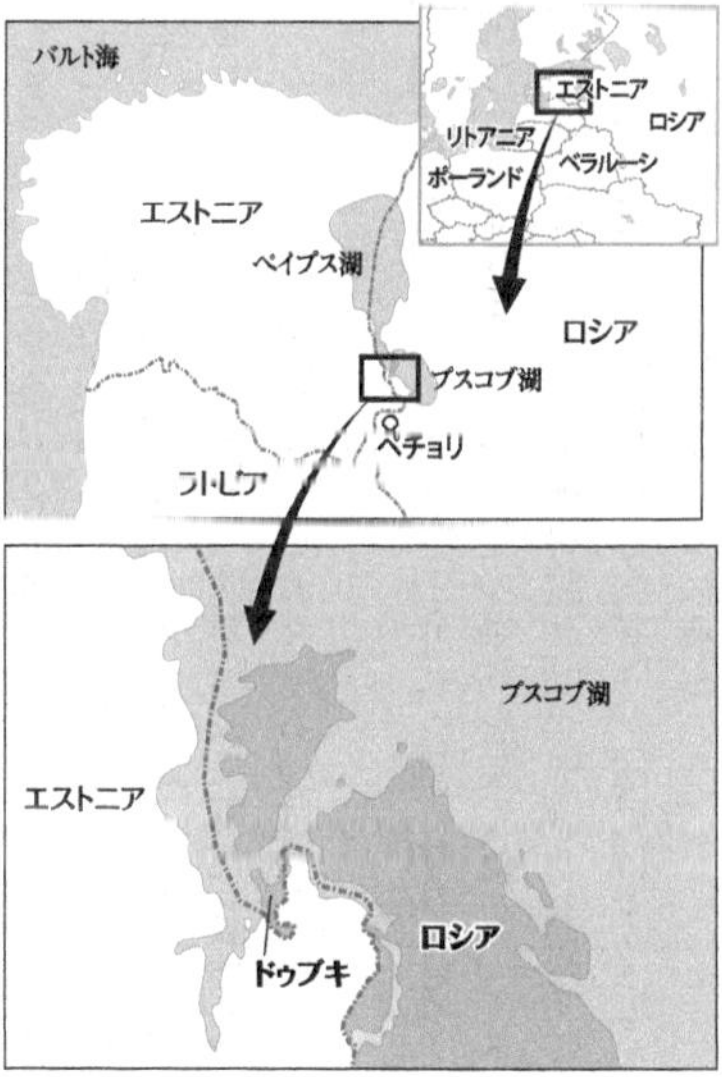

ロシアとの境界線を決め直し、現在のラインに修正されたもの。

プスコブ湖の南側にはペチョリ（Pechory エストニア名はPetseri）という町があり、当初はエストニア領になっていた。しかしここには14世紀末からロシアの修道院があり、歴代のロシア皇帝が保護に力を入れるなど、ロシアとの文化や歴史上のつながりが深かった。そこでエストニア併合を機にペチョリをロシア領に戻し、ペチョリの町の一部だったドゥブキもロシア領に移された。スターリンの時代に修道院や皇帝を云々するのは妙な気がするが、ロシアが広がるぶんには構わなかったのかも。

もっとも当時はロシアもエストニアも同じソ連国内だったが、91年にソ連が解体すると、国同士の飛び地になってしまった。両国は2005年に国境画定の条約を結んだが、エストニアでは「ペチョリ返還」を求める声が強いため、ドゥブキを渡せばペチョリも渡すことになるとロシアは反発。結局、ドゥブキの国境線は現状維持と決まり、住民はすぐ近くのエストニア領の町へ買い物にも行けず、不便な暮らしを続けているという。

ロシアのカリーニングラード州とリトアニアの間のビスティティス（Vistytis）湖東岸にも、湖に突き出した数十mの岬の先端だけがロシア領という飛び地が2か所あり、2家族6人が住んでいたが、こちらは両国政府の合意で2011年7月に湖上の国境線が修正され、岬はリトアニア領になって飛び地は消滅している。

買い物客でにぎわう湖畔の町

【ドイツ領】

コンスタンツ

Konstanz

「コンスタンツ公会議」の舞台となったコンスタンツとは、ドイツの西南にあるボーデン湖に面した人口8万人ほどの町。

ボーデン湖はドイツとスイスの国境になっているが、コンスタンツのうち2㎞四方の一角だけはボーデン湖の南岸にあり、スイス領に囲まれたドイツの飛び地のようになっている。新興住宅地や工業地帯は北岸にあるが、旧市街があるのは南岸だ。

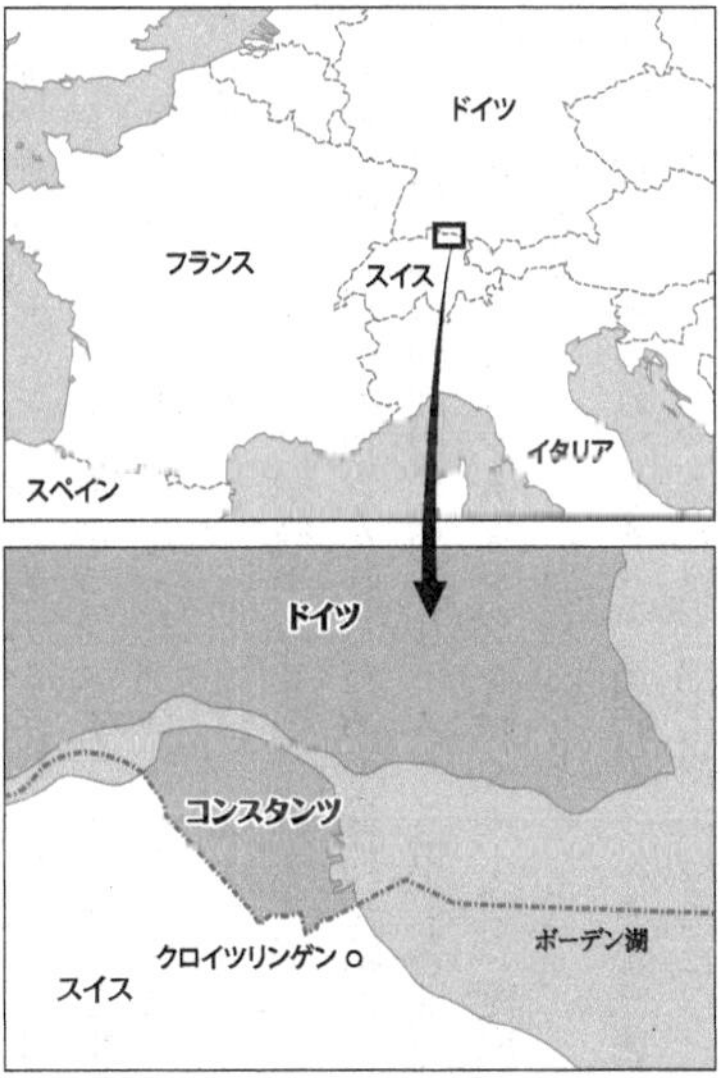

コンスタンツに町が出来たのは1世紀末で、最初はローマ人の植民都市だった。当時ドイツからスイスにかけてはゴート族の一派であるアレマンニ族が勢力を広げていたが、4世紀にアレマンニ族を撃退し、町に安定をもたらしたローマ皇帝コンスタンティヌス二世を讃えてコンスタンシア、後にコンスタンツと呼ばれるようになった。コンスタンツには585年から司教座が置かれ、地域の中心都市として発展した。

コンスタンツがスイス領に囲まれることになったのは15世紀後半のこと。ハプスブルク家の圧力に対抗して、1291年に三つの州の代表が自治独立を守るための誓約を結んだのがスイス連邦の始まりだが、周辺の各州も次第に誓約同盟に加わり、スイス軍も各地を占領して領域を広げていった。1460年にスイス軍はコンスタンツを除くボーデン湖南岸を占領したが、コンスタンツもこの時に誓約を結んでスイスに加わろうとした。

ところがコンスタンツはスイスに同盟への加入を断られてしまう。当時のスイスには農民軍主体の六つの森林州と七つの都市州が加盟していたが、これ以上都市州が増えたらバランスが崩れると、森林州が加入に反対したためだった。

スイスに入れてもらえなかったコンスタンツは、仕方なく湖の向こうのシュヴァーベン同盟に入ったが、スイス農民軍の「解放戦争」が自分たちのお膝元で農民一揆につながることを恐れた南ドイツの諸侯たちは、1499年にスイス農民軍を潰すべくシュヴァーベン同盟軍をスイスへ侵攻させた（シュヴァーベン戦争）。

結果は諸侯側の惨敗で、コンスタンツは町郊外をスイスに奪われ、南岸に丸裸で取り残される形になったという次第。しかし、スイス領がギリギリまで迫っているのはいいこともあって、第二次世界大戦では連合軍がスイス領への誤爆を恐れて、コンスタンツの町は大半が爆撃されずに済んだという。

コンスタンツの駅にはスイス国鉄も乗り入れ、ドイツ鉄道のホームとの間は金網で仕切られている。コンスタンツはスイス領の町クロイツリンゲンと市街地がつながっていて、簡単な検査で行き来できるようになっている。スイスはヨーロッパで一番物価が高い国なので、週末ともなればクロイツリンゲンや周辺のスイス領から買い物客がわんさとコンスタンツへやって来るとか。

最近ではクロイツリンゲンと市内バスの相互乗り入れや、スポーツ施設の共同建設も行われ、国境を越えた都市の一体化が進んでいるようだ。

カナダと湖に囲まれた多様な飛び地

【アメリカ領】

ウッズ湖西岸

Lake of the Woods

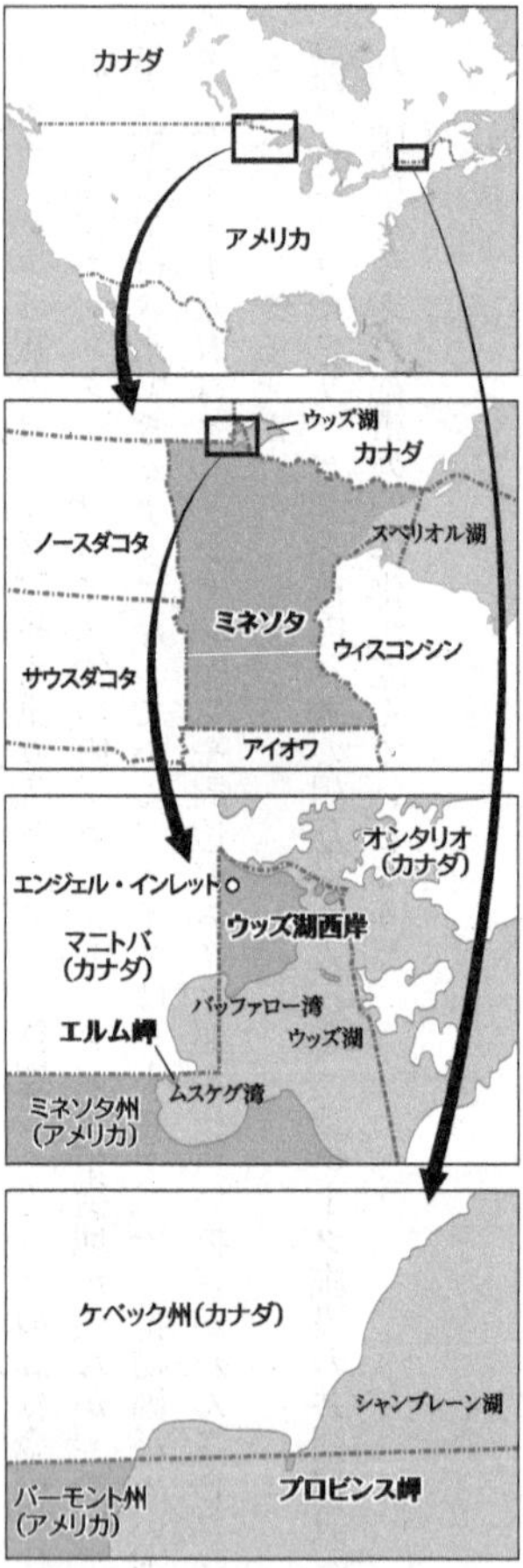

アメリカ・ミネソタ州の北端はウッズ湖を挟んでカナダ領と接しているが、ウッズ湖の

中で国境線が北に張り出し、西岸の半島の一部がアメリカ領になっている。

この飛び地は南北20㎞、東西10㎞ほど。半島の大部分はインディアン保留地になっているが、中心地のエンジェル・インレットには空港もある。ウッズ湖は古代に火山が陥没してできたカルデラ湖で、湖内には1万4572もの島があるが、そのうちの一部もアメリカ領だ。

ウッズ湖に国境線が引かれたのは、1776年のアメリカ独立宣言に続いて、イギリスが独立を承認した83年のこと。当時、アメリカの西限は西経95度線と決められたが、ウッズ湖に関してはウッズ湖の北西岸から南へ線を引き、その東側をアメリカ領にするとされた。

しかしこれは不正確な現地の地図をもとにして決めてしまったようで、「ウッズ湖の北西岸」とは南のバッファロー湾のことだろうと思って国境を決めたら、実はウッズ湖はもっと北へ広がっていて、正確な「ウッズ湖の北西岸」はエンジェル・インレット北側の入り江だったことが判明。そこから南へ国境線を引いた結果、半島がアメリカ領とイギリス領（後のカナダ領）に分断されたというのが真相らしい。

ウッズ湖にはもっと小さな飛び地がいくつか存在している。バッファロー湾の南にあるムスケグ湾の北岸で、湖に突き出したアメリカ領の岬が三つある。これらの中で一番大きなエルム岬でも、東西1㎞、南北500ｍほど。ここに国境線が引かれたのは1818年。アメリカは1803年にフランス領だったルイジアナなどを買収し、領土は中西部へ大き

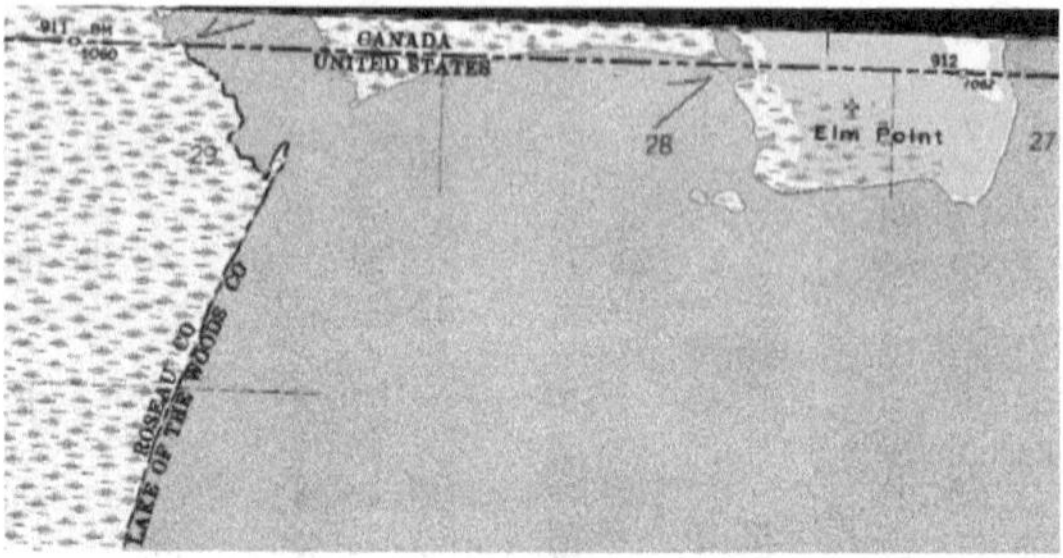

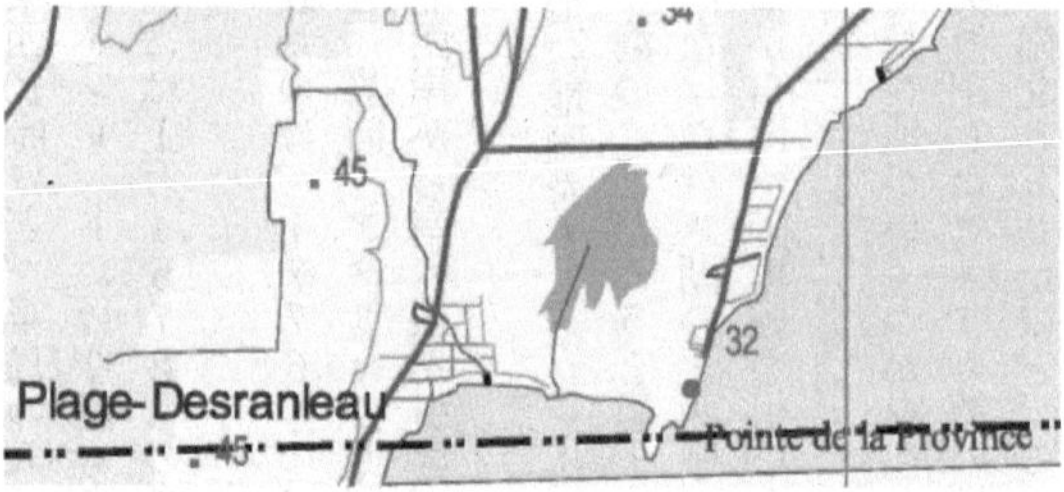

（上）ウッズ湖の小さな飛び地。アメリカ領がエルム岬〈右〉など３か所。カナダ領が左の矢印の小さな岬
（下）シャンプレーン湖のプロビンス岬。上がカナダ領で下はアメリカ領

く広がった。それに関連してアメリカ領とイギリス領の境を整理することにしたが、エンジェル・インレットのようなヘマをやらないためにも、例外を作らずに北緯49度線で一直線に国境線を引くことにした。その結果、バカ正直に国境をまっすぐにしたので、またしても新たな飛び地が生まれてしまったという次第。

この他に、アメリカとカナダの間で国境線をまっすぐ引いたためにはみ出した飛び地には、プロビンス岬（北緯45度線）もある。カナダのモントリオールのすぐ南、ケベック州とアメリカ・バーモント州にまたがるシャンプレーン湖で、カナダ領から岬の先端だけアメリカ領に飛び出しているのだが、はみ出している部分は１００mあるかどうか。

国境の線引きで先端だけカナダ→アメリカに

【アメリカ領】ロバーツ岬

Point Roberts

カナダの太平洋岸、バンクーバーの南にあるロバーツ岬（ポイント・ロバーツ）は先端部だけがアメリカ領だ。これはアメリカとカナダ（当時はイギリス植民地）が北緯49度を国境線と決めたので、49度線の南に飛び出した岬の先端がアメリカ領となったため。

もっとも、ロバーツ岬がアメリカ領と確定するのはすんなりとはいかなかった。アメリカ側は岬と太平洋との間にあるバンクーバー

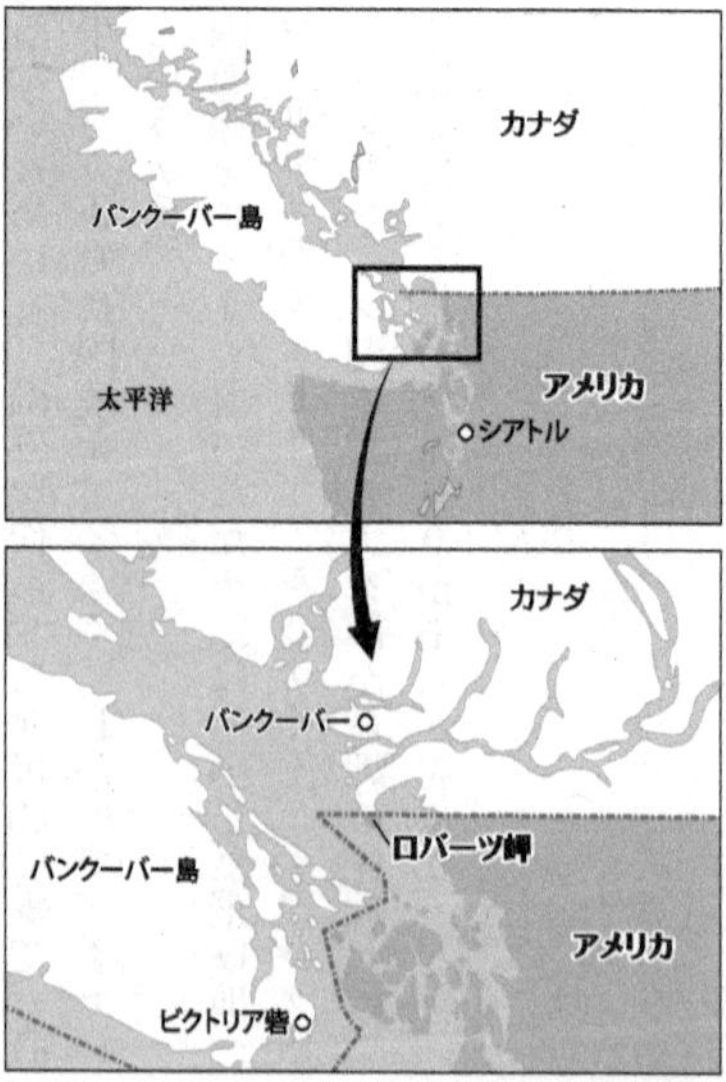

島もきちんと49度線で分割するように要求、一方でイギリス側はバンクーバー島にはビクトリア砦があることや、バンクーバーから太平洋への出口を確保するために、バンクーバー島とロバーツ岬は特例としてイギリス領にすることを要求。交渉はなかなかまとまらず、1846年に岬は両国の共有地とされた後、55年にイギリスはバンクーバー島全体の領有と引き換えにロバーツ岬を放棄することになった。

ロバーツ岬はゴールドラッシュの時代には密輸基地として栄え、その後は漁業基地となったが、最近ではクルーザーの拠点になり、日本人が経営するゴルフ場もあって、ちょっとしたリゾート地だ。バンクーバーから車で30分ほどなので訪れるのはカナダ人が多く、アメリカのガソリン代は安いため給油に寄る車も多いとか。ここに住むアメリカ人は1200人ほどだが、他にバンクーバーのカナダ人で、節税対策を兼ねてここで暮らす人も少なくない。実際の人口は5000人に達することもあるようだ。

モザンビークの水域が取り囲むマラウイの二つの島

【マラウイ領】

リコマ島&チズムル島

Likoma Island & Chizumulu Island

アフリカ南部の内陸にあるマラウイは、かつて英国植民地だった頃はニアサランドと呼ばれていたが、その名の通りニアサ湖にべったり張り付いたような形だった。独立時にマラウイと改名し、ニアサ湖もマラウイ湖になったが、周囲の国では今もニアサ湖だ。マラウイ湖の大部分はマラウイの水域だが、一部はモザンビークの水域になっていて、その中にリコマ島とチズムル島というマラウイ領の

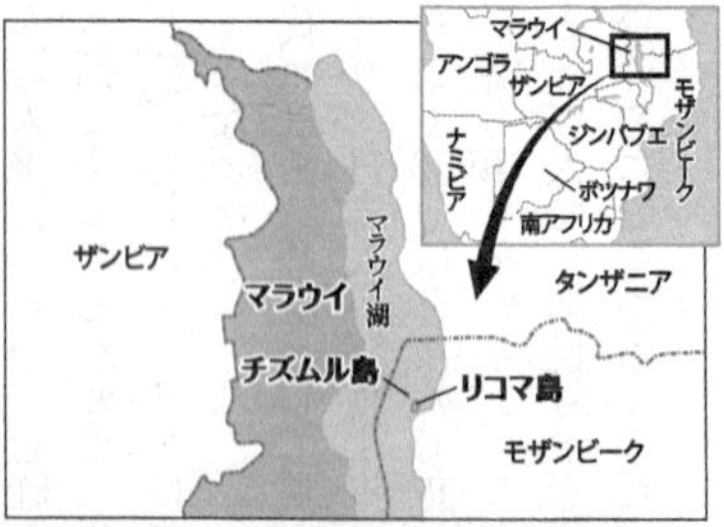

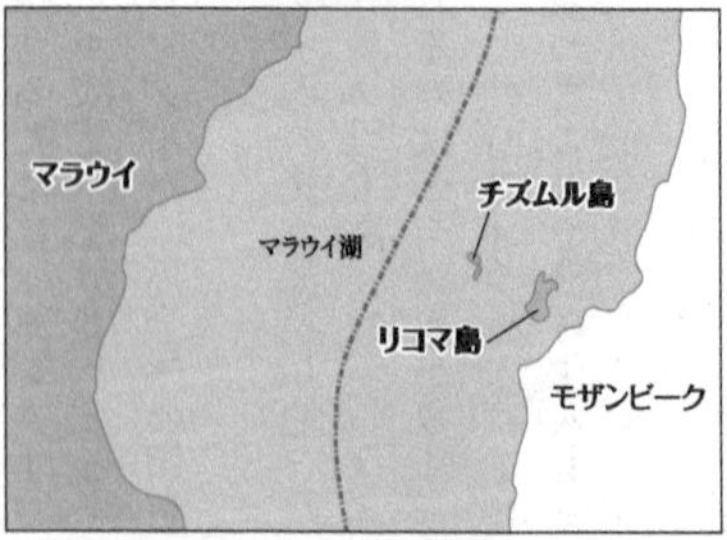

島が2つある。一体なぜこんなヤヤコシイことになったのだろう？

モザンビークは元ポルトガルの植民地で、15世紀末にバスコ・ダ・ガマがインドへ向かう途中に寄港して以来、ポルトガルが進出していた。もっともこの時代の植民地経営とは、古代フェニキア人の地中海進出と同じで、海岸に砦を築いて拠点となる港を確保し、商館を建てて貿易を独占し、利益を上げることで、広大な内陸部は放置状態だった。

やがて産業革命によって必要になった天然資源の確保を狙って、ヨーロッパ各国は内陸へ植民地を広げていく。19世紀後半にはアフリカ分割を巡る列強各国の会議が繰り返し行われ、ポルトガルなど伝統的な海洋帝国は「(ヨーロッパ人で)最初に発見し上陸したのは誰か」という歴史的権利を尊重するよう主張したが、強大な軍事力を背景にした新興植民地帝国のイギリス、フランス、ドイツが主張した「現在占領しているのは誰か」という実効支配が基準とされることになった。このため、沿岸部に砦や商館を築いただけのポルトガルには不利となり、アフリカ南部東岸のモザンビークと西岸のアンゴラを結ぶ広大な領土を主張したものの、カイロからケープタウンに至るアフリカ大陸の南北を貫こうとするイギリスと真っ向から対立した。

ニアサ湖一帯では、スコットランド人の宣教師が1886年にリコマ島に教会を建てて布教していたことから、イギリスは「現地に住み着いて布教活動を行っている」という実効支配を盾にニアリランドの領有権を主張。ポルトガルは1890年と91年の条約でアフリカ内陸部の主権を放棄することになり、ニアサランドはイギリスの植民地となった。

また北側のタンガニーカ（現タンザニア本土）はドイツの植民地になったが、この頃ポルトガルは内乱で財政破綻状態に陥り、イギリスとドイツは1898年に秘密協定を結んで、もしポルトガルがこれ以上借款を申し込んで来た場合は、借金のカタとしてポルトガル植民地を両国で分割してしまう案を確認。モザンビーク北部はドイツが優先権を持つことにした。万が一、モザンビークがドイツ領になった場合、イギリスにとって2つの島はドイツを牽制する上で大きな役割を果たすことが期待された。

現在のリコマ島は、17㎢の狭い土地に6000人が住み、島民は主に漁業で暮らしているが、最近でダイビングのリゾートにもなっているようだ。ただし、マラウイ本土との間を結ぶ船が3日に1便しかないので、必然的に狭い島に3日以上滞在しなくてはならないらしい。チズムル島は電気も道もないような場所だとか。

ウルグアイの水域が取り囲む自然豊かな島

【アルゼンチン領】
マーチン・ガルシア島

アルゼンチンとウルグアイの国境を流れるラプラタ川の河口にあるマーチン・ガルシア島は、ウルグアイ側の岸からは３・５㎞なのに対して、アルゼンチン側の岸からは33・５㎞も離れ、ウルグアイの水域に浮かんでいるにもかかわらず、アルゼンチンの領土になっている。

マーチン・ガルシア島は密林に覆われた面積１・68㎢の島。スペインがここを支配した後、植民地

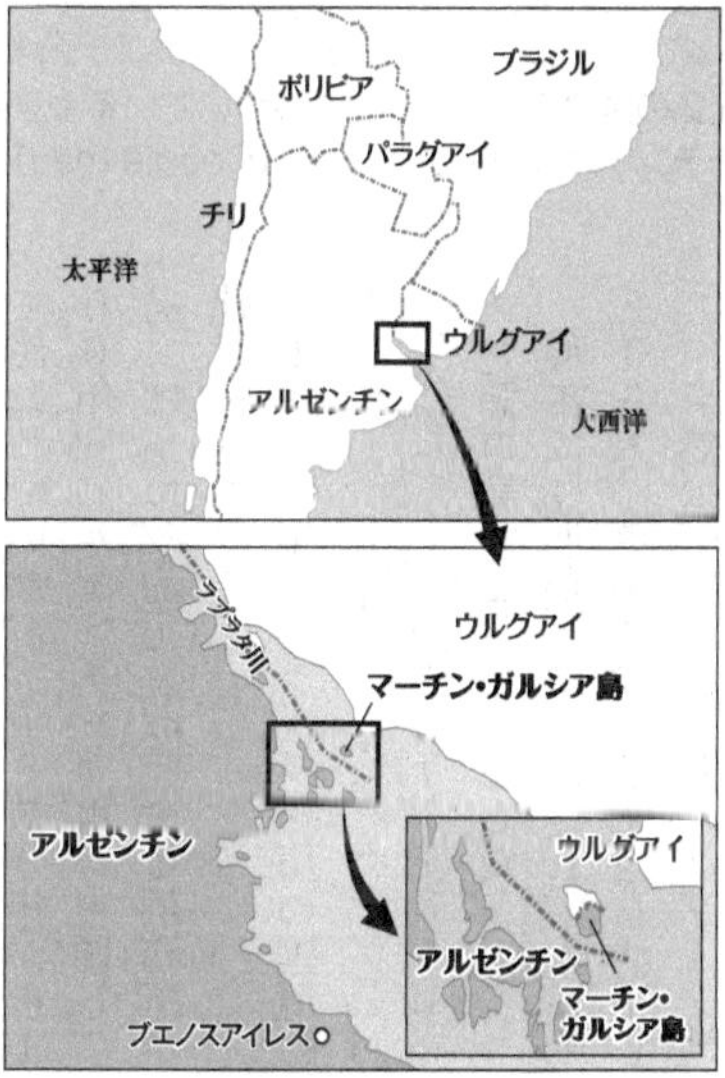

Is.a Martin Garcia

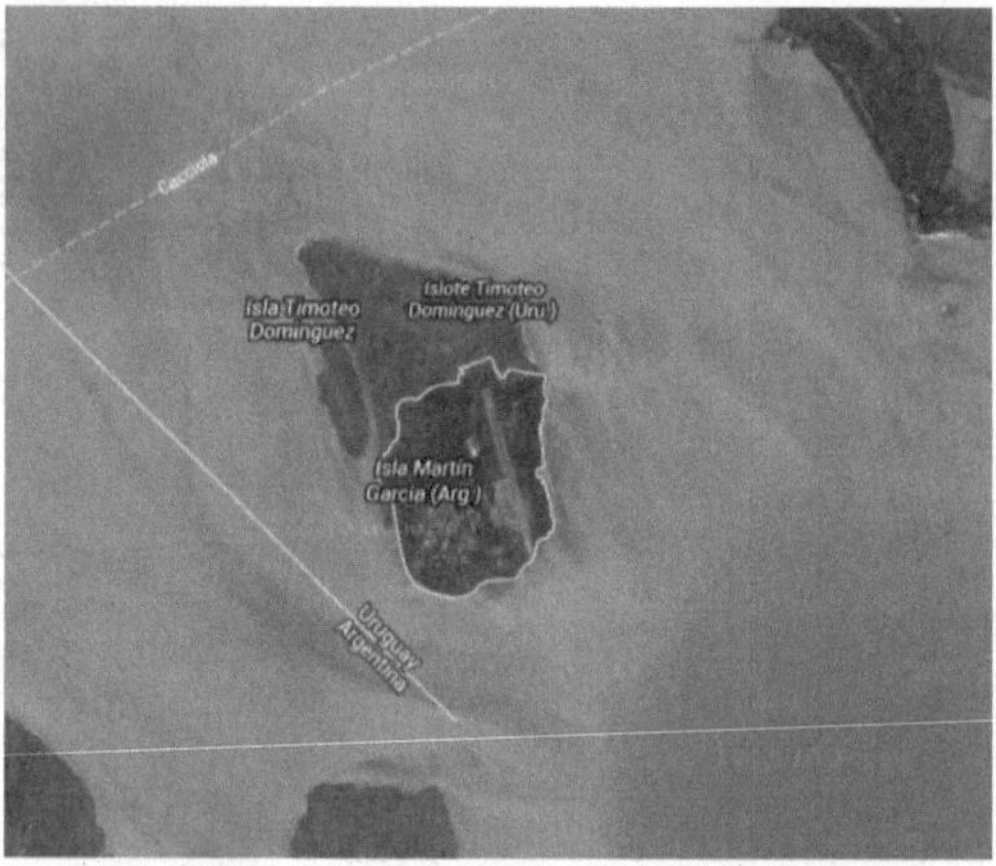

ウルグアイ領の隣の島とほとんどくっついているように見えるマーチン・ガルシア島（枠内）（Google map）

建設のための花崗岩の切り出し地として使われていたが、1870年から100年間アルゼンチン海軍が占領し、島には主に政治犯を収監する刑務所が建てられた。

1973年に、ラプラタ川の国境線が画定し、マーチン・ガルシア島は「ウルグアイの水域に浮かぶアルゼンチン領の島」として確定した。

現在では刑務所は閉鎖され、人口約200人。軍が建設した空港を活用して、自然公園を中心としたリゾート地に生まれ変わりつつある。

両国から忘れられていたヘチマ形の地

【旧アメリカ領】

リオ・リコ

Rio Rico

大西洋岸に近いアメリカ・テキサス州とメキシコとは、リオ・グランデ川が国境線になっているが、川の南側に位置していたヘチマのような形をしたアメリカ領の飛び地がリオ・リコ。しかしこの飛び地の存在は、60年にわたって両国の政府から忘れられていた。

アメリカとメキシコは1884年に結んだ協定で、リオ・グランデ川を国境線とするとともに、もし川の流れが自然に変わったらそ

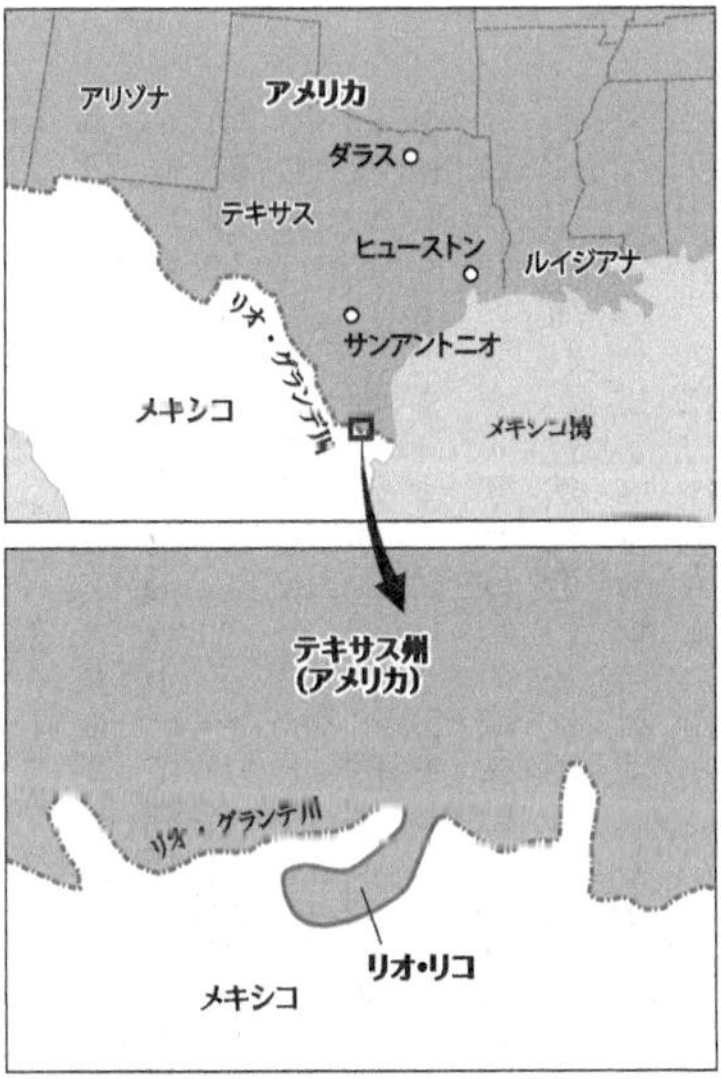

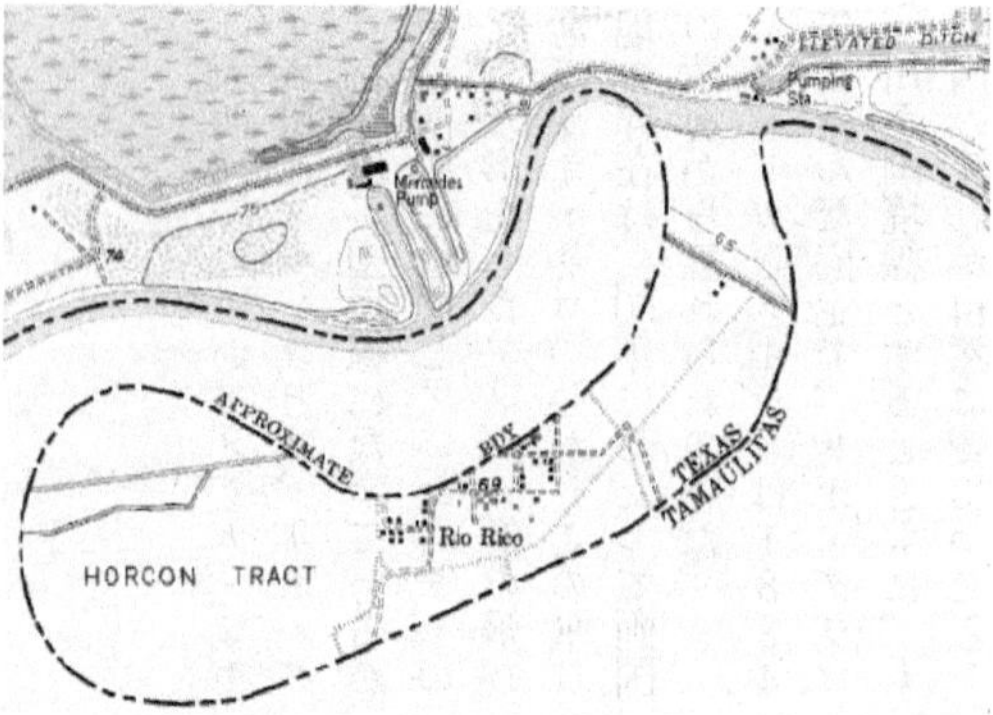

アメリカ領だったリオ・リコ

れに基づいて国境線も移動させることを決めていた。当時、川は大きく蛇行していてリオ・リコは川の北岸、つまりアメリカ側にあった。しかし川の水をポンプで汲み上げて周辺一帯で農場経営をしていたリオ・グランデ土地灌漑《かんがい》社が、川の蛇行がひどすぎて取水口が土砂で埋まりかねないと、政府の許可を得ずに勝手に河川改修をして、川をまっすぐにしてしまった。

こうしてリオ・リコは川の南岸になったのだが、川の流れが自然に変わったわけではないので、本来ならばアメリカ領のはず。しかし当時のリオ・リコには住む人もいなかったのでうやむやになり、リオ・リコはいつしかメキシコ領ということになってしまった。

リオ・リコに町ができたのは、メキシコ領だと思われていたおかげだ。１９２０年にアメリカで禁酒法がスタートすると、国境に面した「メキシコの町」リオ・リコには、アル・カポネが糸を引いていたと言われるシカゴのシンジケートによって、酒と女とギャンブルを提供するリゾートが作られ、リオ・グランデ川には吊り橋が架けられた。

しかしリオ・リコの繁栄は永くは続かず、33年に禁酒法が撤廃されると寂れ、41年には洪水で橋が流されて、リオ・リコは80世帯弱の小さな集落に落ちぶれてしまった。

そんなリオ・リコが再び脚光を浴びたのは1967年のこと。アリゾナ州立大学の地理学者が、古い地質図を研究していたところ、リオ・リコ付近の川は人工的に流れが変えられていたことを発見。驚いたアメリカ政府はさっそくメキシコ政府と協議して、いまさらアメリカ領に戻してもしょうがないと、72年にリオ・リコをメキシコへ割譲してしまうことを決めたが、いままで「メキシコ人」として暮らしてきたリオ・リコの住民たちもビックリ。「アメリカに住んでいたのだからアメリカの国籍をよこせ！」と裁判に訴えた。

一審ではリオ・リコの住民が敗訴したが、控訴審では住民の主張が認められ、1906年から72年までの間にリオ・リコで生まれたことが証明できる者にはアメリカ国籍を与えることが決まった。しかしリオ・リコの町は全てがアメリカ領だったわけではなく、本来の川を埋め立てた土地の上に跨って作られていたため、果たして誰が「アメリカ生まれ」だったかは曖昧なうえ、メキシコ政府の職員がリオ・リコの出生証明書を秘かに販売していたこともあって、結局1000人あまりがアメリカの国籍を取得したようだ。

こうしてリオ・リコは1977年に正式にメキシコへ割譲され、飛び地ではなくなった。アメリカ国籍をもらった住民はほとんどがアメリカへ引っ越してしまい、入れ替わりにアメリカへ渡るチャンスをうかがうメキシコ人たちがリオ・リコに住み着いているという。

ペルー領内にあるチチカカ湖上の町

【ボリビア領】

コパカバーナ

Copacabana

アンデス山脈の標高３８００ｍにあるチチカカ湖は、ボリビアとペルーの国境の湖だが、ペルー側から突き出した半島の先端がボリビア領になっている。中心地のコパカバーナは人口６０００人ほどの町。

コパカバーナ一帯はもともとインディオの聖地で、沖合にはインカ帝国発祥の地と伝えられる太陽の島（Isla del Sol）や月の島（Isla de la Luna）がある。16世紀にこの地を征服したスペインも、コパカバーナにカテドラル（大聖堂）を築き、ボリビア随一の巡礼地になっている。

ボリビアはスペイン植民地時代には「高地ペルー」と呼ばれ、ペルー副王領の一部だったが、１７７６年からはラ・プラタ副王領（アルゼンチン）の一部に移された。１８２５年にスペイン軍を駆逐した際、ペルーの一部として独立するか、単独国家として独立するかで論争となり、結局は独立の英雄ボリバルにちなんで「ボリビア」として単独独立を選

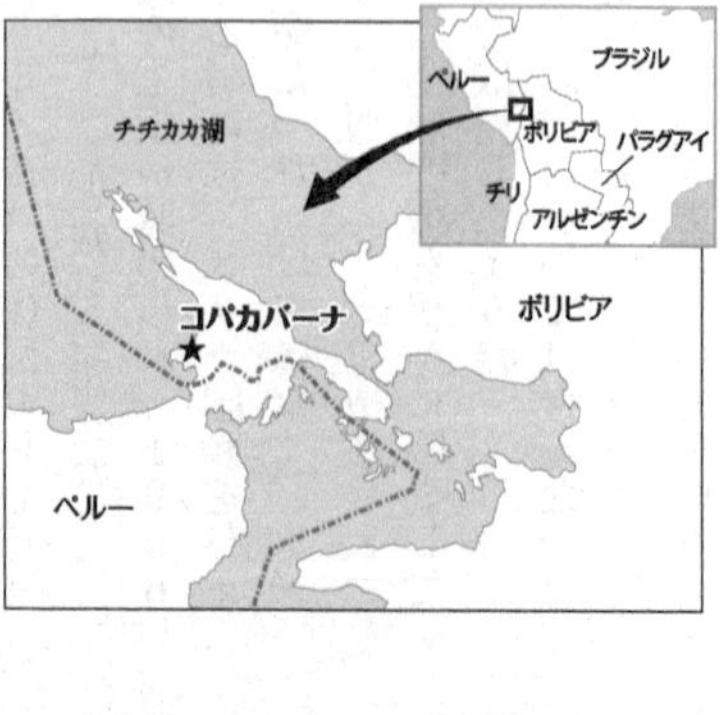

ぶことになった。

こうしてチチカカ湖の上に国境線が引かれ、コパカバーナは周辺の聖地とともにボリビア領になった次第。

第5章 インフラ飛び地

Chapter 5
Enclaves of
Infrastructure

インフラ飛び地

鉄道や道路、港などの交通インフラを、他国が管理・運営している場合がある。なぜそうなったのかを調べてみると、どれもそれなりの経緯があるようで、(一)管理・運営権を他国が握っている(または租借している)ケースと、(二)管理・運営権だけでなく鉄道や道路の敷地も他国の領土(または租借地)になっているケースとがある。

また、かつては植民地的な「インフラ飛び地」として、鉄道付属地が存在した。これは満州(中国東北部)で鉄道を運行していた日本(南満州鉄道)やロシア(東清鉄道)の国策会社が、線路の敷地だけでなく沿線の市街地や炭鉱などの開発権、行政権、警察権、司法権、軍の駐屯権などを取得したもので、奉天(瀋陽)や新京(長春)、ハルビンなど満州の主要都市の中心部では、住民は外国の鉄道会社に税金を納めていた。

ペルーが管理するチリ領内の港

アリカ港＆イロ港

Puerto Arica & Puerto Ilo

ボリビアといえば南米の内陸国だが、なぜか海軍が存在していて、チチカカ湖に軍艦を浮かべて活動している。チチカカ湖はペルーにも面しているので、国境警備の意味はあるのだろうが、かつてボリビアは太平洋に面していて、正真正銘の海軍があった。ボリビアが海岸を失ったのは太平洋戦争に敗れた結果だが、「太平洋戦争」といっても真珠湾攻撃で始まるアレではなくて、１８７９年に勃発したチリvsペルー＆ボリビアの戦争のこと。

現在のチリ北部は、それまでペルーやボリビアの領土だった。この一帯では火薬の原料となる硝石《しょうせき》が豊富で、チリの企業が採掘していたが、ペルー政府とボリビア政府がそれを規制や接収したため、チリ軍が侵攻。４年近くに及んだ戦いで、ボリビアは海への出口を失い、ペルーは首都リマを占領され、アリカ港一帯をチリへ割譲することになった。

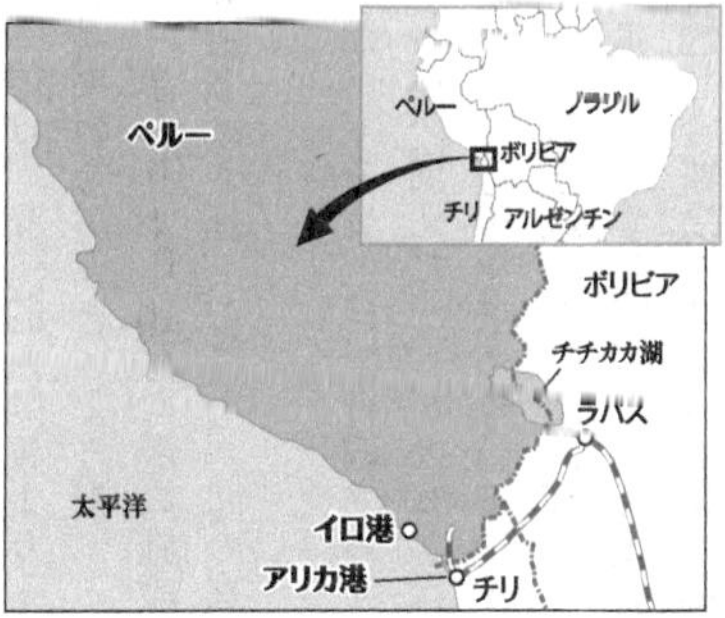

チリとペルーの国境線は１９２９年になってようやく画定したが、この時の条約でアリ

カ港の埠頭や鉄道施設、税関の一部がペルーに譲渡されることが決まった。なぜ税関かといえば、アリカ港を通じてペルーが外国製品を輸入する場合、チリとペルーと2か所の税関で検査をすると手間がかかるし、関税も二度徴収されて割高になるため。そこで、チリは通過貨物を免税にして、アリカ港で陸揚げされた時点でペルーの税関が検査し、チリとペルーの国境ではフリーパスで通過させることにした。輸出の場合もまたしかり。

しかし、ペルーが管理する施設の範囲をめぐって両国が対立し、条約が実行に移されたのは2000年から。現在これらの施設はペルー国有港湾公社が管理しているが、利用する船は3か月に1隻程度。ペルーにとってアリカ港の管理権獲得は、経済的な効果よりも、かつて自国だったアリカへの「主権回復」を象徴する政治的効果の方が大きいようだ。

一方で、アリカ港のうちチリが管理している残りの部分は、2004年10月に港湾施設が民営化されたが、それに伴って施設の利用料が300%も値上げされ、ここを「海の玄関口」としていたボリビアとの間で外交問題に発展した。

ボリビアはハーグの国際仲裁裁判所へ提訴する構えを見せたが、それだけでは収まらず、「海に面した領土の返還」を要求し始めた。チリ側は相手にしない構えだが、ボリビアは外相がバチカンを訪問して、ローマ教皇に「海への出口返還」への応援を求めている。

ボリビアはチリからの「領土回復」を目指す一方で、ペルー政府と「海への出口確保」の交渉も続けた。両国は92年にペルー南部のイロ港をボリビアが管理する協定を結んでいたが、2010年にイロ港の3・58㎢をボリビアが99年間管理し、貿易・商業・観光の拠点を建設する議定書を締結し、実行に移された。イロ港にはボリビアの海軍基地と海軍学校も作られることになった。

これにあせったのはチリで、アリカ港で取り扱う貨物の7割をボリビアの輸出入が占めているが、ボリビアがアリカ港の利用をイロ港に切り替えたら大打撃だと、港湾施設の利用料値上げも今後は「ほどほど」に抑えられることになりそうだ。

ボスニア・ヘルツェゴビナが管理するクロアチア領内の港

プロチェ港

Port Ploce

ボスニア・ヘルツェゴビナは内陸国のようだが、ネウムという場所で幅21㎞だけ海に接している。ネウムはボスニア唯一の海への出口として重要な役割を果たしているのかと思いきや、ネウムはボスニア本土と山で隔てられ、細い峠道でどうにかつながっている程度の場所。ボスニアにとって実際に海への出口になっているのは、ネウムから30㎞ほど北にあるクロアチア領のプロチェという町だ。

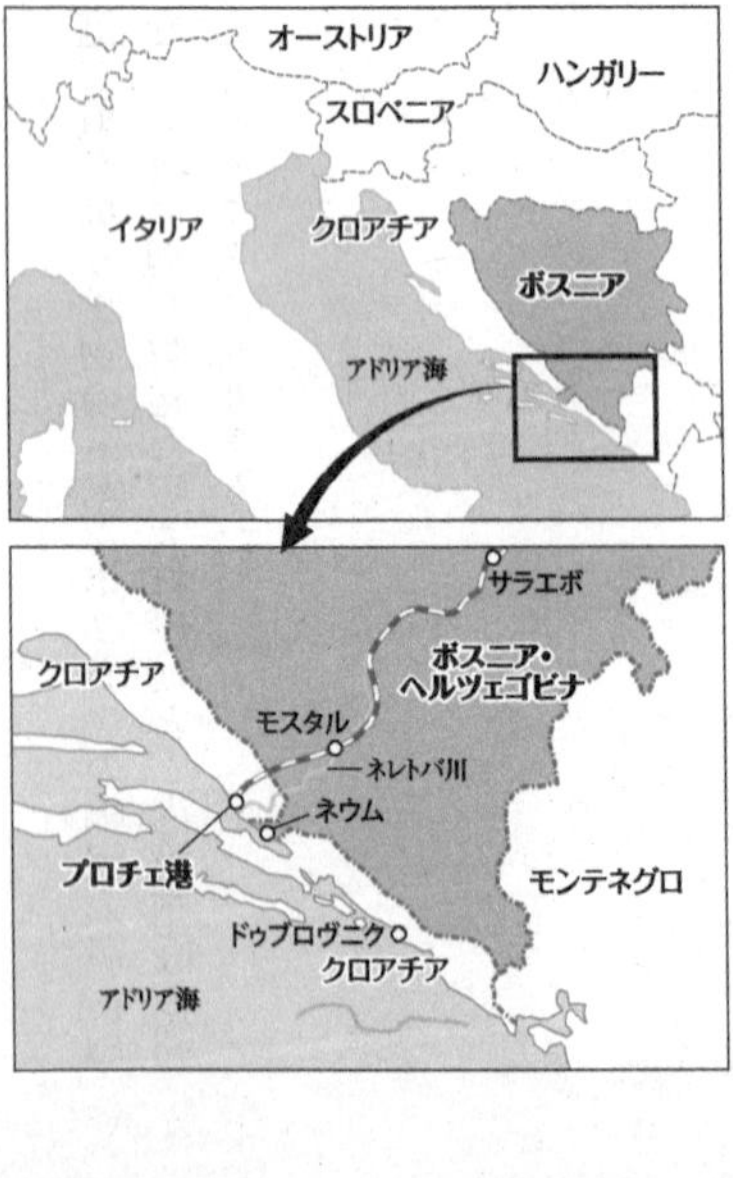

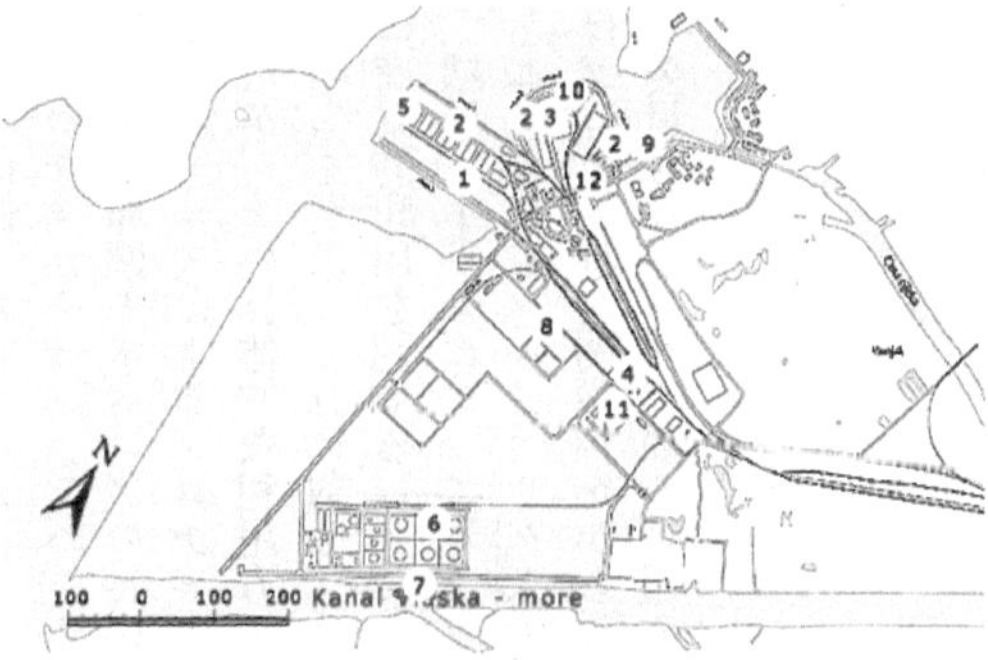

プロチェ港のボスニア管理区域

　プロチェはボスニアから流れるネレトバ川の河口に位置する港町で、ボスニアから海へ向かう鉄道や道路も川沿いの平野を通ってプロチェへ通じている。ボスニアやクロアチアがユーゴスラビア連邦として一つの国家だった時代は、港がクロアチアでもボスニアでも問題はなかった。プロチェ港はもともと東欧が社会主義圏だった時代に、ユーゴスラビアはもちろんハンガリーやルーマニアからの対外ルートとしても整備された港だった。

　しかし90年代初めに、ユーゴスラビアからクロアチアやボスニアが独立するとややこしいことになる。ボスニアでは92年春から95年秋にかけて、セルビア人とクロアチア人、ムスリム人が三つ巴で民族挙げての殺し合いを繰り返した結果、国土はすっかり荒廃して産業は壊滅し、「海への出口」どころではなくなった。

　結局ボスニアは、ムスリム人+クロアチア人のボスニア・ヘルツェゴビナ連邦と、セルビア人のスルプスカ共和国という事実上二つの国に分かれて停戦し、復興が進んでいるが、そこで新たに問題となったのが、プロチェ港の管理権の問題だ。

プロチェからボスニアへ向かう鉄道はボスニア国鉄が運行し、プロチェのアルミニウム積み出し埠頭もボスニアの鉱山会社が所有していた。ボスニアとクロアチアは１９９８年に、ボスニアによるプロチェ港の利用と、ボスニア本土からの通行権を保障する条約を結んだが、その具体的な利用方法について、ボスニア側はプロチェ港の主権を含めた99年間の租借を要求。これに対してクロアチア側は「主権が脅かされる」と反発し、あくまで港の商業的利用を認めるだけだと主張して、交渉は暗礁に乗り上げていた。

結局、ネウムによって本土と隔絶され、飛び地になったクロアチア領のドゥブロヴニクと本土を結ぶペルジェサク大橋の建設をボスニアが認めることと引き換えに、クロアチアはプロチェ港を関税がかからない自由港に指定し、ボスニアの企業3社によって構成される委員会に港の30年間の管理権を与えることになった。

フィンランドが租借しているロシア領内の運河

サイマー運河&マリービソッキー島

Saimaan kanava & Malyj Vysotskij Island-Revansaari

　フィンランド東南部のサイマー湖一帯は天然資源が豊富な地域だが、これらの資源をフィンランド湾を通じて外洋へ運び出す重要なルートがサイマー運河だ。

　フィンランドがロシア領だった1845年に着工され、1856年に開通。ロシア革命に乗じてフィンランドが1918年に独立した後、26年に拡張工事が始まったが、39年のドイツのポーランド侵攻に乗じて、ソ連がフィンランド

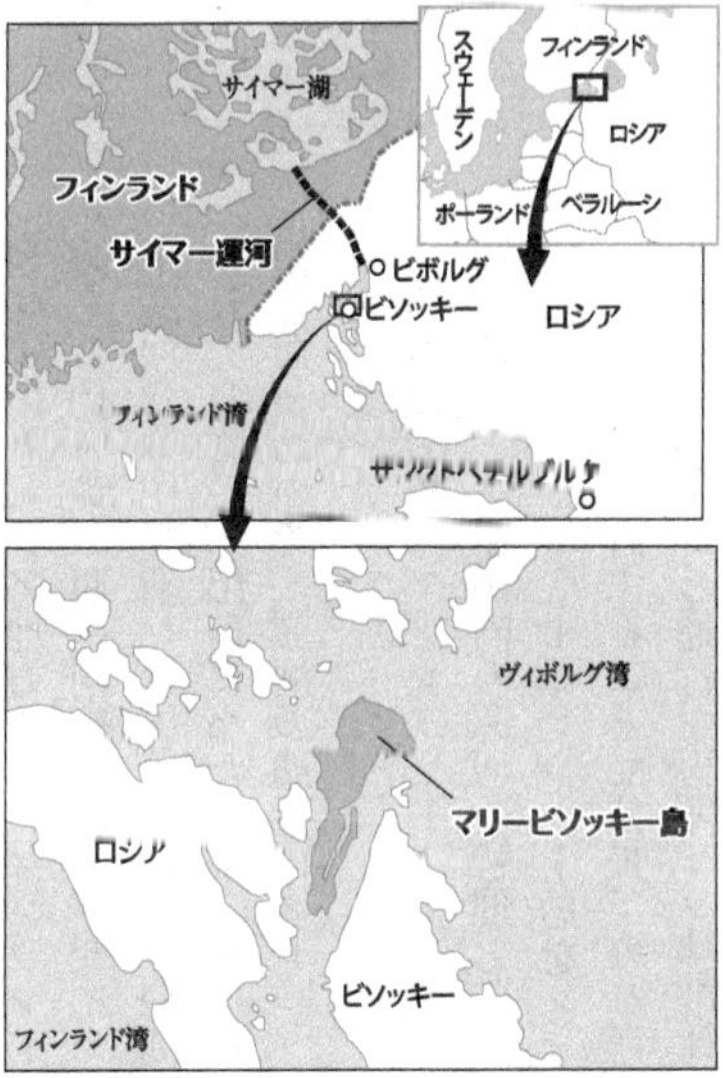

ビソッキーの町（下）とマリービソッキー島

へ攻め込んだ（冬戦争）ため工事は停止。翌40年にカレリア地方などフィンランド領土の10％がソ連へ割譲されて、サイマー運河は途中で新たな国境線により分断されてしまい、出口に当たる部分がソ連領となったので、運河の通行はストップしてしまった。

その後63年にフィンランドとソ連は条約を結び、ソ連領内の運河の管理と、出口に位置するマリービソッキー島をフィンランドが租借することで拡張工事が再開され、68年から通行を再開。ソ連解体後はロシアから租借する形に改められている。

マリービソッキー島は長さ1・5㎞、幅500mの小さな島で、19世紀に対岸の町ビボルグを守るための要塞が築かれていた。フィンランドが独立してからは、外洋から来る大型船と運河へ入る小型船とで貨物を積み替える中継地として賑わったほか、製材所があり、そこで働く職人や漁師など900人が住んでいたが、冬戦争でソ連領になってからは放棄されていた。

マリービソッキー島が運河とセットでフィンランドに租借されたのは、中継地として不可欠とされたためだったが、運河拡張によって貨物を積み替える必要はなくなり、現在では無人島だ。

さて、租借期限が迫った2012年2月に、ロシアとフィンランドは新しい条約を結び、サイマー運河は引き続きフィンランドが50年間租借する代わりに、運河の使用料としてロシアへ支払う金額は、年間30万ユーロから120万ユーロ（船の通行量が多かった場合は割り増し）へと大幅アップ。

実際に使用していなかったマリービソッキー島はロシアへ返還され、代わりにフィンランドは国境のネーマからブラシュニシュニイエまで、ロシア領内の道路を新たに租借することになった。

チェコが租借しているドイツ領内の港

モルダウハーフェン

Moldauhafen

ドイツ・ハンブルクの港の一角に、チェコが租借し、管理している「モルダウハーフェン」がある。モルダウハーフェンは面積3haで、埠頭や倉庫、鉄道の引込み線、チェコ政府の税関などがあり、チェコが輸出入する商品は、モルダウハーフェンを経由すればドイツの関税はかからないという仕組みだ。

第一次世界大戦で東欧では新たな独立国が生まれたが、チェコスロバキアもその一つ。これらの国には「大国の奴隷」とならないために、海への出口が与えられた。ポーランドには旧ドイツ領の西プロイセン（ポーランド回廊）が割譲されたうえ、新たに国連保護下で成立したダンチヒ自由市の港湾施設と鉄道の共同管理権が与えられた。リトアニアはメーメルを獲得したが、内陸国のチェコスロバキアに「海への出口」として与えられたのが、プラハとハンブルクを結ぶエルベ川の通行権と、その河口に位置するモルダウハーフェンの租借権だった。これらはベルサイユ条約で定められ、

モルダウハーフェンは1928年からチェコスロバキアがドイツから99年間租借することになった。同様にオーデル川の通行権と河口のステッチン（現在のポーランド領シュチェチン）の港の一部の租借権も得たが、こちらはルートが不便だったためか、実施されずに終わった。

しかし、チェコスロバキアという国自体が歴史の波に翻弄され続けたため、モルダウハーフェンの役割は十分果たせない状態だった。38年にチェコスロバキアの工業地帯だったズデーテン地方がドイツに併合され、翌39年にはチェコもドイツに編入されてしまう。戦後チェコスロバキアは独立を回復したものの、社会主義国となったので、輸出入はエルベ川を通って敵国・西ドイツ領のハンブルク港を経由するよりも、主に運河やオーデル川を通って同盟国・東ドイツやポーランド領の港を利用するようになった。

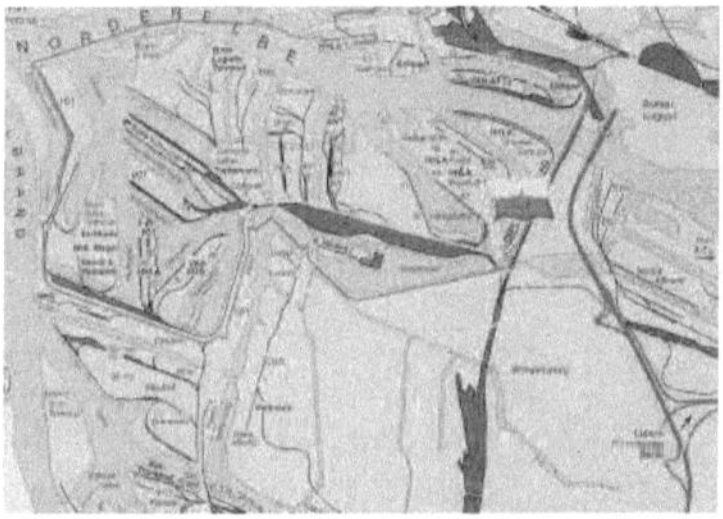

ハンブルク港の一角を占めるモルダウハーフェン（上半分）

93年にチェコとスロバキアが分離すると、モルダウハーフェンの租借契約はチェコが受け継ぎ、利用促進が図られたが、関税撤廃が進んだのでモルダウハーフェンの意義は薄れた。モルダウハーフェンの管理運営は、チェコスロバキアの国営船会社・CSPLOが請け負っていたが、経済改革で92年に民営化された後、経営が行き詰まって2002年4月に破産。

現在、モルダウハーフェンはチェコ政府の運輸省が管理しているが、港湾施設としては機能停止状態で、再開発して観光利用する構想もあるものの、チェコの租借期限は2027年までなので、具体的には進展していないようだ。

マレーシアが所有する鉄道用地

シンガポール領内のマレーシア国鉄

KTMB in Singapore

国際列車といえば、ふつうは異なった国の鉄道会社（主に国鉄）同士が相互乗り入れで列車を走らせているものだが、変わった形式なのがシンガポールとマレーシアを結ぶ国際列車。シンガポールには国鉄やそれに相当する鉄道会社はなく（地下鉄や新交通システムならある）、シンガポール領内で列車を走らせているのはマレーシア国鉄（マレーシア鉄道公社）。線路や駅などの施設や敷地はすべて

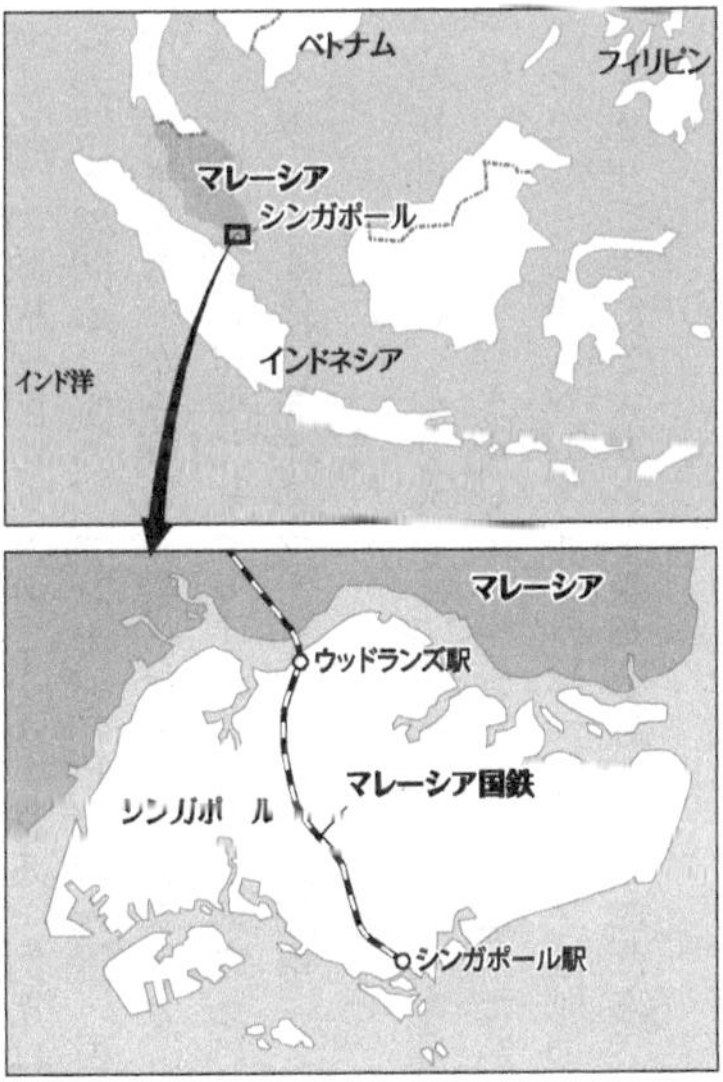

マレーシア鉄道資産公社が所有し、管理している。

それればかりか鉄道運行に関連するマレーシアの政府機関もシンガポールにある。例えばシンガポール駅にはシンガポール政府の入管・税関とともに、マレーシア政府の入管・税関があって、乗客はここで出国と入国の手続きをしてから列車に乗る仕組み。となると、シンガポール駅のホームにいる時点では、手続き的にはすでにマレーシア入国済みなわけで、この列車は国際列車じゃなくて「シンガポール領内を走るマレーシアの国内列車」ということになるのかも。

マレーシア国鉄はもともとイギリスが植民地時代に、シンガポールを起点にマレー半島を縦断する形で建設したマラヤ鉄道で、当時はシンガポールもマレーシアも英領だったから、別々の国になるとは想定していなかった。その後もシンガポールはマレーシア連邦の一つの州だったから問題はなかったが、1965年にシンガポールが分離独立したため、おかしな仕組みになった。

もっとも実際の利用者にとってはシンガポール駅で2か国分の出入国手続きが済んでしまうのだから、便利な制度のはず。ところが、99年8月にシンガポール政府がマレーシアとの国境手前にウッドランズ駅を作り、入管・税関をこちらへ移したので、本当にややこしい事態になった。

マレーシア政府はシンガポールの一方的な入管・税関移転に反発して、マレーシアの入管・税関はシンガポール駅に残し続けた。だから乗客はシンガポール駅で先にマレーシアの入国手続きをし、国境に到着してからシンガポールの出国手続きをすることになり、シンガポール駅～ウッドランズ駅間は「二重入国状態」になってしまった。

その後、マレーシア政府はシンガポール駅での入管・税関を廃止したが、国境に新たな入管・税関を作らなかったので、乗客はマレーシアの入国手続きをしないまま、マレーシアに入る。外国人の場合は「鉄道で入国した場合は、パスポートにシンガポール（ウッドランズ駅）の出国スタンプが押してあれば、マレーシアに入国したとみなす」と解釈したそうだが、その証明として出国時まで切符を保存していなければならない。

入管・税関を移した理由について、シンガポール政府は「不法入国者の取り締まりを強化するため」と説明している。シンガポール駅と国境の間には客扱いをする駅はなかったが、列車が交換するための信号所があるので、マレーシアから来た列車がここで停車している時に降りてしまえば、不法入国ができた。またマレーシアからやって来た列車がシンガポール領内を走っている間に、あらかじめ打ち合わせをした場所で窓から麻薬の包みを投げる方法が、密輸ルートとして利用されていたので、シンガポールの入口で税関検査をする必要があるのだという。

しかし、シンガポール政府の真の目的は、シンガポール領内のマレーシア国鉄を廃止して、跡地を再開発することだった。シンガポールが分離独立した時の協定で、シンガポール領内の鉄道用地の土地所有権はマレーシア側にあるが、鉄道運行用に使われなくなった場合は、所有権がシンガポール政府に移るとされていた。そこでシンガポールは鉄道跡地

閉鎖されたマレーシア国鉄のシンガポール駅(2014)

の再開発のうち、一部地区の権益をマレーシアとの共同開発にすると提案したが、マレーシアは一等地のブキティマ地区が含まれていないと反発して、交渉は頓挫した。

結局、両国政府の話し合いで、シンガポール駅～ウッドランズ駅間25㎞は廃止して、跡地は両国政府の投資会社が合弁企業を設立して開発することになり、出資比率はマレーシア側60%、シンガポール側40%に決まった（実際には線路跡地と同価値のシンガポール領内の土地と交換して共同開発）。

こうして2011年6月末で、シンガポール駅は廃止され、シンガポール領内に乗り入れるマレーシア国鉄の路線は、国境の堤防からウッドランズ駅までのわずかな距離に短縮。マレーシア側の入管や税関もウッドランズ駅に開設されて、再び一つの駅で出国と入国の手続きが済むようになっている。

ベルギー領の線路がドイツを5か所にわたって分断

ベンバーン鉄道

Vennbahn

ベルギー島北部のドイツ国境地帯を走るベンバーン鉄道は、ドイツ領に食い込んで線路が延びている。運行はベルギー国鉄が行ってきたが、線路や駅舎などの敷地もすべてベルギーの領土だ。このため途中5か所のドイツの領土が、ベルギー領の線路によって本土と分断され飛び地になっている。

ベンバーン鉄道はプロイセン、つまりドイツが1885年から89年にかけて開通させたもので、当

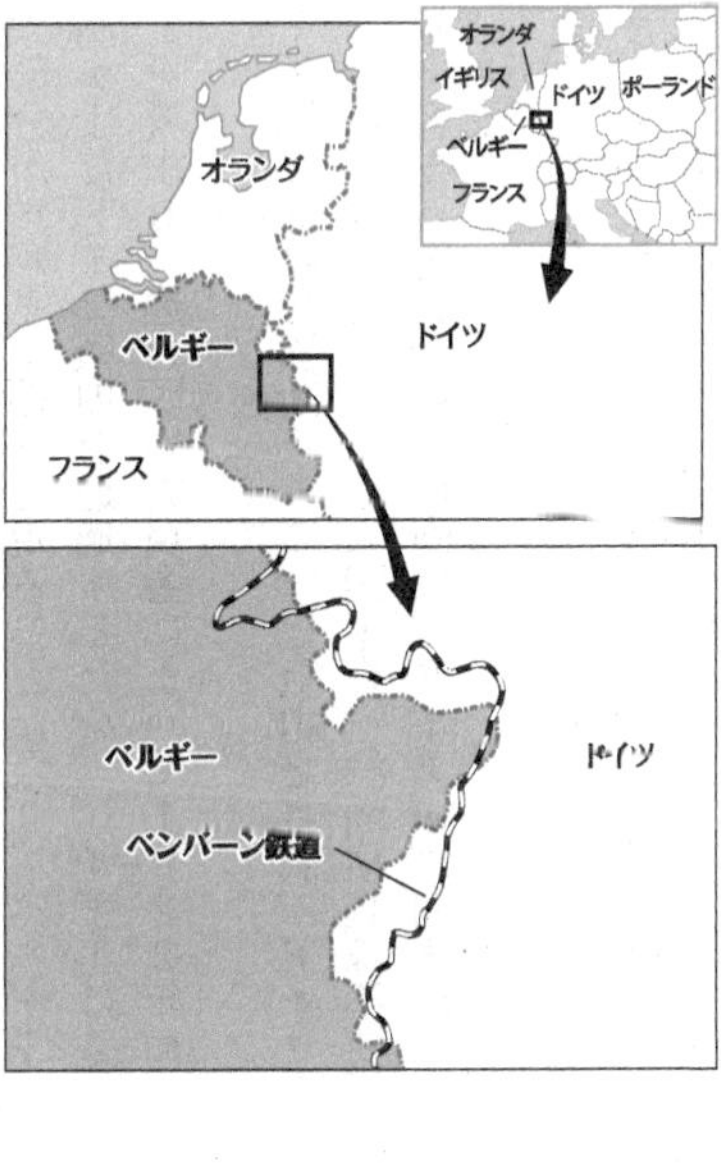

時は大部分がドイツ領内を通っていた。ところが第一次世界大戦で負けたドイツはベルギーに領土を割譲したため、この鉄道は大部分がベルギー領内を走ることになり、ベルギー国鉄に譲渡された。それでも一部の区間がまだドイツ領内を通過するため、ベルギーは鉄道の敷地すべてをベルギー領にすることを要求し、連合国の委員会によって1922年に認められたもの。

協定によってドイツ人が踏切でベルギー領の線路を横断することは自由とされ、ドイツに張り出した五つの駅同士を行き来する場合には、ベルギーの入国審査や税関検査は不要。一方で、ベルギー領内相互を行き来する乗客や貨物を乗せた車両は、ドイツ領に囲まれた区間を通過する際には車両に鍵がかけられた。

戦後、この鉄道は旅客営業を止めて貨物だけを運んでいたが、それも89年で廃止。使われなくなった鉄道敷地はドイツへ返還するのかと思いきや、ベルギーの地元自治体が「観光資源として活用しよう」と93年から蒸気機関車による観光列車を走らせた。

2003年には観光列車も廃止になり、鉄道施設は完全な廃墟になってしまったが、それでも依然として敷地はベルギー領のまま。もっとも現在ではドイツとベルギーはシェンゲン協定によってパスポートなしで自由に行き来できるので、周辺の住民にとって困った問題が起きているわけではない。

ドイツやイタリア領内を通過する列車

オーストリアの回廊列車（コリドアツーク）

Korridorverkehr

オーストリアは北海道ほどの広さの国土に5800kmもの鉄道路線がある国だが、オーストリア連邦鉄道（国鉄）の列車はドイツやイタリア、ハンガリー領内も走っている。といっても、よくある国際列車とは別に、オーストリアの国内列車が他国の領土内を走っているのだ。路線の管理権はオーストリアにはなく、オーストリア国鉄がそれぞれの国の国鉄なり鉄道会社なりに通行料を払って運転する仕組み。このように国内列車が他国を通過する区間をコリドア運行（回廊運行）といい、オーストリアでは5区間が存在する。

例えば首都ウィーンから西部の中心都市インスブルックへ向かう列車は、オーストリア領内だけを走るよりドイツのローゼンハイムを経由したほうが距離は約50km短く、またオーストリアの山岳地帯を走るより、ドイツの平野部を走ったほうが時間的にはもっと短く

て済む。だからオーストリアの東西を結ぶ主要列車は、多くがドイツ領内を経由して運行している。ただしこれらはあくまで国内列車で、国際列車ではないからドイツ領内はノンストップだし、運転上の都合で停車しても乗り降りできない。インスブルックから北へ向かう路線も、途中でドイツ国内を通過する。

一方、インスブルックから南東へ向かう列車は、イタリア領内106㎞の区間をコリドア運行する。この地域はもともと全区間がオーストリアのチロル州で、鉄道もその時代に建設されたのだが、第一次世界大戦後にチロル州の南部がイタリアへ割譲され、南東部がチロル州の飛び地として残った。チロル州の飛び地から州都インスブルックへ行くにはイタリア領内を通過した方が断然早いので、列車は昔ながらのルートで運行を続けている。イタリア領となった南チロル地方は今でもドイツ語系住民が多く、分離独立や自治権獲得の運動が続いているようだ。

ウィーンの南にあるウィナーノイスタットからさらに南へ向かう路線は、ハンガリー領内をコリドア運行して再びオーストリアへ戻るが、途中にあるショプロン駅でオーストリアのエーベンフルトからやって来た私鉄のジュール・ショプロン・エーベンフルト鉄道（GYSEV）と接続して、乗り換えることができる。ショプロン駅の構内のオーストリアの列車が発着するホームは鉄格子で仕切られ、オーストリアの列車同士で乗り換える場合はパスポート検査が不要。ハンガリーの列車に乗り換えたり、駅の外へ出る場合は出入国検査を受ける仕組みだ。

ＧＹＳＥＶはオーストリアとハンガリーを直通する国際私鉄で、戦後、社会主義国になったハンガリーではすべての鉄道会社が国有化されたが、ＧＹＳＥＶだけは例外で私鉄のまま残された。第一次世界大戦までオーストリアとハンガリーは「オーストリア＝ハンガリー帝国」として一つの国で、ＧＹＳＥＶはその時代に建設された鉄道だ。

スイス領内のフランス&ドイツ鉄道の駅

バーゼル駅

Basel SBB

スイス北西部のバーゼルは、チューリッヒとジュネーブに次ぐスイス第三の都市。フランスやドイツに隣接する国境の都市で、市内にはスイス国鉄のバーゼル駅のほか、フランス国鉄のバーゼル駅とドイツ鉄道（旧西ドイツ国鉄）のバーゼル駅がある。フランス国鉄の駅はスイス国鉄と同じ敷地にあるが、両者のホームは金網で仕切られていて、フランス国鉄のホームに入るにはパスポートなどのチェックが必要だ。

ドイツ鉄道の駅は3㎞近く離れた場所にあり、駅で乗り降りするにはやはりパスポートなどの検査が必要だが、バーゼル駅で降りずにそのまま列車に乗り続けているぶんには、検査なしにスイス領を通過できる。またドイツ鉄道の列車の一部はスイス国鉄のバーゼル駅へも乗り入れている。

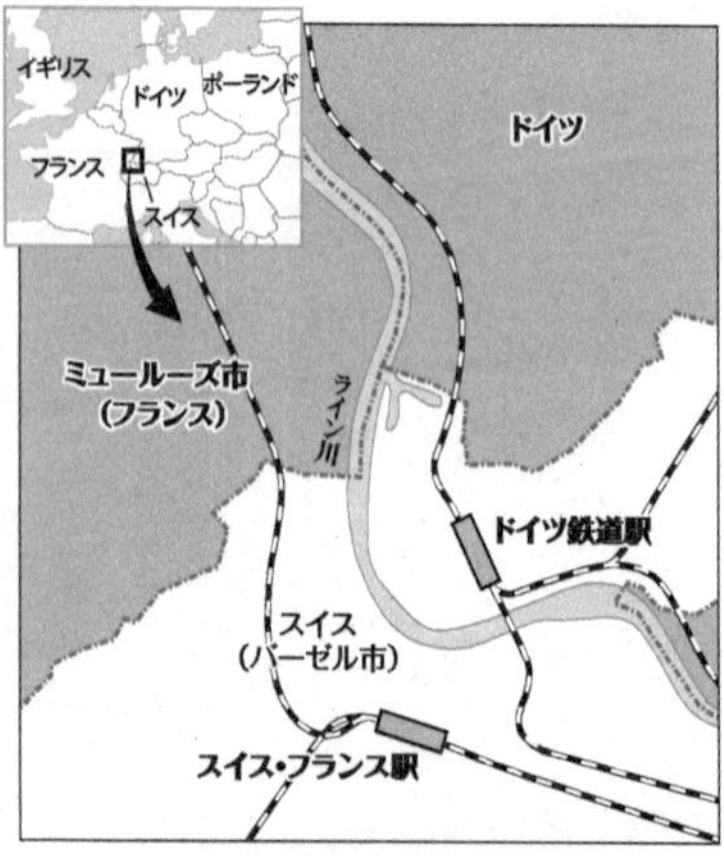

ドイツ駅とスイス・フランス駅の間には市電が走っているが、１９６０年代までこの市電もドイツ領やフランス領の町まで乗り入れていた。現在でも10系統は一駅だけフランス領内を通っている。

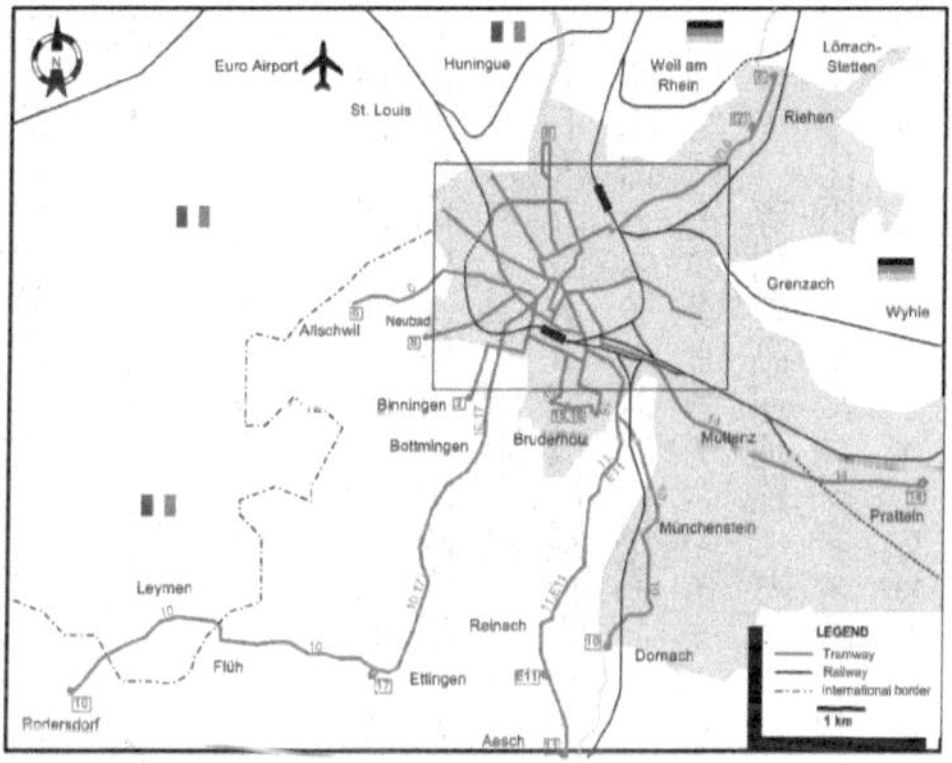

バーゼルの市電路線図。左下にフランス領に入り込む区間が示されている

フランス領内のスイス・フランス共用空港

バーゼル・ミュールーズ空港

Euro Airport Basel-Mulhouse-Freiburg

成田空港は千葉県にあるのに２００４年まで正式名称は「新東京国際空港」だったが、スイスのバーゼル国際空港はフランスのミュールーズ市にある。飛行機を降りるとフランス側出口とスイス側出口があって、スイス側出口ではそのままスイスのイミグレと税関を通って、専用の高速道路でバーゼル市内へ直行する仕組み。またフランス国内線の飛行機は同じ空港に発着するのに「ミュールーズ空港行き」となっていて、航空券などに書いてある空港コードは、バーゼル（ＢＳＬ）とミュールーズ（ＭＬＨ）の二つがある。最近ではドイツへの玄関口もアピールしたいようで、「ユーロ空港」とも称しているようだ。もっともお金については、スイスはＥＵに加盟していないのでユーロを使用せず、相変わらずスイス・フランを使い続けている。

モルドバ領に囲まれたウクライナ領の高速道路

パランカの高速道路

Palanca Highway

ウクライナの南部の都市オデッサから西へ延びる高速道路は、ほんのわずかモルドバの領土をかすめる。道路の敷地はウクライナ領で、モルドバのパランカという町は二分され、

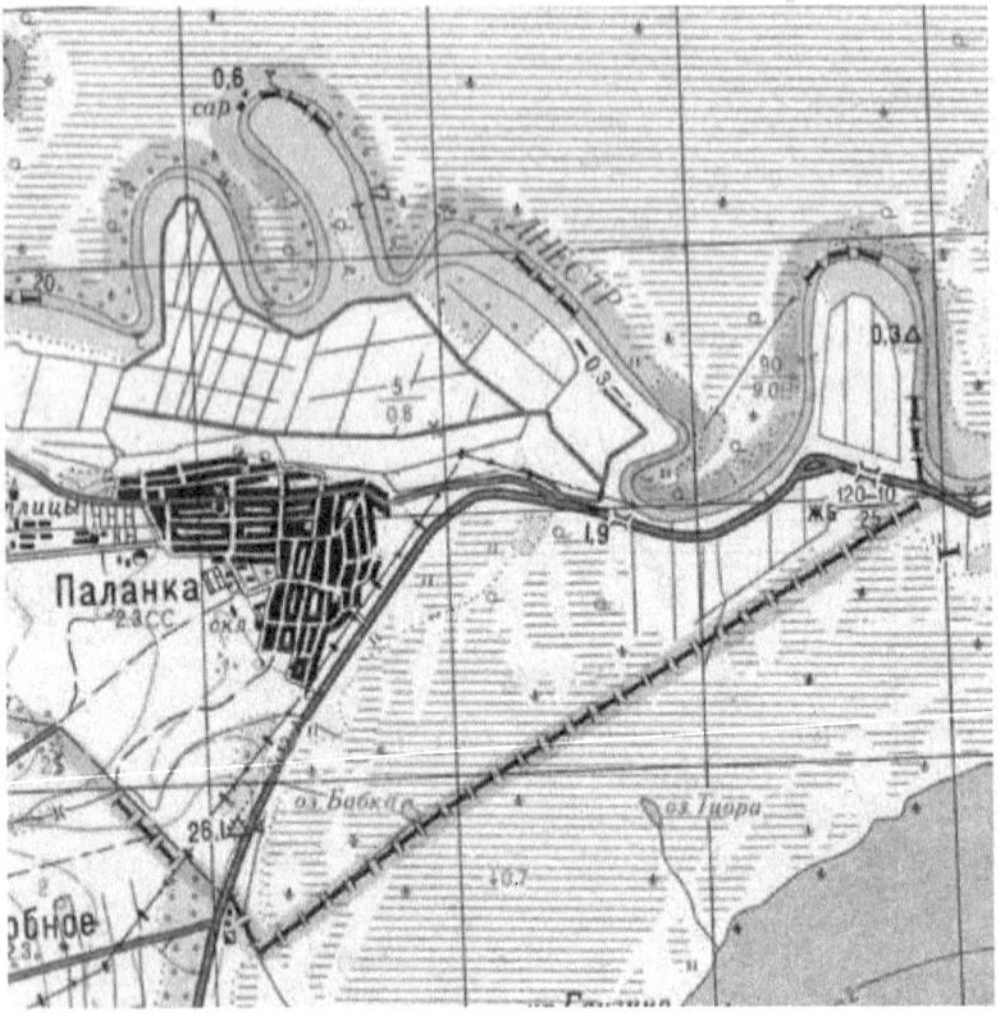

ソ連時代のパランカ

7・77㎢が道路によって隔てられた飛び地になっている。

　ソ連だった頃に、まさかウクライナやモルドバが独立するとは想像もしないで道路を建設したためだが、2000年にウクライナはモルドバに領土交換による飛び地の解消を要求。「領土交換に応じなければ、モルドバがウクライナの道路を通って輸出入するのを禁止する」と圧力をかけたため、01年7月にモルドバ国会でも領土交換の条約が承認されたが、モルドバの右派は「領土の変更は国民投票が必要とされているモルドバ憲法に違反している」と反発。パランカの住民も高速道路に座り込んで抗議する騒ぎになった。

道路で隔てられた飛び地には畑が広がっているだけ。それなら領土交換をしてすっきりした方が良さそうだが、飛び地の数㎞先には黒海の入り江があり、モルドバで最も海に近い場所なのだ。

かつてモルドバは、ドナウ川からドニエストル川にかけて黒海に面していた。モルドバ人はルーマニア人と同じ民族で、第一次世界大戦後にルーマニア領になったこともあるが、第二次世界大戦でソ連に併合された際、海に面したブジャク地方ではモルドバ人（ルーマニア人）は少数派で、ウクライナ人やブルガリア人、トルコ系の少数民族が多く住んでいたため、ウクライナに移された経緯がある。おかげでモルドバはギリギリのところで海岸線から隔てられ、内陸国になってしまった。

現在ではブジャク地方の住民のうちモルドバ人はわずか13％。モルドバのエネルギーはウクライナを通ってくるロシアからの天然ガスに頼っているし、海への出口の「回復」をウクライナに要求できる立場にはなさそうだ。

モルドバ領に囲まれた「沿ドニエストル共和国領」の道

M４号およびM21号道路

Road M4 & M21 in Transdniester

沿ドニエストル共和国とは、モルドバ共和国から独立を宣言している今も「ソ連が生きている国」。ドニエストル川とウクライナの国境との間に挟まれた、南北２０0km あまりの細長い土地を、約20年にわたって実効支配しているが、軍隊を駐屯させて支援しているロシアを含めて、沿ドニエストル共和国を承認している国はない。

つまり「世界非公認の独立国」だ。

沿ドニエストル共和国は、ドニエストル川の東岸を領土にしているが、実際の国境は１９９2年の停戦ラインに基づいているため、いくつかの個所でデコボコがあって、首都ティラスポリの周辺では、川を挟んで向かい合う西岸のベンデルも支配。一方で、ドゥボッサルイ南側のコスニタと北側のコルジョバ付近では、モルドバ支配地区が東岸に大きく食い込んで、特に北側では沿ドニエストル領は南北に分断されてしまっている。

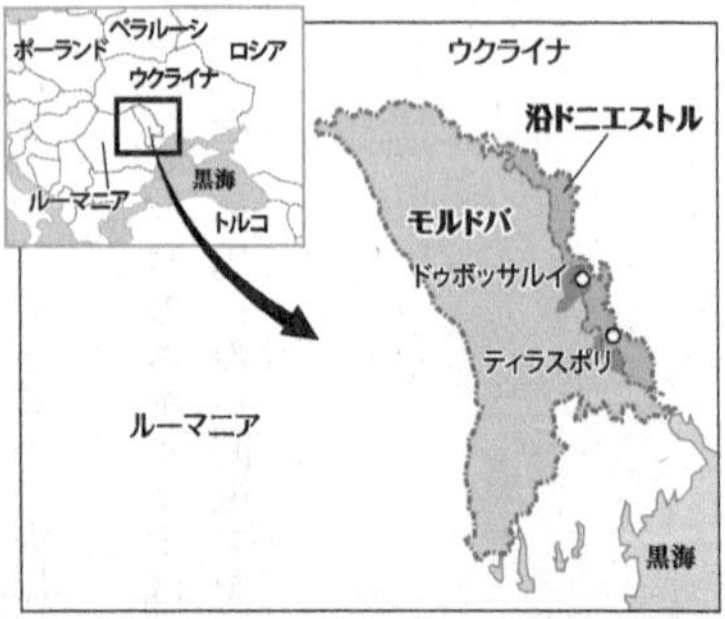

もっとも、東岸の南北をつなぐ唯一の幹線道路（M４号線）と、ウクライナへ向かう幹

線道路（M21号線）は沿ドニエストル側が支配しているため、道路に隔てられて、モルドバ支配地区は南側で1か所、北側で2か所が飛び地になっているという状態だ。

飛び地の大部分は農場で、人はほとんど住んでおらず、ヴァシリフカ（Vasilievca）に数十軒の家があるくらい。農場はモルドバ支配地区の村人たちが耕作していて、沿ドニエストルが支配する南北道路を横切り、農作業に通っていた。

ところが、沿ドニエストルは南北道路沿いに検問所を作り、2003年頃からモルドバ

モルドバ支配地区を分断するM４号線（左上と下）とM21号線（右上）

の農民のトラクターが南北道路を横断するのを制限するようになった。このため、農場へ収穫に行けない農民たちと衝突する騒ぎが続発した。

とりあえず、06年秋にロシアやウクライナ、EUの仲介で、モルドバ側と沿ドニエストル側の村長や市長同士が話し合い、モルドバの農民が南北道路を横切ることは認めたほか、07年1月から沿ドニエストル側による検問に代わって、平和維持軍（＝ロシア軍）が南北道路をパトロールすることで合意した。

ロシアと北朝鮮に挟まれた中国領の道路

洋館坪路堤

Yangguanpingluting

豆満江《トウマンガン》（中国語では図們江）といえば、鴨緑江とともに中国と北朝鮮との国境線。近年では北朝鮮からの「脱北者」が渡って来ると、何かとニュースになっている場所だ。

その豆満江は河口から15㎞までは片側がロシア領になっていて、ロシアと北朝鮮はちょっとだけ国境を接している状態。逆に言えば、中国はギリギリのところで日本海へ到達できない。さらに3か国の国境には、防川というほとんど飛び地状態の中国領があって、中国本土とは洋館坪路堤という長さ８８０ｍ、幅８ｍの堤防でかろうじて繋がっている。

かつては豆満江の東岸は河口まで中国領だった。しかし１８６０年の北京条約で沿海州がロシア領となり、

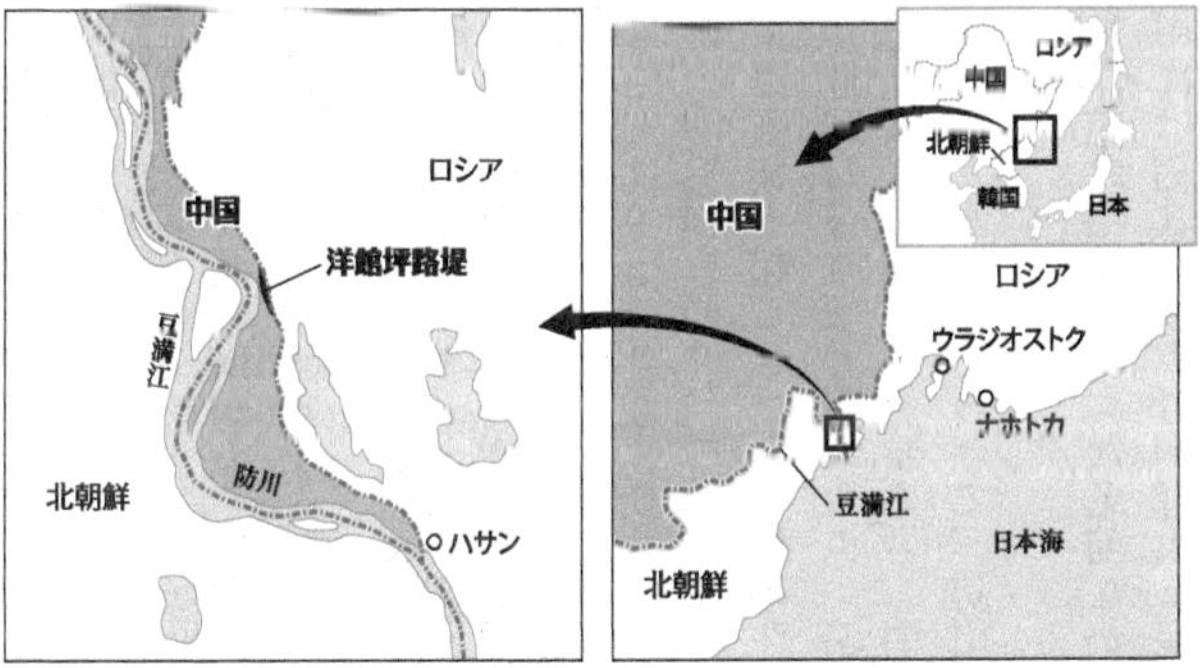

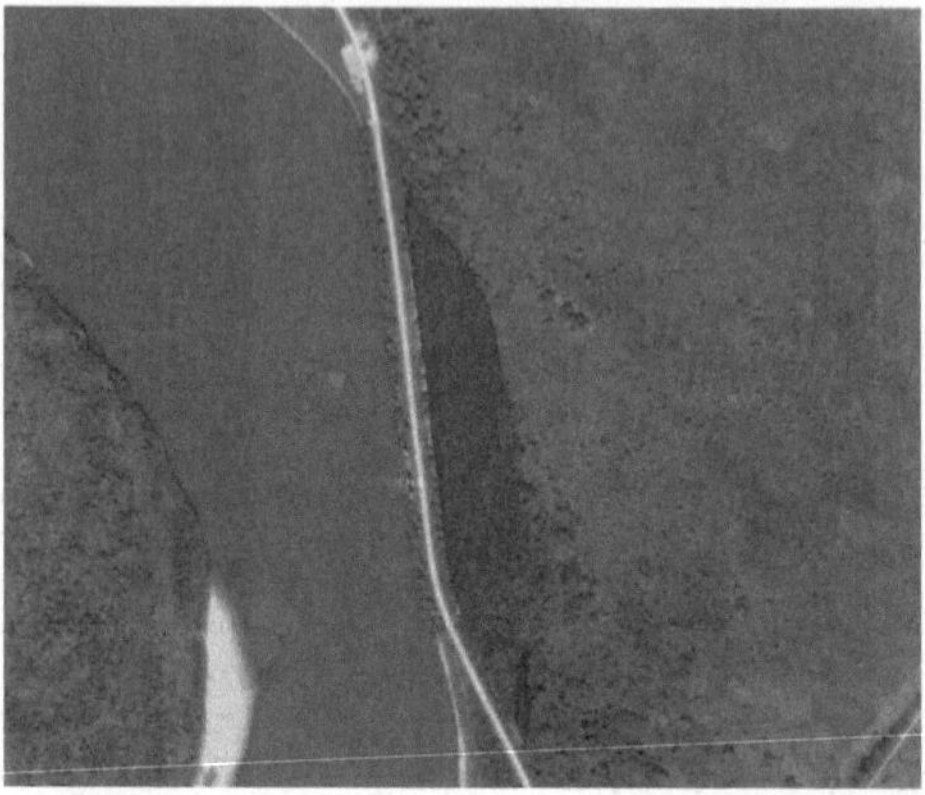
豆満江の中を通り、中国領をつないでいる洋館坪路堤（Google map）

86年の琿春条約で豆満江一帯の国境が決まって、中国は日本海への出口を失い、防川が中国領の最前線となった。しかしこの頃の防川は飛び地ではなく、豆満江に沿った細長い土地で中国本土と繋がっていた。

20世紀に入ると朝鮮は日本領に、帝政ロシアはソ連に、中国領は満州国となり、防川一帯は日ソ両軍が対峙する最前線になった。そして１９３８年夏に防川の満ソ（＝中露）国境線をめぐって日本軍とソ連軍が軍事衝突を起こした張鼓峰《ちょうこほう》事件の結果、中国領はますます細くなり、57年の洪水で豆満江の流れが変わると、中国領の土地は川の水にえぐられて、防川は飛び地になってしまった。

そこで83年に中国本土と防川をつなぐために完成したのが洋館坪路堤。ヘンな名前だが、「洋館が建つ一角にある道路兼用の堤防」という意味。防川には約５００人の朝鮮人（朝鮮族）が住んでいたが、張鼓峰事件の時に軍事上の妨げになると強制的に立ち退かされ、防川は無人地帯になっていた。中国が洋館坪路堤を作ったのは、住民の不便解消ではなく領土確保の象徴としての意地だった。

洋館坪路堤、詳細図

また戦前の日本とソ連の国境線争いは、97年に中露両国が国境を画定したことで解決。現在の防川は「鶏鳴聞三国、犬吠驚三疆」（ニワトリが鳴けば3か国で聞こえ、犬が吠えれば3辺境を驚かす）をキャッチフレーズに中国人観光客で賑わっているらしい。

一方で、中国政府は上海や広州などの沿岸部と比べて遅れている東北部（旧満州）発展の起爆剤とするために、日本海への出口として、豆満江に代わってロシア領内のピョートル大帝湾に面したポシエト港とサルビノ港に目をつけている。1990年代に入ると中国とポシエト港をつなぐ鉄道を建設し、ロシア側へ両港の49年間の租借と港湾施設の共同開発（コンテナの取扱能力を10倍に拡大）の構想を申し出た。日本や韓国でもこの構想で環日本海経済圏が本格化すると期待する声があったが、ロシア、特に沿海州では「中国に経済支配される」「領土を中国に明け渡すな」と中国脅威論が高まって租借交渉は頓挫しているようだ。

それにしても、かつてはロシアが海への出口を求め、中国に圧力をかけて鉄道を建設し、大連港一帯の関東州を租借した歴史があるのに、立場はすっかり逆転したものだ。

第6章　飛び地もどきの怪しい地帯

Chapter 6
Quasi-Enclaves

中国奪還を狙った国民党軍兵士の「落人村」

【台湾領？】

タイペイ

Doi Mae Salong

タイペイといっても台北ではなくて泰北、つまりタイ北部の山岳地帯のこと。旅行会社で配っている少数民族巡りツアーの地図を見ると、リス族やアカ族の村に混じって「ＫＭＴの村」というのが点在している。ＫＭＴとは国民党《グオミンダン》で、すなわち中国国民党のこと。これらの村は国民党兵士の落人《おちうど》村なのだ。

１９４９年、中国の内戦がクライマックスを迎え、破竹の勢いで進撃する人民解放軍に追われた国民党政権は台湾へ逃げるが、雲南省一帯に取り残された部隊は国境線を越えてミャンマーへ逃亡し、ここに拠点を築いて大陸奪還のためのゲリラ戦を続けた。

しかし国民党軍が地元少数民族の反政府ゲリラと連携していることに怒ったミャンマー政府は、「台湾政府による領土侵犯だ」と国連に提訴。53年から54年にかけて国民党軍とその関係者６５００人が、さらに61年には４５００人が輸送機で台湾へ引き揚げた。

（上）リゾート開発が進む前の落人村（1990）
（下）国民党軍練兵場跡地にあった中国語の掲示板

ところが、台湾へ引き揚げたのはあくまで一部で、段希文将軍が率いる国民党部隊はタイ政府の統治が及ばない北部山岳地帯のドイ・メサロン一帯を占領し、周辺の少数民族を支配してケシを栽培させ、資金を稼ぎながら軍事訓練を続けていた。村々には学校が建てられて、中国語による反共教育が行われた。

こうしてタイ、ミャンマー、ラオスの国境地帯は、世界有数の麻薬生産地「黄金の三角地帯」として悪名を轟かすようになったが、70年代に入ると国民党部隊はタイ政府の求めに応じて、タイ共産ゲリラの討伐作戦に参加し、タイ政府も「北部山岳地帯の自衛隊」として彼らの存在を認めるようになった。そして80年、段希文将軍の死去を機に国民党部隊は解散。ドイ・メサロンへは麓からの道路が開通して、タイ政府の実効支配下に置かれるようになり、ケシに代わって中国茶が名産の高原リゾート地に生まれ変わった。

90年代に台湾の李登輝政権の下で、公然と台湾独立や「国民党はしょせん外来政権」と語られるようになると、タイペイの国民党落人たちの台湾政府への忠誠心はほとんど消えてしまったようだ。現在では中国への道路も通じ、落人たちの故郷である雲南省との往来が盛んになっている。

中国返還前に消滅した香港の国民党軍の落人村

【台湾領?】

首吊り嶺

Tiu Keng Leng

「えっ、首吊《くびつ》り嶺《みね》?」と思うだろうが、香港の九龍半島の東側にそういう村が存在していた。広東語では吊頸嶺《ディウゲンレン》、名前がヘンなら村もヘンで、人口2万人のこの村の住民はすべて中国国民党の関係者、つまり国民党兵士の落人村だったのだ。

１９４９年、中国の内戦がクライマックスを迎え、破竹の勢いで進撃する人民解放軍に追われた国民党政権は台湾へ逃げるが、広東省に取り残された部隊は国境線を越えて当時イギリス領だった香港へ逃亡。イギリスは彼らを香港島の難民キャンプに収容したが、ここは市街地に近く、共産党の支持者たちがたびたび冷やかしに来て騒乱となったので、落人たちを人里離れ

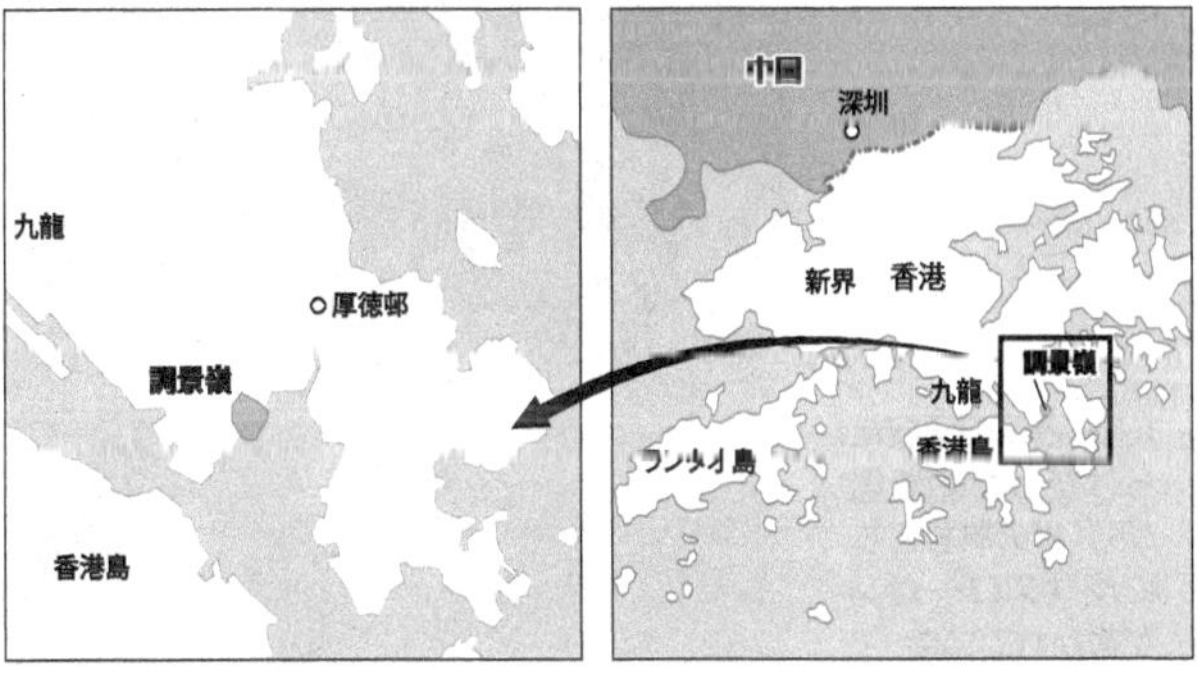

（上）台湾の国旗だらけだった船着場
（下）村のあちこちに反共スローガンが書かれていた

た吊頸嶺に新しく設置した難民キャンプへ移した。

吊頸嶺という地名は、故郷を追われた敗軍の将が自殺したからではなく、かつてここに製粉工場を建てたアルフレッド・H・レニーというカナダ人が事業に失敗して首を吊ったことから付いた地名（だから英語の地名はレニーズ・ミル）だが、送りこまれた落人たちは「首吊り嶺とはひどすぎる！」と騒ぎ出し、広東語で似たような発音の調景嶺《ディウゲンレイ》に改名した。

調景嶺と市街地とを結ぶ道路はなく、香港島からの渡し船だけが唯一の交通手段という隔絶された一角だった。村の行政や食糧配給は香港の反共団体で組織したNGOが行っていたが、実際には台湾政府が全面的に援助していた。村内の学校も台湾の教育制度に基づいて徹底した反共教育を行い、成績優秀者には台湾留学の奨学金を支給した。

また村には国民党の元兵士らが「糾察隊」という自警団を作り、「再び蔣介石総統の号令が下れば、大陸奪還のためのゲリラ戦を行う」と豪語。56年には九龍の市街地で3日間にわたって反共暴動を起こした。

やがて国民党の軍や政府関係者は台湾へ移住する人が増え、調景嶺は60年から一般の村となり、市街地との行き来も自由になった。それでも村にはいつも台湾の国旗が至るところに掲げられ、小台湾（リトル台湾）と呼ばれていたが、香港が1997年に中国へ返還されることが決まると、落人村の将来が問題となった。

結局、調景嶺は政治的な理由ではなく、再開発地域に指定されたという「都市計画上の理由」で、中国返還を目前にした96年に村ごと消滅させられた。現在の調景嶺は香港島からの地下鉄が開通し、高層マンションとショッピングセンターが林立するニュータウンに生まれ変わっている。調景嶺から立ち退かされた国民党の落人たちは台湾へは行かず、近くに建設された厚徳邨《ハウダックエステート》という高層団地にまとまって住んでいる。

李登輝政権時代に、公然と台湾独立や「国民党はしょせん外来政権」と語られるようになると、調景嶺の落人たちの台湾政府への忠誠心もほとんど消えてしまった。落人村の消滅を機に、50年振りに中国の生まれ故郷へ里帰りした人も少なくなかったとか。

皇太子誕生の場所を一日だけチャーチルが割譲

【ユーゴスラビア領?】

ロンドン・クラリッジスホテル 212号室

Room 212 Claridge's Hotel, London

ロンドンの中心部にあるクラリッジスホテルの212号室は、かつてユーゴスラビアの領土だったことがある。「ホテルの部屋にユーゴスラビアの大使館が置かれていたから」ではない。大使館なら治外法権は認められても、ユーゴの領土にはならないはずで、212号室はイギリス政府によって、ユーゴスラビアへ領土として割譲されたのだ。

時は第二次世界大戦。ユーゴスラビアの国王パヴレ公は、枢軸国につくか連合国につくかで悩んでいた。しかしヒトラーから「枢軸国に加われば領土保全を保障するし、ギリシャの領土を一部与えてエーゲ海への出口も確保してあげる」と誘われ、沿岸部のダルマチア地方の併合を狙うイタリアの脅威に晒《さら》されていたユーゴスラビアは、1941年3月25日に日独伊三国軍事同盟に加わった。

ところが翌日クーデターが発生してパヴレ公は亡命。新政権は若きペタル二世を国王に据えて連合国側に立つことを発表した。かくしてユーゴスラビアは侵入してきたドイツ軍に占領され、ペタル二世はロンドンに脱出し、ユーゴスラビアの亡命政府を作った。

ペタル二世は同じくロンドンに亡命していたギリシャ王室のアレクサンドラ姫と結婚し、クラリッジスホテルで亡命生活兼新婚生活を送っていたが、やがてアレクサンドラ姫は妊娠。1945年7月17日にアレクサンドラ皇太子が生まれた。

ここで問題になったのが、ユーゴスラビアの王位継承だ。当時のユーゴスラビア王国の規定では、国内で生まれた者にしか王位継承権は認められなかった。つまりアレクサンドラ皇太子がイギリス生まれでは、将来国王の座に就けないことになる。

ペタル二世が亡命している間、ユーゴスラビアでは国王公認の王党派ゲリラ「チェトニク」と、チトーが率いる共産主義ゲリラの「パルチザン」がゲリラ戦でドイツに抵抗していたが、セルビア民族主義でセルビア人以外に人気のないチェトニクに比べて、汎民族主義を掲げたパルチザンが勢力を伸ばしていた。あせったチェトニクは「本当の敵はナチスより共産主義だ」と枢軸国側に寝返ってしまい、44年に連合軍とパルチザンの反撃で、ドイツ軍もろとも粉砕されてしまう。こうしてユーゴスラビアではチトーの政権「ユーゴスラビア連邦人民共和国」が樹立され、王室の存続自体が危うくなっていた。

そこで、ペタル二世が帰国前に万が一のことがあっても、ユーゴの王制が存続できるようにという苦肉の策が、皇太子が生まれる場所をユーゴの領土にしてしまうアイデアで、王妃の出産が間近いと聞いたチャーチル首相は、7月17日朝「クラリッジスホテルの212号室をユーゴスラビアへ割譲する」と宣言した。もっとも、皇太子が生まれてしまえばホテルの部屋をいつまでもユーゴ領にしておく必要はなく、翌日さっさとイギリス領へ戻してしまった。

ホテルの一室とはいえ、イギリスの首相が公式に宣言したのだから、正式なユーゴスラビアの領土だったのかといえば、実際のところはかなり怪しい。

実はイギリス政府は44年にチトー政権を承認していて、ペタル二世の亡命政府をチトー政権に合流させていたのだ。つまりイギリスが「212号室をユーゴスラビアの領土として割譲する」と発表したところで、受け取る側のチトー政権がそれを承認して自国領土に編入しなければ、本当に領土割譲が行われたとは言えない。

戦後の東欧の勢力分割について、チャーチルとスターリンとの間では、「ギリシャは英90：ソ10、ルーマニアは英10：ソ90、ユーゴは英50：ソ50」という協定が結ばれていた。イギリスはチトー政権を認める一方で、ユーゴ王室の存続を支えるポーズを取ることで、ユーゴの勢力分割についてソ連に約束通り「50：50」を実行するように圧力をかけたのだろう。例によって腹黒紳士ことイギリスの狡猾なパフォーマンスだ。

こうしてせっかく「1日だけのユーゴスラビア領」で生まれた皇太子だったが、王室はチトー政権によって廃止されたうえ、帰国も認められず、その後延々とイギリス、フランス、イタリア、アメリカなどで亡命生活を続けた。ペタル二世は70年にアメリカで亡くなり、アレクサンドラ皇太子はもはや意味のない「国王への即位」を行わなかった。

結局、アレクサンドラ皇太子が初めてユーゴスラビアの土を踏んだのは91年のセルビア訪問で、スロベニア、クロアチア、マケドニアが相次いで独立し、ユーゴスラビアが解体した時のことだった。2001年にはセルビアとモンテネグロだけになった新ユーゴスラビア政府から、王位ならぬ市民権を認められたのだが、その新ユーゴも5年後に解体して今はない。

王女のために病室を治外法権に

【オランダ領？】

オタワ市民病院産科病棟のスイート病室4部屋

The maternity ward of Ottawa Civic Hospital

時は第二次世界大戦。ドイツは1940年にオランダを占領したが、その直前にウィルヘルミーナ女王はロンドンへ亡命し、チャーチル英首相の支援の下、オランダ王国の亡命政府を作った。しかしイギリス本土上陸作戦を狙うドイツはロンドンへの空襲を繰り返したため、王室は万が一を考えて王位継承者のユリアナ王女をカナダへ疎開させた。

ユリアナ王女はカナダで妊娠し、出産を控えてオタワ市民病院へ入院したが、ここで問題になったのが、オランダの国籍は血統主義で、イギリスは出生地主義だということ。オランダ人の子供は世界中どこで生まれてもオランダ国籍が与えられるが、カナダで生まれると自動的にイギリスの国籍も与えられ、王女から生まれる子供はオランダとイギリスの二重国籍になってしまう（カナダの国籍法が制定されたのは47年で、それまでカナダ人はイ

ギリス国籍)。そしてオランダは二重国籍を禁止しているので、オランダ国籍を失いかねず、オランダ国籍を喪失した者は王室のメンバーである資格も失ってしまうのだ。

もっともユリアナ王女は2人の子供を産んでいたので、オランダ王室が途絶えてしまう心配はなかったのだが、王女から生まれた子供が王室に入れなかったら可哀想だと考えた苦肉の策は、王女が出産する場所にカナダの法律を及ばなくしてしまうこと。

そこで王女の出産を前に、カナダの議会は「オタワ市民病院の産科病棟のスイート病室4部屋を、オランダの排他的治外法権区域とする」という特別法を可決した。排他的治外法権区域というのは大使館の敷地と同じ扱いで、オランダ領になったわけではないが、とりあえず病室にカナダの法律は及ばなくなり、そこで子供が生まれてもカナダの法律に基づいたイギリス国籍は与えられないことになった。病院全体を排他的治外法権区域にしなかったのは、もし同じ日に別の病室でカナダ人の子供が生まれて、その子がとばっちりで無国籍になったらあまりに悲惨だからだろう。

ユリアナ王女は43年1月19日に女の子を出産し、ルーズベルト米大統領が名付け親になってマーガレット姫と命名された。マーガレット姫に無事オランダ国籍だけが与えられたところで、治外法権は撤廃。戦争が終わり王女はマーガレット姫を連れて帰国したが、カナダ人によるマーガレット姫への心遣いに感謝して、チューリップの球根10万個をオタワへ贈った。そして翌年再び2万個、その後も毎年1万個の球根を贈り続けた。

こうしてオタワはチューリップの町になり、53年からチューリップ・フェスティバルを開催している。ユリアナ王女は48年から80年まで王位に就き、２００４年に死去したが、オタワのチューリップは５００万本に増えて、フェスティバルは今も続いている。

ところでマーガレット姫だが、カナダ人たちのせっかくの善意にもかかわらず、57年にイギリス政府によって「生まれた段階でイギリス国籍」だと認定されてしまった。

エリザベス女王のウィンザー朝は、１７１４年にドイツからジョージ一世を迎えたハノーバー朝に遡る。１９５１年にドイツのハノーバー家の当主が、第一次世界大戦の際に「敵国ドイツ人だから」と剥奪されたイギリスの爵位を取り戻すため、イギリス国籍を認めるように求めて裁判を起こしたところ、57年に最終審で勝訴した。その根拠となったのが、１７０５年に制定された帰化法で、「ゾフィア王女（ジョージ一世の母）から生まれた者やその血を引く者は、今後生まれくる者も含めて、すべてイギリス国民とし、イギリス国内で生まれたものとみなす」という内容。これはジョージ一世を迎えるにあたって、ハノーバー家の王位継承を確実にするために制定された法律だった。

そこでイギリス政府はジョージ一世の母につながる子孫を、すべてイギリス国籍と認定することになったのだが、巻き添えを食ったのがオランダ王室だ。

オランダの王室は、ナポレオン軍による占領から１８１５年に独立した時に、ナッソウ家のヴィレム一世が即位して始まったが、ヴィレム一世の祖母であるアン王女は、イギリスのジョージ二世の長女だった。つまりオランダ王室はすべてジョージ一世の母の子孫なので、イギリス政府によればオランダ王室は全員「イギリス生まれのイギリス国民」ということになった。これを認めてしまえば、オランダ王室はみんな二重国籍になって「お家断絶」になるので、オランダ政府は拒否したが……。

またカナダは82年に、それまで使っていたイギリス植民地時代からの憲法を捨てて、自主憲法を制定したが、その際、カナダ国王には「カナダ生まれでイギリス国民」のマーガレット姫こそふさわしいと、女王に推戴しようという動きもあったとか。

カダフィ大佐のわがままで治外法権エリアに

【スコットランド領?】

オランダの旧米軍基地

Camp Zeist

日本の米軍基地はアメリカの領土ではないが、条約でアメリカの治外法権が認められ、アメリカの法律が適用されている。一方で、特殊なケースがオランダのゼイスト基地。ここは1994年まで米軍基地として使用されていたが、99年から2002年までイギリスの、正確に言えばスコットランドの法律が適用されていた。

事の発端は88年に起きたパンナム航空機爆破事件。ロンドン発ニューヨーク行きパン・アメリカン航空機がスコットランドのロッカビー村上空で爆発し、墜落。乗客乗員259人と住民11人が犠牲になったが、リビアの諜報部員2人がマルタで爆弾を仕掛けた容疑が浮上した。米英両国はリビアに容疑者の引き渡しを要求したがリビアは拒否。国連安保理も翌年、リビアに容疑者引き渡しを求める決議を上げたが、リビアは従わなかった。

その後、経済制裁が実施されると、さしものリビアも外貨の稼ぎ頭である石油輸出が規

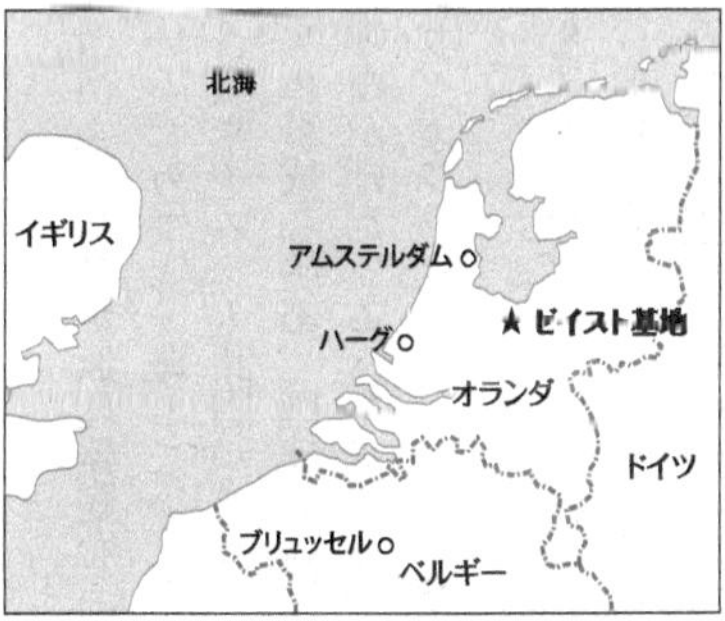

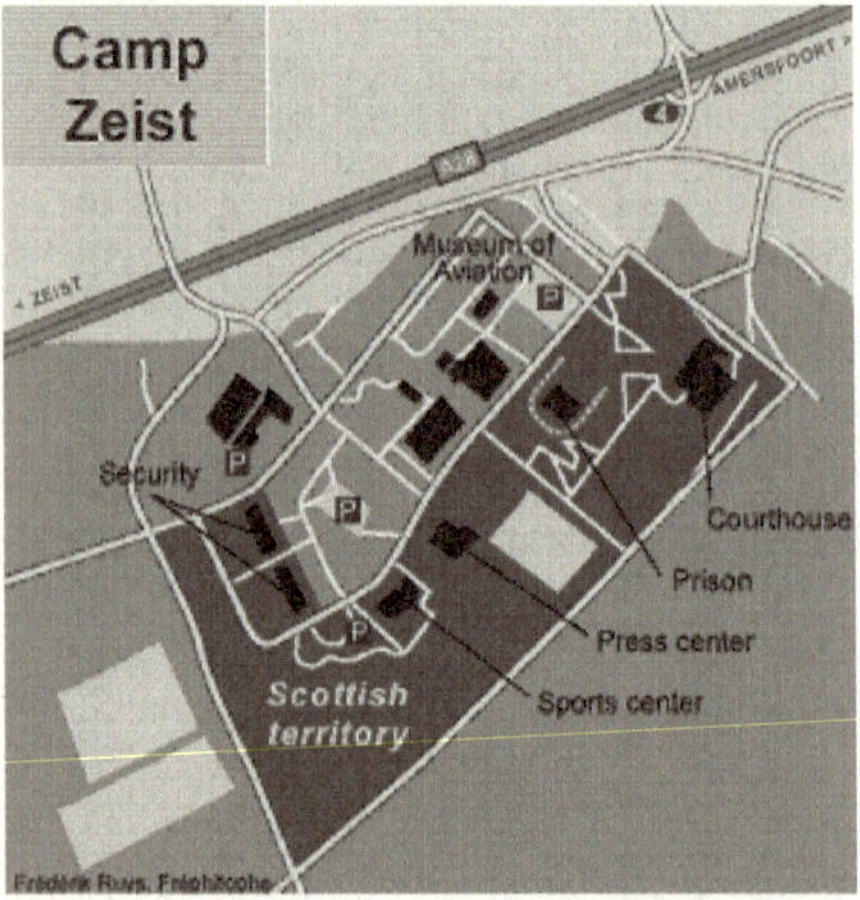

「スコットランド領」になったゼイスト基地

制されたので態度を軟化し、マルタでの裁判を提案した。しかし米英はマルタがリビアから近いので、裁判が影響を受けるかもと拒否。続いてリビアは「例えばオランダのような中立な第三国に、スコットランドの裁判所を作るのなら容疑者を引き渡す」と言い出した。

　米英は当初「リビアが無理難題をふっかけているだけ」と一蹴していたが、アフリカ各国やイスラム諸国がリビアのアイデアに賛成し始め、国連も各国に協力を呼びかけた。こうしてリビアの提案通り、オランダにスコットランドの法廷が設置されることになった。

　とはいっても、アムステルダムの街中にいきなりスコットランドの裁判所が出現して「ここではオランダの法律は適用されません」では混乱してしまう。そこで白羽の矢が立ったのが、元米軍基地だったゼイスト基地の一角。軍事基地なら一般国民とは隔絶されてセキュリティは万全だし、かつてはアメリカの治外法権エリアだから、再び外国の法律の下に置かれても混乱が起きることはないと判断された。

かくしてイギリスとオランダは協定を結び、ゼイスト基地の一角は99年4月2日からスコットランドの治外法権エリアとなって、スコットランドの裁判官や弁護士、警察官などが常駐し、拘置所も作られた。

3日後には2人のリビア人被告が国連のチャーター機でオランダに到着。2001年1月に1人が有罪で無期懲役、もう1人は証拠不十分で無罪の判決が出た。有罪とされたメグラヒ被告は控訴したため、再び審理が行われて02年3月14日に控訴を棄却。メグラヒはグラスゴーの刑務所へ移され、用済みとなったスコットランド法廷は閉鎖され、ゼイスト基地の「スコットランド領」は開設からちょうど3年後の02年4月2日にオランダへ返還された。

それにしても、なぜイギリスじゃなくてスコットランドなのかと言えば、同じイギリスでもイングランドとスコットランドは法体系が別々で、イングランドは英米法、スコットランドは1707年にイングランドと連合王国になる前からの大陸法を使っているからだ。

東西冷戦の象徴から、ソ連崩壊のモニュメントへ

【ソ連領？】
西ベルリンの戦勝記念碑

Soviet War Memorial in Berlin

ベルリンといえば、「ベルリンの壁」が崩壊するまで東西冷戦の最前線だった都市。そのベルリンの中心部、東西ベルリンの境界に位置するブランデンブルク門の近くには、ソ連の戦勝記念碑が建っている。

これは第二次世界大戦の末期、ベルリンへ突入したソ連軍の戦没兵士2500人を祀ったもので、廃墟となったヒトラー総統官邸の資材が使われ、碑の両脇にはベルリンへ一番乗りを果たしたソ連の戦車が鎮座していた。ところが記念碑のある場所は東ベルリンではなく、西ベルリンのイギリス軍占領地区だった。西ベルリンにあってここだけはソ連軍の管轄区域で、毎日ブランデンブルク門から記念碑まで、警備を交替する

ソ連兵がソ連国旗を先頭に西ベルリンをパレードしていたのだ。

いわば東側（東ドイツ）の中にある西側の飛び地（西ベルリン）の中の東側の飛び地みたいな存在だったのだが、なぜまたソ連軍はわざわざ西ベルリンに記念碑を建てたかというと、近くにあったドイツ国会議事堂がソ連軍のベルリン突入時の攻略目標だったから。記念碑が建設された1945年秋は、まだ東西冷戦は本格化しておらず、ドイツも東西に分裂していなくて、ベルリン市は米英仏ソの4か国の共同占領の下で運営されていた。イギリス軍も「ベルリンを占領したのはソ連軍の働きだったから」と、自分の縄張りにソ連軍が記念碑を建設することには文句を言わなかったらしい。

その後、東西対立が激化すると、西ベルリンに鎮座するソ連の戦車と毎日行進して来るソ連兵は、ソ連による西ベルリン、さらには西側社会への威圧の象徴のように見られ、米英仏にとってはいまいましい存在となったが、まさか記念碑の撤去を求めるわけにもいかず、対抗してアメリカ軍も東ベルリンで軍事パレードを実施したりした。61年に東ドイツがベルリンの壁を作って西ベルリンを包囲すると、イギリス軍も「報復措置」として記念碑の周りに壁を築いたこともあったとか。

しかし世界はどうなるかわからないもので、89年にベルリンの壁が崩壊し、91年にはソ連が解体。記念碑はロシア軍が警備を引き継いだが、94年8月にベルリンからロシア軍が撤退すると、誰でも立ち入れる場所になった。ナチスドイツの崩壊を象徴していたはずの記念碑は、今は亡きソ連を象徴するモニュメントと化し、新たな観光名所になっている。

厳格なドイツの法律を避けるために領土を割譲

【ソ連領?】
東ドイツの電波塔

Sender Zehlendorf

ソ連は東ドイツにも電波塔の飛び地を持っていた。戦争に勝ったソ連がドイツの最新式の送信設備を接収して、電波塔ごと自国領にしてしまったのかと思えばそうではなく、「ソ連のミスのお詫び」のためだった。

1979年5月18日、東ドイツのオラニエンブルク近郊にあるツェーレンドルフ電波塔に、ソ連軍のミグ21型戦闘機が衝突して塔は崩壊。事故原因はソ連軍のミスだと判明し、ソ連が電波塔を再建することになったが、何ごとにも厳しいのがドイツ人の気質で、東ドイツの安全基準を守っていては工事がはかどらないと、工事完了までの3か月間、電波塔から半径300mをソ連領ということにして、突貫工事で電波塔を建てたという。東ドイツも早く電波塔を建て直してもらわないと困るので容認したのだろうが、それなら時限立法で安全基準を緩和した方がいいと思うが……。

ロシア軍にスイスがささやかな恩返し

【ロシア領?】

スイス・悪魔橋の記念碑

Suworow-Denkmal

ヨーロッパのあちこちには悪魔の橋と呼ばれる橋がある。これらの橋はたいていローマ帝国の時代に建設された巨大な橋だが、ローマ時代の進んだ土木技術をすっかり忘れてしまった中世のヨーロッパ人たちは、「あんな凄い橋を人間が作れるはずはない」「きっと悪魔が作ったに違いない!」と、付いた名前が悪魔の橋。

スイスにも「悪魔の橋」と呼ばれる橋があって、アルプス地方のアルトドルフとアンデルマットの間でロイス川を跨ぐ橋がそれ。しかしたいして大きな橋でもなく、この橋が架けられたのはローマ時代ではなくて1230年のこと。ではなぜ悪魔の橋と呼ばれているかというと、「悪魔が架けた橋」という伝説が伝わっているからだ。

昔むかし、人々が「この渓谷に橋があったらな~」と話していたところに悪魔が現れ、「俺様が橋を架けてやる。その代わり最初に橋を渡った者の魂をいただくぞ!」と言い出

した。そこで人々は悪魔と契約を結んで橋を架けてもらったが、誰かが最初に橋を渡って悪魔に魂を差し出す生け贄にならなければならない。しかしアタマの良い人がいて、「ヤギ飼いを最初に渡らせればいいんだよ」。

かくしてヤギ飼いはヤギの群れを追いながら橋を渡り、人々は「最初に橋を通ったのはヤギだから、ヤギの魂を差し上げますよ」と悪魔に言う。激怒した悪魔は橋をぶっ壊してやろうと向こうの山から巨大な岩を抱えてやって来たが、途中で遭遇したお婆さんが十字を切ったため、岩を捨てて逃げ出した、というお話。それなら最初から一字を切りながら橋を渡ればいいのにと思うが、伝説にケチをつけてもしょうがない。麓のゲッシェネンの町には悪魔が捨てた「悪魔の岩」が今もあるそうな。

さて、その悪魔橋のほとりにロシア領の小さな飛び地がある。ひょっとして悪魔が橋を架けるとき「俺様に魂を、ついでにロシアに土地を」と条件を付けた……なんてはずはなく、飛び地ができたきっかけはナポレオンだ。

フランス革命に衝撃を受けたイギリス、オランダ、スペイン、オーストリア、プロイセン、ナポリなどの周辺諸国は、1793年に第一次対仏大同盟を組んで革命政権を潰そうとしたが、ナポレオンの反撃によって敗れ、スイスはヘルベティア共和国というフランスの傀儡国家になってしまった。

しかしナポレオンがエジプト遠征に熱中していた98年に、こんどはロシアも加わって第二次対仏大同盟を結成。アレクサンドル・スヴォーロフ元帥率いるロシア軍はオーストリア軍とともにスイスや北イタリアを舞台にフランス軍を攻撃したが、その主戦場の一つとなったのが悪魔橋。当初フランス軍を圧倒していたロシア軍は、99年の悪魔橋の戦いではフランス軍に包囲され、雪のアルプスを越えて退却し、多くの犠牲者を出した。

それから1世紀経った1899年、ロシアはスヴォーロフ元帥の奮戦と700人のロシア兵戦死者を称えるために、悪魔橋のほとりに記念碑を建てたのだが、スイスは「中立政策を脅かさないこと」を条件に、記念碑の敷地をロシアに割譲した。

スイスとしてはロシア軍などの奮戦のお陰で、最終的に傀儡国家を脱して永世中立国になることができたわけで、ささやかな恩返しということ。とはいっても、記念碑のまわりをロシア兵が警備しているわけではなく、名目的にロシア領になっているだけだが、記念碑の前にはスイスの国旗と並んでロシアの国旗も翻っている。

ナポレオンは流刑されても墓はフランスが管理

【フランス領？】
セントヘレナ島の家と墓地
Longwood House & Napoleon's Tomb

「吾輩の辞書に不可能と言う文字はない」とホントに言ったかどうかは知らないが、結局ヨーロッパ征服は不可能だったナポレオンが追放されたのが、南大西洋に浮かぶイギリスの植民地のセントヘレナ島。ナポレオンは１８１５年にこの島へ幽閉され、５年半後に死亡したのだが、その間ナポレオンが住んでいた家ロングウッドハウス（Longwood House）とナポレオンの遺体が埋葬された場所（Napoleon's Tomb）が、１８５８年にフランスへ譲渡された。

といってもイギリスからフランスへ領土を割譲したわけではなく、土地や建物の所有権をフランス政府へ渡したということ。ロングウッドハウスは島に駐在するフランス副領事の官邸として使われている。ナポレオンの遺体は１８４０年にフランスへ改葬されたので、ナポレオンの墓地というより正確には墓地の跡地だ。

このほか、かつてロングウッドハウスが整備されるまで、2か月間ナポレオンが住んでいたブライアーパビリオンも、1959年にフランス政府へ譲渡された。この家はもともとイギリス東インド会社の代理店の持ち物で、ナポレオンが住んだ後は何回か所有者が変わっていたが、59年にオーストラリアに在住していた代理店経営者の子孫が買い戻してフランス政府へ寄贈したもの。

第二次世界大戦中、フランスはナチスドイツに占領されて親独政権のビシー政府が発足したが、セントヘレナ島の「飛び地」は、自由フランス政府（ド・ゴール将軍がイギリスで率いた亡命政府）への帰属を宣言していた。もっとも、ビシー政府への帰属を言い出したら、たちまちイギリスに没収されてしまうわけで、当然といえば当然の話。

オスマン帝国は滅んでも墓の所有権だけは維持

【トルコ領?】
オスマン一世の祖父陵

Tomb of Suleyman Shah

日本の「××天皇陵」はすべて日本国内にあるが、海外の場合、歴史的に国境線が変動した等の事情で自分の国の王様の墓が、外国に存在していたりすることもある。

例えば「モンゴルの英雄」ジンギスカン陵があるのは、モンゴルではなくて中国。内モンゴル自治区のオルドスだが、このジンギスカン陵ができたのは１９５４年で、中国の共産党政権が建てたもの。その前からやはり中国のウランホトにあったジンギスカン廟ができたのも１９４４年で、満州国と関東軍が造営したもの。「モンゴル人は秘密裏に埋葬を行う伝統があるので、本当のジンギスカンの墓の場所は不明」なんだとか……。

さて、かつてトルコを大帝国にした皇帝・オスマン一世（１２５８~１３２６）のお祖《じ》父《い》さんの墓は、国境から25㎞離れたシリアのカラコザク村という場所にあり、この土地の所有権はトルコ政府のもので、トルコの憲兵隊が常駐して警備している。シリアは第一次

世界大戦までオスマントルコの領土だったが、トルコの敗戦の結果、フランスの委任統治領になった。しかし、トルコとフランスが結んだ1921年のアンカラ条約で、この墓はトルコが管理することになったもの。

実は現在の墓は1973年に建設されたもので、それまでの墓はタバカダムの完成によってできたアサド湖に沈んでしまった。しかし、移転後も引き続きトルコが管理している。

ところで、なぜオスマン一世の墓ではなく、そのお祖父さん（スレイマン・シャー）の墓がそんなに重要なのだろうか。スレイマン・シャーは現在のシリア領のユーフラテス川で溺死したそうだが、果たしてどのような「重要人物」だったのかは不明。

治外法権を盾に強力電波を発射

【バチカン領？】

電波塔

Santa Maria Di Galleria

バチカン市国といえば世界最小の国家。面積は0・44㎢と皇居の3分の1ほどで、市国（Status Civitatis）と名乗りながらも都市国家とはとうてい呼べない狭さ。サン・ピエトロ大聖堂やローマ法王が暮らすバチカン宮殿、バチカン美術館などがあるが、その他にもローマ市内にいくつか「飛び地」を持っている。

例えばサン・ジョバンニ・イン・ラテラノ大聖堂、サンタ・マリア・マッジョーレ大聖堂、ローマ法王の別荘や法王庁の事務所ビルなどで、これらはバチカン市国の領土ではないが、イタリア政府によってバチカンの治外法権が認められている。しかし治外法権をめぐって、バチカンがイタリアと対立する事件も起きた。

ローマ北部のサンタ・マリア・ディ・ガレリア地区で白血病患者が多発していることを調べたイタリア政府は、2001年に同地区にあるバチカン放送の電波塔からイタリアの法律による基準を3倍上回る強力な電磁波が出ていたことを発見。これが白血病多発の原因だとして、バチカン放送の責任者である聖職者らを起訴した。バチカン放送は40か国語で全世界に向けた布教のラジオ番組を放送していて、放送局はバチカン市国にあるものの、1957年にサンタ・マリア・ディ・ガレリアの電波塔が完成してからは、電波の送信はここから行っていた。

バチカン側は、電波塔はバチカン市国の治外法権だからイタリアの法律基準を守る必要はないし、イタリアに裁く権利はないと反論。翌年ローマ地裁でもバチカン市国の治外法権を認めて、「イタリアの司法権は及ばない」とイタリア政府の訴えを棄却したが、2005年にはバチカンの枢機卿など2人に10日間の停職と損害賠償支払いを命じる有罪判決を下した。

もっともバチカン放送も一日24時間の番組を7時間へ削減して、電波の出力も大幅に弱め、そのあおりをくって日本語放送は2001年に廃止。代わりにインターネットで日本語版ホームページを作り、ローマ法王の動向を伝えている。

バチカン放送といえば、その昔BCLといって海外からの日本語放送を受信するのがブームだった頃、エクアドルの「アンデスの声」とともに受信が難しい難関局だと人気を集めていた。地球の反対側まで届く電波を出していたのでは、電磁波公害になるはずだ。

第7章　飛び地についての解説

Chapter 7
Commentary

飛び地って一体どんな場所なの？

日本の市町村にも自治体同士の飛び地はあるが、国際間でいう飛び地とは、他国の領土によって本土から隔絶された場所のこと。具体的には二つのタイプがある。

A　周囲のすべてを他国に囲まれた、内陸の飛び地。（例）ナヒチェバン、バールレ
B　陸上では他国の領土によって隔絶されているが、海などに面している飛び地。
（例）カリーニングラード、アラスカ

Bの場合は船を使えば他国を通らずに本土と行き来できるが、Aの場合は他国の領土を通らないと本土へ行くことはできない。現代では飛行機という選択肢もあるが、Aタイプの飛び地は空港が作れないような村単位、集落単位の小さな飛び地がほとんど。いずれにしても他国の「領空」は通過しなくてはならない。

さて、その一方で「これは飛び地とは言えない」という条件を挙げれば……。

1　島は飛び地ではない。（例）伊豆大島は「日本の飛び地」とは言わない。
2　植民地や海外領土は飛び地ではない。（例）インドは「イギリスの飛び地だった」

とは言わない。

1については、逆に島が本土（首都がある）の場合も、大陸部は飛び地とは言わない。（例）デンマーク、赤道ギニア　ただし、他国の領海・水域内に島がある場合は、飛び地だといえる。（例）リコマ島、チズムル島

2については、「じゃあ、植民地って一体なに？」ということになるが、植民地とは以下の条件をすべて満たした地域のこと。

ア　その国の固有の領土ではなく、新たに征服、併合、割譲などによって獲得した地域。
イ　歴史的に、本国とは異なった民族（先住民）が居住していた地域。
ウ　本国とは異なった法域（異なった法律が適用される地域）に置かれ、先住民の権利や義務も本国民とは平等でない地域。

かつての日本の例で言えば、台湾、朝鮮、樺太、関東州（租借地）、南洋群島（委任統治領）が植民地。これらの地域はもともと日本の領土ではなく、日清戦争以降に新たに獲得した領土で（ただし樺太は江戸時代から進出していた）、もともと日本人が住んでいたわけではなく、異なった民族が住んでいた。また日本本土（内地）とは別の法律が適用され、内地では法律は帝国議会で制定したが、植民地では総督（台湾、朝鮮）や長官（樺太、関

東州、南洋群島）が制定していた。そして植民地（外地）では帝国議会への参政権がなかったり、兵役の義務や義務教育がなかったり（台湾では1943年から義務教育を実施）と、内地とは異なった立場に置かれていた。

したがって、台湾や朝鮮、関東州は「日本の飛び地だった」とは言わず、同様にインドやオーストラリア、カナダ、香港、ジブラルタルも「イギリスの飛び地（だった）」とは言わない。

最近では植民地に代わって、海外領土と称する地域がある。これは1960年に国連総会で「植民地独立付与宣言」が決議され、国際的に植民地を領有し続けてはいけないということになったので、植民地の住民に本国民と同等の権利を与えたというもの。前述の三要素で言えばウではなくなったので「もう植民地ではなく、海外にある領土」と言うことにしているのだが、実質的には植民地の現代版だといえる。

ただし、周囲を他国に囲まれた小さな植民地の場合、飛び地と似たような特性を持つので、この本では「飛び地のような植民地」として取り上げている。またかつては「植民地の飛び地」も数多く存在していた。例えばポルトガル領時代の東ティモールは植民地だったからポルトガルの飛び地とは言えないが、オエクシは「ポルトガル領ティモールの飛び地」だった。同様にポルトガル領インド（ゴア）には、ディウ、ダマンなどの飛び地があり、さらにディウにはシナール村とゴゴラ村、ダマンにはダドラやナガルハベリなどの飛び地が存在した。

飛び地はどうして生まれたの?

飛び地が生まれた経緯は、主に以下の五つに分類される。

A　封建領主の領地

日本でも封建領主（例えば大名）の領地は飛び地だらけだった。これは地理的な連続性よりも一族郎党の繋がりが重視されたり、相続で領地が細分化されたり、褒賞や懲罰で領地が与えられたり没収されたり、新田開発をした場所を獲得したり、神社仏閣へ領地を寄進することがあったから。これが現在の市町村の飛び地になっているのだが、ヨーロッパではそれが近代国家同士の飛び地になってしまった個所もある。（例）ビューシンゲン、バールレ、カンピョーネ・ディターリア

B　植民地の獲得

15世紀末の大航海時代から、ポルトガルはじめ、スペイン、オランダ、イギリス、フランスなどが世界各地で植民地獲得を競った。当初の植民地は海岸に砦を築いて港を支配し、貿易を独占するというもので、その背後に広がる地域までは支配

しようとはしなかった。こうしてアジアやアフリカの沿岸には無数の飛び地状の植民地が生まれた。

しかし産業革命で工業生産が飛躍的に増大すると、植民地は天然資源やプランテーション作物の供給源となり、本国の工業製品を輸出する市場と化した。こうして19世紀からは近代的な植民地経営のために、列強諸国は広大な内陸部も囲い込むようになり、沿岸の拠点だけを確保する小さな植民地はほとんど姿を消したが、列強同士の力関係や思惑で、小さな植民地が敢えて残されることがあった。(例)オエクシ、ポンディシェリー、ウォルビスベイ

C　戦争による領土の割譲

戦争や圧力で領土を割譲した際に、敗戦国が海への出口などの回廊部分を割譲させられたために領土が分断されたり、重要な拠点だけを割譲せずに済んだため飛び地が生まれた。(例)東プロイセン、ベンバーン鉄道、リビア、九龍城砦

D　植民地の独立

第二次世界大戦後、植民地は相次いで独立したが、その際に同じ宗主国の植民地だったものが別々に分離独立して新たな飛び地が生まれた。

a　植民地になる以前からの封建領主や部族の境界が、独立にあたって国境線になったもの。（例）テンブロン、クチビハール、ムサンダム半島

b　宗教対立やイデオロギー対立による国家分立で形成されたもの。（例）甕津半島、東パキスタン、西ベルリン、ガザ、スコープス山、エンゲブ

c　独立に際して列強が軍事基地や重要拠点を引き続き支配するため除外させたもの。（例）デケリア、セウタ、メリリャ、グアンタナモ湾、パナマ運河地帯

E　ソ連の崩壊

ロシア革命で生まれたソ連は当初「民族自治」を掲げていた。このため1920年代にそれまで帝政ロシアが支配していた地域を共和国や自治共和国に分割した際、民族の分布に基づいて、または政治的な理由で飛び地を作ることがあった。当時はあくまでソ連国内の飛び地に過ぎなかったが、1991年にソ連が崩壊するとそれが国同士の飛び地になった。（例）フェルガナ盆地、ナヒチェバン、パランカ、サンコヴァ、メドヴェゼ、カリーニングラード

飛び地には誰が住んでるの？

例えば周囲をB国に囲まれたA国の飛び地の場合、こんなパターンがある。

ア　A民族が住んでいる
フェルガナ盆地一帯や、アルメニアとアゼルバイジャンの間の小さな飛び地など、ソ連が崩壊して生まれた飛び地は主にこのタイプ。これは1920年代にソ連が民族の分布状況をもとに各共和国の境を決めたためだ。ナヒチェバンは例外で、住民はもともとアルメニア人が多数派だったが、ソ連の政治的な都合でアゼルバイジャンの一部になった後にアゼリ人が流入し、ソ連解体前後のアルメニアとの戦争によって現在ではほとんどがアゼリ人になった。

　またパナマ運河地帯や、グアンダナモ湾、キプロス島のイギリス領など軍事目的の飛び地では、もとから住んでいた住民が追い出されて本土から派遣された軍人や技術者だけが住むようになった。

イ　B民族が住んでいる
飛び地のような植民地はたいていこのタイプ。例えば香港やマカオは人口の95％

以上が中国人だし、かつてインドにあったポルトガルやフランスの植民地も住民のほとんどはインド人。

ウ　C民族が住んでいる

例えば先住民（エスキモー）が住んでいた土地を買収したアラスカ。もっともその後アメリカ本土からの移住が進んで、先住民の人口比率は現在では15％に過ぎない。

エ　A民族とB民族が混住している

飛び地になったことである民族が流入して混住するようになったというパターン。メリリャの人口は、モロッコ北部全体がスペイン植民地だった1950年代までは約9割がスペイン人だったが、モロッコが独立した後は経済格差が広がったためにモロッコ人が流入し、現在では半数がモロッコ人だ。

オ　いろいろな民族が混住している

飛び地になったことで各地からの移住者が集まったパターン。ジブラルタルは地元のスペイン人のほか、新たに移住してきたイギリス人やユダヤ人、イタリア人、インド人、マルタ人やモロッコ人の労働者など雑多。カリーニングラードではもとから住んでいたドイツ人は追放され、ソ連各地から新たな移住者が集められたので、ロシア人のほかベラルーシ人やウクライナ人も多い。

カ　A国とB国は民族が同じ

A国人とB国人は、国籍は違えど民族は同じというパターンで、実際には飛び地の多くがこのタイプ。例えばドイツ領ビューシンゲンの周囲のスイス人はドイツ系だし、イタリア領カンピョーネ・ディターリアの周囲のスイス人はイタリア系、バールレのベルギー領は周囲と同じオランダ語圏。ドゥブロヴニクとクロアチア本土とを隔てるボスニア領ネウム一帯に住んでいるのはクロアチア人だし、クチビハールのインド領とバングラデシュ領に住むのはどちらもベンガル人。ムサンダム半島やナワ、マダなどの飛び地が錯綜するアラブ首長国連邦（UAE）とオマーンの住民は、部族は違えどアラブ人。ブルネイ領テンブロンの住民は周囲のマレーシア領と同じマレー系先住民だし、東ティモール領オエクシの住民は隣接するインドネシア領西ティモールの住民と同じ。

これらの飛び地は、本来は封建領主や伝統的首長の領地の境だったのが、運悪く(?)近代国家の国境線になってしまったので、国境を越えたからといって途端に民族や言語が変わるわけではない。

またイデオロギー対立によって人為的に作られた飛び地、例えば西ベルリンと周囲の東ドイツも住民は同じドイツ人だ。

キ　誰も住んでいない

休戦協定で作られたスコープス山の飛び地は無人地帯であることが条件だった。またアゼルバイジャンとアルメニアの間の飛び地のように、紛争による「民族浄化」で実質的に無人の地になってしまった個所もある。

飛び地と本土との間の往来は？

シェンゲン協定によって国境の往来がまったく自由になってしまった西欧諸国は別として、中間に他国の領土を挟んだ飛び地と本土との往来はなにかと制約されるもの。パスポート検査があったり、貨物に中間国の関税をかけられることもある。海に面した飛び地では船が、空港を建設できるだけの大きさがある飛び地では飛行機が使えるが、船は時間がかかり、飛行機はコストがかかるうえに大量輸送が難しい。

そこで中間国と協定を結んで、指定された鉄道や道路を経由すれば旅客はパスポート検査なし、または簡単な検査だけで本土と飛び地との間を行き来でき、貨物は中間国の関税をかけずに輸送できる回廊（コリドア）を設置することもある。

例えば第一次世界大戦後に飛び地となった東プロイセンは、ベルサイユ条約でドイツ本土との間にポーランド領を通過する回廊の設置が規定され、この間を走る列車はポーランドによる検査を受けない代わりに、途中駅での乗り降りは禁止され、ドアには鍵がかけられた。第二次世界大戦後の西ベルリンも、西ドイツ本土との間に3路線のノンストップ列車があった。現在ではカリーニングラードとロシア本土との間で、簡単な通過ビザ取得でリトアニア領内を列車で通れる制度が始まっている。

道路では西ベルリンと西ドイツ本土を結んでいたアウトバーンや、リビアとスペイン本土を結んだ中立道路が存在したが、これらの道路の建設・維持費用は飛び地を持つ国の側が負担した。

回廊部分の土地が飛び地を持つ国の領土になるケースもあって、クチビハールのティンビガ回廊はバングラデシュがインドから租借、パナマ運河のコロン回廊は逆にアメリカの租借地から除外されてパナマの領土になっていた。

回廊が設置されずに中間国の領土を通過するとなると、飛び地と本土との往来は中間国との関係次第で左右され、内陸の飛び地では存在そのものが危うくなることもある。インドの内陸にあったポルトガル植民地のダドラとナガルハベリは、1954年にインドが軍の交通を遮断したために消滅したし、フランスがインドにあった植民地の返還を決断したのも、内陸の小さな飛び地が次々とインド人に封鎖されたためだった。1990年代にはフェルガナ盆地の飛び地が各地で封鎖され住民生活に支障をきたしているし、パレスチナ暫定自治政府ではイスラエルが政権与党ハマスのメンバーを「テロリスト」だと認定して西岸とガザの通行を認めないため、議会や閣議はビデオ回線による同時中継で開かれている。

植民地の場合、本国との往来は外国へ行くのと変わらない。イギリス領時代の香港からロンドンへ行くには、日本やアメリカへ行くのと同じように空港で出入国審査や税関検査を受ける必要があった。

もっとも本国から遠く離れた小さな植民地では、需要が少なすぎて本国との交通機関が成り立たない場合もある。マカオからポルトガルの首都リスボンへは、まず船で香港へ出て飛行機でロンドンやパリへ行き、さらに乗り換える必要があった。１９９５年にマカオ空港が開港するとリスボンまでの直行便が就航したが、採算が合わずすぐに廃止。東ティモールもポルトガル領時代にリスボン行きの船や飛行機は存在しなかった。

飛び地と周囲の国との往来は？

シェンゲン協定によって国境の往来がまったく自由になってしまった西欧諸国はもちろんのこと、飛び地とそれを取り巻く周囲の国との間の往来は、通常の国境よりもパスポートや荷物の検査が簡略化されて、身分証の提示だけで簡単に行き来できるケースが多い。特に小さな飛び地では日常的な買い物や農作物の出荷、就労などを隣接する国に頼っている場合が多く、いちいち厳しい検査を受けていたら、飛び地住民の生活に支障をきたしてしまうからだ。

極端な例はオマーン領ナワで、出入国管理は周囲のUAEに一任しているため検問は一切ない。その代わりオマーン本土へ行くにはUAEの国民と一緒に検査を受けなくてはならない。

ただし周囲の国との関係が悪化すると、飛び地との行き来が一切遮断されてしまうこともある。ジブラルタルの返還を求めるスペインはこれまでたびたび国境を封鎖していたし、インドネシアもオエクシとの国境を「治安悪化」を理由に閉鎖中だ。

また本来は簡単に行き来できるはずだったのに、飛び地と周囲との間で大きな経済格差がついてしまうと、「豊かな飛び地」を目指して密入国者が殺到するため、飛び地の周囲に壁や鉄条網を張り巡らせて隔絶してしまうこともある。ベルリンの壁は東ドイツ側が自国民の逃亡を防ぐために築いたものだが、セウタやメリリャ、香港、マカオを囲む強固な鉄条網は密入国者の大量流入に困った飛び地側が作ったもの。この場合、飛び地の住民は簡単な検査で周囲へ行けるが、周囲の住民が飛び地へ入るには厳しい審査が必要になる。

飛び地で暮らすって不便なの？

近代文明が存在せず、住民たちが衣食住のほぼすべてを自給自足でまかなっていた時代は、飛び地に住んでいるからといって特に不便はなかったはず。国境線は曖昧で、領主や国王との関係で常に変動したし、住民も「一生村から出ないで暮らした」という人が少なからず存在した。

しかし中央集権的な近代国家が成立すると、国家はまず領土と国民を明確にして、国境管理を厳しく行うようになった。そして国民の権利と義務を定め、すべての国民を対象とした教育や福祉を行うようになり、水道や電気、通信などのインフラも生活に不可欠なものになった。こうなると、他の地域と同等な行政サービスやインフラ整備を受けられない飛び地での暮らしは不便なものになった。

飛び地がどのくらい不便なのかは、人口や面積の規模による。ちょっとした独立国並みの規模があり、経済的にも社会的にも自立した飛び地なら、住民が本土へ行く必要はない。しかし自治体も成り立たないほどの小さな飛び地では、基本的な住民サービスすら満足に受けられない。例えば、家が数軒だけの飛び地では小学校が設置されず、１０００人規模の飛び地では小学校はあっても中学以上は国境を越えて本土へ通わなくてはならない。周辺国との関係が悪化して本土への通行が阻害されれば、学校教育が受けられない状態になる。

現存する飛び地のうち、大学まで揃っているのはアラスカ、カリーニングラード、ナヒチェバン、ガザだけだ。植民地の場合はさらに厄介で、ポルトガル領だった頃のマカオの法律はすべてポルトガル語で書かれていたが、マカオ大学が設置されたのは１９８８年で、それまでは法律を勉強するならポルトガル本国まで留学しなければならなかった。したがって裁判官や弁護士はほとんどがポルトガル人で、裁判所でも上訴をするならポルトガル本国まで行かねばならず、人口の95％以上を占めた中国人は法的に非常に弱い立場に置かれていた。

クチビハールのように政府職員が入れない飛び地では、国勢調査が行えず住民登録もできないから、参政権など国民としての権利が行使できないし、電気や電話が引けない村もある。

また周辺国と捜査協力や犯人引き渡しが円滑に行えなければ治安が悪化しやすい。香港のギャングは「省港旗兵《サンゴンケイペン》」と呼ばれた中国のギャングを下請けに雇い、大規模な宝石店襲撃や銀行強盗を繰り返していた。事前の下調べや情報収集は香港側が行い、中国側が襲撃を実行する仕組み。香港から中国までモーターボートなら数十分で逃げられるので、香港警察が非常線を張る頃には、中国側の実行犯は奪った金を香港側に預け、香港警察の捜査権が及ばない中国領内へ逃走し終わっていた。「省港旗兵」による事件は中国返還を前に、１９９０年代に香港と中国の警察との間で捜査協力が実現すると急減した。

飛び地で暮らしていいことあるの？

産業が成り立ちにくい飛び地を支えるために、優遇政策が実施されていることが多い。例えば輸入関税の免除。食糧や日用品のほとんどを周囲の国からの輸入に頼っている飛び地では、外国製品に税金がかけられてては物価が高くなってしまうし、港を中心とした飛び地では関税を免除することによって周囲の国に港を利用してもらおうとする。このような自由貿易港としては香港やジブラルタルが有名だが、かつてのセウタやメリリャ、ゴア、ポンディシェリー、マカオなども同様で、日本も関東州（大連）を自由貿易港にしていた。その恩恵で飛び地では輸入品が安く買え、周辺の国からショッピングが目的の観光客を集めることができるし、裏では密輸の拠点としても潤っている。

香港やジブラルタル、カンピョーネ・ディターリアでは所得税率や法人税率を下げてタックスヘイブン（租税回避地）になっているし、カリーニングラードも税制で恩恵を受けられる経済特区として産業振興を図っている。

周囲の国で禁止されていること、例えばギャンブルを認めて観光客を集めているのがマカオやカンピョーネ・ディターリア。飛び地が法の空白地帯になってしまったことにつけ込んで、違法工場や無免許医などが集中して大産業になったのが九龍城砦だ。

また飛び地を維持するために政府が多額の補助金を与える場合もある。西ドイツ政府は西ベルリンのために40年間で1000億マルク（約5兆円）以上の援助を与え、人口7000人強のサンピエール島とミクロン島のために、フランス政府は毎年6000万ドルを投じているという。

もっとも、政府が特別な優遇政策や財政援助をしてくれなければ、飛び地に住んでいるメリットはなく、不便なだけだ。

周囲の国の人は飛び地をどう思っているの？

フェルガナ盆地やクチビハールのように、飛び地のおかげで通行が遮断されているような地域では、飛び地は目障りな障害物に過ぎない。アゼルバイジャンとアルメニアのように紛争が起これば、真っ先に攻撃目標になってしまう。

飛び地のような植民地は大国による横暴の象徴と見られ、存在自体が民族の屈辱だと映る。政府は領土奪還による飛び地解消を「民族の悲願」だと訴え、飛び地の住民は「異民族支配の下で苦しんでいる同胞」とアピールされる。ポルトガルやフランスの植民地に対するインドや、香港、マカオに対する中国などが典型的だが、かつて日本でもアメリカに統治されていた沖縄に対してそのような見方だった。

しかしセウタ、メリリャやかつての西ベルリン、香港など、飛び地が経済的に発展して格差が広がった場合、隣接する住民たちの飛び地に対する感情は複雑だ。異民族（または超大国）の支配下でぬくぬくと暮らす飛び地の同胞への軽蔑や嫉妬と、自分もチャンスがあれば飛び地へ密入国したいという憧れが入り混じっているからだ。また飛び地に隣接する地域に住む人たちは、飛び地からの密輸のおかげで自分の国ではなかなか入手できない物が安く手に入ったり、飛び地からの放送電波が入ることで自国のマスコミが報じないニュースを知ることができたりと、さまざまな恩恵を受けている。

飛び地が消滅する時は？

例えばＢ国に囲まれたＡ国の飛び地が消滅する場合、その経緯は主に以下の六つ。

１　領土交換によって消滅

面積や人口が小さすぎて自治体も成立しない飛び地では、双方の国が領土交換で解消を図ることがある。例えばドイツからスイスへ割譲されたフェレナホフや、西ベルリンと東ドイツとの間の小さな飛び地など。ソ連が解体した後、バルト三国とベラルーシ、ロシアの間でも領土交換が行われたようだ。しかし飛び地と引き換えに割譲する代替地が用意できなかったり、政府間で合意しても議会や住民が反対するなどして暗礁に乗り上げている個所もある。

（例）クチビハール、パラク、ナワ、パランカ、サムタフチ

２　本土との間に回廊が設置されて消滅

人口が多い飛び地を領土交換で他国へ割譲すれば住民への影響が大きいため、逆に本土との間の回廊部分の領土を割譲してもらい陸続きにすることがある。例えばコロン回廊やティンビガ回廊だが、ドゥブロヴニクはクロアチア本土との間に

ペルジェサク大橋を計画中だし、ナヒチェバンもアゼルバイジャン本土との間にメグリ回廊を設置する案がある。

3　B国が飛び地を併合して消滅

飛び地のような植民地はほとんどこうして消滅した。武力で併合されたのはゴア（インドが併合）、東ティモール（インドネシア）、サン・ジョアン・バプティスタ・デ・アジュダ（ベナン）など。交渉で平和裏に割譲・返還されたのは香港、マカオ（中国）、グワダル（パキスタン）、ウォルビスベイ（ナミビア）、パナマ運河地帯（パナマ）など。両者の中間と言えるのがポンディシェリー（インド）やイフニ（モロッコ）。またアルメニアとアゼルバイジャンとの飛び地は、ナヒチェバンを除いていずれも相手方が実質的に併合してしまった。

4　A国が飛び地の周囲を併合して消滅

東プロイセンは第二次大戦でドイツがポーランドを占領して飛び地ではなくなった。スコープス山やエンゲブも、イスラエルが周囲のヨルダン川西岸（ヨルダン）やゴラン高原（シリア）を占領して解消した。

また「飛び地の中の飛び地」の場合、周りを取り巻く飛び地が消滅すれば自動的に消滅する。例えば香港の中にあった中国領の九龍城砦や、ナガルハベリの中にあったインド領のメグバルなど。

5　A国とB国が統一して消滅

実質的に西ドイツの飛び地だった西ベルリンは、東西ドイツが統一して消滅。

6　飛び地が独立して消滅

「飛び地は不便だし他国に併合されるのも嫌だから、いっそ独立してしまえ」という発想があっても良さそうだが、実際に独立国になった飛び地は少なく、バングラデシュ（パキスタンから独立）とシリア（アラブ連合共和国＝エジプトから独立）があったくらい。バングラデシュは現在人口1億5250万、シリアはもともと独立国で、いずれも飛び地であること自体に無理がある地域だった。現在も独立紛争が続いているのがカビンダで、ここは石油産出地帯だ。

独立を目指す飛び地はいずれも「豊かな飛び地が貧しい本土に搾取されている」という不満が背景にあり、本土からの補助や優遇措置で支えられている大部分の飛び地では、独立という発想はまず非現実的だろう。

あとがき

私が飛び地というものに関心を持ったのは、中学生の頃のこと。社会科の副読本の歴史地図帳で、イタリア半島からエーゲ海や黒海にかけて点々と散在するベネチア領やジェノバ領を見つけて、「なぜこんなところに領土を獲得したのだろう」「こんな飛び地だらけで一体どうやって国を運営していたのだろう」と、疑問に思ったのがきっかけだった。

そして飛び地ではないけれど、オスマントルコに取り囲まれてコンスタンティノープルのまわりにかろうじて残った末期の頃の東ローマ帝国（ビザンティン帝国）の地図を見て、「敵国に包囲された町で住民はどんな気分で暮らしていたのだろう」「食糧などはどうやって確保していたのかな」と、勝手に妄想をめぐらせて野次馬的にワクワクしていたもの。

そんな中学2年の時、「敵国に包囲された小さな飛び地のような町」を実際に訪れる機会があった。父親が働いていた会社の設立30周年家族招待社員旅行で行った香港・マカオだ。当時の中国は社会主義路線まっしぐらで、観光客は絶対に訪れることができない謎の国。香港はといえば「ヤクザが高飛びする場所」と言われていた怪しげなイギリス植民地で、高層ビルが建ち並ぶ港には、水上生活者の小さな船がびっしりと浮かんでいた。私たちを乗せた観光バスはいたる所で貧しそうな人たちに取り囲まれて、「センエン！　ヤスイネ！」と土産物を売りつけられる。水上レストランではガイドさんが「2ドル硬貨（当時のレートで約80円）を海に投げると面白いネ」と言うので、試しにやってみたら、私と同じくらいの年齢の子供たちがコインを拾うために争って海へドボン！

当時はまだ香港が1997年に中国へ返還されることは決まっておらず、とりあえず香港の大部分を占める新界地区の租借期限が97年に切れることが懸念されていた。観光バスで繁華街の大通りを走りながら「この道から北側はいずれ共産中国になります。ワタシの家は南側にあるので平気ネ」とガイドさん。私は香港の市街地が鉄条網で分断される光景を想像して、「みんな南へ逃げてきたら、狭い香港はますます狭くなってどうなるの？」と他人事ながら心配になったが、父親はといえば「物乞いだらけの植民地なんか、さっさとなくなった方がいいよなぁ」。

サイゴン陥落をはじめ、インドシナ諸国が次々と共産勢力によって「解放」されたのは、その2～3年前の話。人民中国という共産大国に囲まれた小指の先のような香港は、いかにも世紀末の雰囲気が漂う植民地のように思えた。

続いて訪れたマカオは、歩いてひと回りできるような小さな町。「マカオの人たちは、こんな狭い町に閉じ込められて一生を過ごすのかな……」と思わず同情した私だったが、マカオのガイドさん曰く「マカオはポルトガルなので、アメリカの旧植民地で採れた金が安く買えます」「ポルトガルの国籍も買えるので、ヨーロッパで自由に暮らすことができます」「マカオはカジノで潤っているので、税金が安いのです」。飛び地のような植民地ならではのオトクなこともあるのだという話に驚いた。

こうして飛び地や植民地に興味シンシンになった私が、中国語（北京語）を勉強するために、中国でも台湾でもなく香港へ留学したのは1980年代半ばのこと。狭い香港の家賃相場は東京以上なので一番安いアパートを探したら、中国領の飛び地（九龍城砦）に住むことになった。城砦では香港の法律は適用されず、香港の警官は入れないはずなのに、治安維持のため警官や私服刑事の「違法パトロール」が公然と行われていて、広東語が話せなかった私は中国からの不法入境者だと疑われ、連日のように捕まった。いったい不法入境なのはどっちだよ！　という感じだが、飛び地の運営における建前と実情を思い知った。

物乞いが多くいた香港は、1990年代にはアジアの金融センターとしてすっかり豊かになり、「竹のカーテン」で閉ざされていた中国も、開放改革政策と市場経済の導入で様変わりした。中国からモーターボートでやって来たギャングが、電光石火の如く香港の宝石店を襲撃したり、依頼された殺しを実行して、すぐさま香港警察が手出しのできない中国へ逃げ帰る事件や、香港で盗んだ高級車をそのままモーターボートに載せて、持ち主が盗難に気づく前に中国へ運び去ってしまう事件が横行して、香港の治安は急速に悪化していた。

香港から電車でわずか30分ほどの中国との所得格差は10倍以上に広がり、香港の工場は相次いで中国へ移転していたが、人件費の「内外価格差」のおかげで、香港の男性たちは低所得者でも中国で若い女性が囲えるようになった。週末の夜ともなれば、香港の国境行きの電車は共産中国へ遊びに行く男たちで満員になり、臨時電車まで運転される始末。香港の少なからぬ家庭に崩壊の危機をもたらしたのはもちろんのこと。往来が盛んになったら盛んになったで、国境を挟んだ新たな「怪現象」が出現したわけで、香港で新聞記者や雑誌の編集をしていた私は、そんな話題をせっせと書き続けるのが仕事だった。

古今東西の世界の飛び地について、私の主な関心は飛び地とそれを取り巻く周囲との関係や矛盾にあった。もしあなたが住んでいる町や村がある日、国境線で囲われて、そこだけ日本とは別の国の一部になったらどうなるだろう。家族との行き来やインフラは？　周囲と法律が別になるのなら、一体どんな商売をしたら儲かるか等々、あれこれ想像してみると、飛び地というものがより具体的に感じられるかも知れない。

最後に、本書を文庫として改めて出版するにあたり、お力添えをくださった角川学芸出版の堀由紀子氏に感謝いたします。

平成26年7月

吉田　一郎

本書は『世界飛び地大全』（社会評論社、二〇〇六年）を加筆修正の上、文庫化したものです。

マップ作成　フロマージュ

世界《せかい》飛《と》び地《ち》大全《たいぜん》

吉田一郎《よしだいちろう》

平成26年 8月25日　初版発行
令和6年 11月15日　5版発行

発行者●山下直久

発行●株式会社KADOKAWA
〒102-8177　東京都千代田区富士見2-13-3
電話　0570-002-301（ナビダイヤル）

角川文庫 18737

印刷所●株式会社KADOKAWA
製本所●株式会社KADOKAWA

表紙画●和田三造

●お問い合わせ
https://www.kadokawa.co.jp/（「お問い合わせ」へお進みください）
※内容によっては、お答えできない場合があります。
※サポートは日本国内のみとさせていただきます。
※Japanese text only

ISBN978-4-04-409469-0　C0125

角川文庫発刊に際して

角川源義

第二次世界大戦の敗北は、軍事力の敗北であった以上に、私たちの若い文化力の敗退であった。私たちの文化が戦争に対して如何に無力であり、単なるあだ花に過ぎなかったかを、私たちは身を以て体験し痛感した。西洋近代文化の摂取にとって、明治以後八十年の歳月は決して短かすぎたとは言えない。にもかかわらず、近代文化の伝統を確立し、自由な批判と柔軟な良識に富む文化層として自らを形成することに私たちは失敗して来た。そしてこれは、各層への文化の普及滲透を任務とする出版人の責任でもあった。

一九四五年以来、私たちは再び振出しに戻り、第一歩から踏み出すことを余儀なくされた。これは大きな不幸ではあるが、反面、これまでの混沌・未熟・歪曲の中にあった我が国の文化に秩序と確たる基礎を齎らすためには絶好の機会でもある。角川書店は、このような祖国の文化的危機にあたり、微力をも顧みず再建の礎石たるべき抱負と決意とをもって出発したが、ここに創立以来の念願を果すべく角川文庫を発刊する。これまで刊行されたあらゆる全集叢書文庫類の長所と短所とを検討し、古今東西の不朽の典籍を、良心的編集のもとに、廉価に、そして書架にふさわしい美本として、多くのひとびとに提供しようとする。しかし私たちは徒らに百科全書的な知識のジレッタントを作ることを目的とせず、あくまで祖国の文化に秩序と再建への道を示し、この文庫を角川書店の栄ある事業として、今後永久に継続発展せしめ、学芸と教養との殿堂として大成せんことを期したい。多くの読書子の愛情ある忠言と支持とによって、この希望と抱負とを完遂せしめられんことを願う。

一九四九年五月三日

角川文庫発刊に際して

角川源義

第二次世界大戦の敗北は、軍事力の敗北であった以上に、私たちの若い文化力の敗退であった。私たちの文化が戦争に対して如何に無力であり、単なるあだ花に過ぎなかったかを、私たちは身を以て体験し痛感した。西洋近代文化の摂取にとって、明治以後八十年の歳月は決して短かすぎたとは言えない。にもかかわらず、近代文化の伝統を確立し、自由な批判と柔軟な良識に富む文化層として自らを形成することに私たちは失敗して来た。そしてこれは、各層への文化の普及滲透を任務とする出版人の責任でもあった。

一九四五年以来、私たちは再び振出しに戻り、第一歩から踏み出すことを余儀なくされた。これは大きな不幸ではあるが、反面、これまでの混沌・未熟・歪曲の中にあった我が国の文化に秩序と確たる基礎を齎らすためには絶好の機会でもある。角川書店は、このような祖国の文化的危機にあたり、微力をも顧みず再建の礎石たるべき抱負と決意とをもって出発したが、ここに創立以来の念願を果すべく角川文庫を発刊する。これまで刊行されたあらゆる全集叢書文庫類の長所と短所とを検討し、古今東西の不朽の典籍を、良心的編集のもとに、廉価に、そして書架にふさわしい美本として、多くのひとびとに提供しようとする。しかし私たちは徒らに百科全書的な知識のジレッタントを作ることを目的とせず、あくまで祖国の文化に秩序と再建への道を示し、この文庫を角川書店の栄ある事業として、今後永久に継続発展せしめ、学芸と教養との殿堂として大成せんことを期したい。多くの読書子の愛情ある忠言と支持とによって、この希望と抱負とを完遂せしめられんことを願う。

一九四九年五月三日

世《せ》界《かい》飛《と》び地《ち》大《たい》全《ぜん》

吉《よし》田《だ》一《いち》郎《ろう》

平成26年 8月25日　初版発行
令和6年 11月15日　5版発行

発行者●山下直久

発行●株式会社KADOKAWA
〒102-8177　東京都千代田区富士見2-13-3
電話　0570-002-301（ナビダイヤル）

角川文庫 18737

印刷所●株式会社KADOKAWA
製本所●株式会社KADOKAWA

表紙画●和田三造

ISBN978-4-04-409469-0　C0125